Heinz-Peter Ehebrecht, Volker Klein, Manfred Krenitz

Finanzierung und Investition

4. Auflage

Bestellnummer 3890

Bildungsverlag EINS
a Wolters Kluwer business

www.bildungsverlag1.de

Unter dem Dach des Bildungsverlages EINS sind die Verlage Gehlen, Kieser, Stam, Dähmlow, Dümmler, Wolf, Dürr + Kessler, Konkordia und Fortis zusammengeführt.

Bildungsverlag EINS
Sieglarer Straße 2, 53842 Troisdorf

ISBN 3-8237-**3890**-9

Inhaltsverzeichnis

A   Grundlagen der Finanzierung und Investition

B   Finanzplanung

C   Beteiligungsfinanzierung

D   Kreditfinanzierung

E   Innenfinanzierung

F Sonderformen der Finanzierung

G Investitionsrechnungen

A Grundlagen der Finanzierung und Investition

1 Begriffe „Finanzierung" und „Investition"

Bevor ein Betrieb produzieren kann, benötigt er Zahlungsmittel für die Beschaffung der notwendigen Produktionsfaktoren. Die Vorsorge für die benötigten Zahlungsmittel ist Aufgabe der betrieblichen **Finanzierung**.

Unter **Investition** versteht man dagegen jede Umwandlung von Zahlungsmitteln in die zur Leistungserstellung benötigten Produktionsfaktoren[1]). Danach vergeht eine gewisse Zeit, bis die in Produktionsfaktoren gebundenen Zahlungsmittel über die Verkaufserlöse in den betrieblichen Geldkreislauf zurückfließen. Finanzierung und Investition lassen sich auch folgendermaßen veranschaulichen:

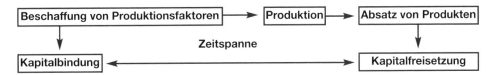

Durch das zeitliche Auseinanderfallen der **Kapitalbindung** und der **Kapitalfreisetzung** entsteht Kapitalbedarf. Dieser Kapitalbedarf muss durch **Kapitalzuführung** (= Finanzierung) gedeckt werden. Diese Deckung des Kapitalbedarfs ist jeweils durch die zugeführten Geldmittel gegeben. Ein **Kapitalentzug** (Eigenkapitalentnahmen, Gewinnausschüttung, Ausgaben für gewinnabhängige Steuern) schmälert die Deckung des Kapitalbedarfs.

Beispiel:

An einer Bilanz lassen sich die Begriffe Finanzierung und Investition noch stärker verdeutlichen:

Aktiva (in EUR)		Bilanz (in EUR)	Passiva
I. Anlagevermögen		I. Eigenkapital	1.000.000,00
1. Bebaute Grundstücke	400.000,00	II. Fremdkapital	
2. Maschinen	600.000,00	1. Langfristiges Fremdkapital	750.000,00
3. Fuhrpark	100.000,00	2. Kurzfristiges Fremdkapital	150.000,00
4. BGA	180.000,00		
II. Umlaufvermögen			
1. RHB	400.000,00		
2. Unfertige Erzeugnisse	50.000,00		
3. Fertige Erzeugnisse	80.000,00		
4. Forderungen	60.000,00		
5. Kreditinstitute	30.000,00		
	1.900.000,00		1.900.000,00

---

[1]) Vgl. Schneider, Dieter: Investition und Finanzierung, 5. Auflage, Seite 151

Die Passivseite der Bilanz zeigt die Mittelherkunft (Finanzierung). Demnach haben die Eigenkapitalgeber 1.000.000,00 EUR und die Fremdkapitalgeber 900.000,00 EUR aufgebracht. Die Aktivseite zeigt, in welche Vermögensgegenstände diese Finanzmittel investiert worden sind (Mittelverwendung). Diese Darstellung entspricht einem **engen Finanzierungsbegriff**, da sich die Finanzierung auf die Vorgänge der Kapitalbeschaffung beschränkt. Ein **weitergehender Finanzierungsbegriff** umfasst neben der Kapitalbeschaffung alle finanziellen Dispositionen, die notwendig sind, um den Betriebsprozess aufrechtzuerhalten. Demnach finden Finanzierungsvorgänge nicht nur auf der Passivseite ihren Niederschlag (Kapitalbeschaffung durch Eigen- und Fremdkapital), sondern auch auf der Aktivseite, z. B. durch Vermögensumschichtung (= **Umfinanzierung**). Früher investierte Mittel, z. B. für Sachanlagen, werden über den Umsatzprozess (= **Desinvestitionen**) als liquide Mittel freigesetzt. Auch sie stehen als finanzielle Mittel erneut für Investitionen zur Verfügung.

In jedem Betriebsprozess findet fortlaufend eine Kapitalbindung und -freisetzung statt. Dieser Kreislauf finanzieller Mittel kann verschiedenen Phasen zugeordnet werden:

Phase	Finanzierungsvorgang	Bilanzielle Auswirkungen
I	Finanzierung von außen (Außenfinanzierung)	– Zunahme des Eigenkapitals und/oder Fremdkapitals auf der Passivseite – Zunahme der Zahlungsmittel (Kasse, Bankguthaben) auf der Aktivseite = **Bilanzverlängerung**
II	Investition	– Abnahme der Zahlungsmittel auf der Aktivseite – Zunahme im Investitionsbereich (Rohstoffe, Maschinen usw.) = **Aktivtausch**
III	Rückflussfinanzierung aus Abschreibungen sowie Finanzierung aus Gewinnen	– Zunahme der Zahlungsmittel auf der Aktivseite – Abnahme im Investitionsbereich = **Aktivtausch** – Zunahme der Zahlungsmittel – Zunahme des Eigenkapitals = **Bilanzverlängerung**
IV	Kapitalabfluss (Kapitalentzug)	– Abnahme der Zahlungsmittel – Abnahme des Eigenkapitals und/oder Fremdkapitals = **Bilanzverkürzung**

2 Finanzwirtschaftliche Zielsetzungen

Rentabilität

Rentabilität ist eine Messgröße für die Ertragskraft eines Unternehmens. Unter Rentabilität versteht man allgemein das Verhältnis von Gewinn zu eingesetztem Kapital. Das Ziel der Rentabilität in finanzwirtschaftlicher Hinsicht wird nicht nur bei der Finanzierung verfolgt (Auswahl der kostengünstigsten Finanzierungsalternative, Steigerung der Eigenkapitalrentabilität durch Fremdkapitalaufnahme = **Leverage-Effekt**), sondern auch bei der Kapitalverwendung (Investition). Sofern alternative Investitionsmöglichkeiten bestehen, wird das Investitionsvorhaben mit den niedrigsten Kosten bzw. mit dem höchsten Ertrag ausgewählt.

Liquidität

Ziel eines Unternehmens ist es, zu jedem Zeitpunkt den fälligen Zahlungsverpflichtungen nachkommen zu können. Zu hohe Liquidität bedeutet, dass das Ziel der Rentabilität beeinträchtigt wird. Zu geringe Liquidität kann die Existenz eines Unternehmens bedrohen. (Siehe Kapitel 5.)

Sicherheit

Unternehmerisches Tun ist risikobehaftet. Das Risiko besteht darin, dass sich bei einem Misserfolg das eingesetzte Kapital verringert bzw. dass es aufgebraucht wird. Je höher ein erwarteter Gewinn, desto risikobereiter ist allgemein ein Unternehmer. Mit steigendem Risiko nimmt jedoch die Wahrscheinlichkeit eines möglichen Verlustes zu. Das Streben nach Sicherheit bedeutet deshalb, dass Risiko und möglicher Gewinn in einem angemessenen Verhältnis stehen und ein ausreichendes Eigenkapital als Risikopolster zur Verfügung steht. Insofern stehen die Ziele Rentabilität und Sicherheit in einem komplementären Verhältnis zueinander.

Unabhängigkeit

Bei allen finanzwirtschaftlichen Maßnahmen strebt ein Unternehmen im Regelfall an, dass es seine Entscheidungen unabhängig von Einflüssen Dritter fällen kann. Mit steigendem Verschuldungsgrad nimmt jedoch die wirtschaftliche Entscheidungsfreiheit ab, da bei einer vergleichsweise geringen Eigenkapitalausstattung neues Fremdkapital von den Kreditgebern (Banken) häufig nur unter bestimmten Auflagen gewährt wird.

3 Finanzierungsarten im Überblick

Die Finanzierungsarten lassen sich nach folgenden Kriterien unterscheiden:

1. nach der Herkunft des Kapitals in
   - ▶ Außenfinanzierung,
   - ▶ Innenfinanzierung.

2. nach der Rechtsstellung der Kapitalgeber in
   - ▶ Eigenfinanzierung,
   - ▶ Fremdfinanzierung.

Die Finanzierungsarten lassen sich wie folgt systematisieren:

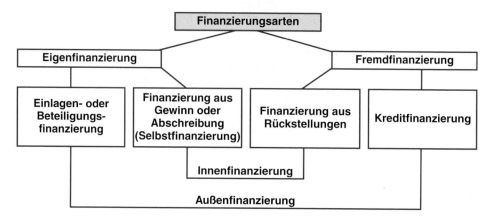

4 Kriterien für die Bewertung verschiedener Finanzierungsalternativen

Kriterien für die Bewertung verschiedener Finanzierungsalternativen sind:

▶ Kosten,
▶ Einflussnahme der Kapitalgeber,
▶ Dauer der Kapitalüberlassung.

Kosten

Bei der Einlagenfinanzierung erwarten die (Eigen-)Kapitalgeber Dividende oder Gewinnanteile. Fremdkapitalgeber haben einen einklagbaren Rechtsanspruch auf Verzinsung des überlassenen Kapitals. Die Fremdkapitalzinsen sind als Betriebsausgaben steuerlich abzugsfähig. Im Regelfall wird Eigenkapital zunächst teurer als Fremdkapital sein, da das Risiko des Kapitalgebers höher ist.

Einflussnahme der Kapitalgeber

Bei der Kreditfinanzierung verlangen Banken in der Regel die Offenlegung der wirtschaftlichen Verhältnisse. Bei der Einlagenfinanzierung erfolgt die Finanzierung durch Aufnahme neuer Gesellschafter. Vollhaftern bei einer OHG oder KG steht gesetzlich ein Recht auf Geschäftsführung zu. Sind sie von der Geschäftsführung ausgeschlossen, so haben sie zumindest ein laufendes Kontrollrecht und ein Widerspruchsrecht bei außergewöhnlichen Handlungen. Teilhafter bei einer KG haben nur ein Widerspruchsrecht bei außergewöhnlichen Handlungen; das Kontrollrecht umfasst lediglich den Anspruch auf Mitteilung des Jahresabschlusses (gesetzliche Regelung). Aktiengesellschaften haben zwar eine Einflussnahme der Aktionäre nur dann in Rechnung zu ziehen, wenn diese über eine mindestens 25%ige Beteiligung (Sperrminorität) verfügen, da aber Kleinaktionäre ihr Stimmrecht im Regelfall Banken übertragen (Ausübung des Depotstimmrechts), die zudem die Kreditvergabe kontrollieren, ergibt sich ein erhebliches Einflusspotenzial.

Dauer der Kapitalüberlassung

Unkündbares Eigenkapital und langfristig zur Verfügung gestelltes Fremdkapital ermöglichen es einem Betrieb, dauerhaft zu disponieren. Unter diesem Gesichtspunkt scheint es sinnvoll zu sein, eine ausschließlich langfristige Finanzierung anzustreben. Hinzu kommt noch, dass langfristig zur Verfügung gestelltes Kapital im Regelfall zinsgünstiger ist als kurzfristiges zur Verfügung gestelltes. Es gibt dennoch zwei Gründe, die gegen eine ausschließlich langfristige Finanzierung des Betriebes sprechen:

▶ Potenzielle Kapitalgeber sind nur bis zu einem bestimmten Anteil des Gesamtkreditbedarfs einer Unternehmung bereit, langfristige vertragliche Bedingungen einzugehen.

▶ Der Kapitalbedarf eines Unternehmens schwankt z. B. wegen konjktureller und saisonaler Schwankungen der Nachfrage. Im Regelfall wird ein Unternehmen deswegen den durchschnittlichen Kapitalbedarf langfristig finanzieren; Kapitalbedarfsspitzen werden im Regelfall kurzfristig finanziert. Würde man auch die Kapitalbedarfsspitzen langfristig finanzieren, würde dies bedeuten, dass ein Unternehmen in normalen Zeiten über hohe Liquidität verfügen würde, die aufgrund vertraglicher Bindungen kurzfristig nicht abgebaut werden könnte. Dem langfristig vereinbarten Zins stünde dann ein (niedrigerer) Zins aus einer kurzfristigen Geldanlage gegenüber.

5 Liquidität

Unter Liquidität wird die Fähigkeit eines Betriebes verstanden, zu jedem Zeitpunkt fälligen Zahlungsverpflichtungen nachkommen zu können.

5.1 Arten der Liquidität

Man unterscheidet zwischen einer strukturellen und relativen Liquidität. Unter einer **strukturellen Liquidität** ist die Geldnähe einzelner Vermögensgegenstände zu verstehen. Damit ist die Liquidierbarkeit von Vermögensgegenständen gemeint, d. h., wie sie sich in Zahlungsmittel umwandeln lassen. Ein Vermögensgegenstand ist demnach um so liquider, je schneller er sich in Zahlungsmittel umwandeln lässt.
Die Liquidierbarkeit der Vermögensgegenstände kann entsprechend dem bilanziellen Gliederungsschema des HGB (§ 266) wie folgt veranschaulicht werden:

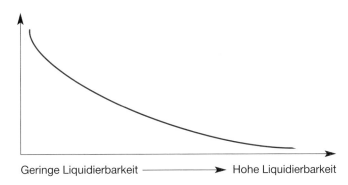

Sachanlagen
Finanzanlagen
Vorräte
Forderungen
Zahlungsmittel

Geringe Liquidierbarkeit ⟶ Hohe Liquidierbarkeit

Die **relative Liquidität** bezieht sich auf das Verhältnis zwischen verfügbaren Geldmitteln und fälligen Verbindlichkeiten. Man unterscheidet dabei zwischen einer **statischen** und einer **dynamischen** Liquidität. Unter der **statischen Liquidität** versteht man eine zeitpunktbezogene Betrachtung (Stichtag) der Liquidität. Es werden folgende Liquiditätsgrade unterschieden:

$$\text{Liquidität 1. Grades} = \frac{\text{Flüssige Mittel} \cdot 100}{\text{Kurzfristiges Fremdkapital}}$$

Zu den flüssigen Mitteln gehören:
- Kassenbestände,
- Bankguthaben,
- Börsenfähige Wertpapiere.

$$\text{Liquidität 2. Grades} = \frac{(\text{Flüssige Mittel} + \text{Kurzfristige Forderungen}) \cdot 100}{\text{Kurzfristiges Fremdkapital}}$$

$$\text{Liquidität 3. Grades} = \frac{\text{Umlaufvermögen} \cdot 100}{\text{Kurzfristiges Fremdkapital}}$$

Die wichtigste Liquiditätskennzahl ist die Liquidität 2. Grades; sie sollte wenigstens 100 % betragen.

Beispiel:

Die vereinfachte Bilanz eines Industriebetriebes zeigt folgendes Bild (in Tausend EUR):

Aktiva		Bilanz	Passiva
Sachanlagen	30.000,00	Eigenkapital	40.000,00
Geschäftsausstattung	10.000,00	Fremdkapital	
Rohstoffe	2.000,00	(langfristig)	12.500,00
Hilfsstoffe	1.000,00	Verbindlichkeiten aus L. u. L.	7.500,00
Betriebsstoffe	500,00		
Unfertige Erzeugnisse	2.500,00		
Fertige Erzeugnisse	5.000,00		
Forderungen	7.000,00		
Kassenguthaben	250,00		
Postbankguthaben	750,00		
Bankguthaben	1.000,00		
	60.000,00		60.000,00

$$\text{Liquidität 1. Grades} = \frac{2.000 \cdot 100}{7.500} = \textbf{26,67\%}$$

$$\text{Liquidität 2. Grades} = \frac{9.000 \cdot 100}{7.500} = \textbf{120\%}$$

$$\text{Liquidität 3. Grades} = \frac{20.000 \cdot 100}{7.500} = \textbf{266,66\%}$$

Nach den vorliegenden Zahlen ist die Liquiditätssituation des Betriebes unproblematisch. Allerdings muss beachtet werden, dass die Beurteilung der Liquiditätssituation eines Betriebes mit Hilfe einer Stichtagsbilanz wichtige Daten unberücksichtigt lässt, die die Liquidität ganz erheblich beeinflussen können:

▶ Fälligkeitsstruktur von Forderungen und Verbindlichkeiten.
Die ermittelten Liquiditätskennzahlen geben nur ein durchschnittliches Deckungsverhältnis an. Je kleiner die Zahl der Gläubiger und Schuldner ist, desto stärker kann das tatsächliche Deckungsverhältnis vom durchschnittlichen Deckungsverhältnis abweichen.

▶ Kreditzusagen von Banken.

▶ Ausgabentermine für bestimmte Aufwendungen (Zinszahlungen, Steuer- und Mietzahlungen).

▶ Auftragslage des Betriebes.

▶ Vorhandensein stiller Reserven (durch Unterbewertung von Aktiva und Überbewertung von Passiva).

▶ Verpfändungen, Übereignungen und Abtretungen von Vermögensteilen zur Forderungsabsicherung. Bei Kapitalgesellschaften muss allerdings der Geschäftsbericht hierzu Angaben enthalten.

Dagegen versteht man unter der **dynamischen Liquidität** eine zeitraumbezogene Betrachtung des Verhältnisses von verfügbaren Geldmitteln und fälligen Verbindlichkeiten. Eine dynamische Liquiditätsanalyse berücksichtigt auch die geschätzten Umsätze der nächsten Periode (Monat bzw. Quartal) und die sich in diesem Zeitraum ergebenden Verpflichtungen. Eine auf diese Weise ermittelte Liquiditätskennziffer

$$\textbf{Liquidität} = \frac{\textbf{(Zahlungsmittel + Forderungen + geschätzte Umsätze)} \cdot \textbf{100}}{\textbf{Kurzfristiges Fremdkapital}}$$

ist im Grunde schon das Ergebnis eines für die nächste Periode aufgestellten **Finanzplans.**

5.2 Ausmaße der Liquidität

Wenn ein Betrieb über keine liquiden Mittel verfügt, spricht man von **Illiquidität.** Von **Unterliquidität** wird gesprochen, wenn ein Betrieb nur eingeschränkt zahlungsfähig ist. Eine eingeschränkte Zahlungsfähigkeit ist beispielsweise gegeben, wenn Lieferantenskonti nicht genutzt werden können, weil die Liquiditätssituation zu diesem Zeitpunkt (Skontofrist) keine Zahlung zulässt.

Von **Überliquidität** wird gesprochen, wenn ein Betrieb über mehr liquide Mittel verfügt als zum gegenwärtigen Zeitpunkt benötigt werden. Eine zu hohe Liquidität bedeutet, dass auf Rentabilität verzichtet wird, da z. B. Guthaben auf Kontokorrentkonten nicht oder nur sehr gering verzinst werden.

Unter einer optimalen Liquidität versteht man daher, dass die höchstmögliche Rentabilität – auf der Grundlage ausreichender Liquidität – erzielt wird.

6 Aufgaben zur Wiederholung und Vertiefung

1. Aufgabe

Für eine Unternehmung gilt die folgende kurzgefasste Gewinn- und Verlustrechnung:

Soll		Gewinn- und Verlustrechnung	Haben
Materialaufwendungen	320.000,00	Umsatzerlöse	1.000.000,00
Personalaufwendungen	200.000,00		
Verschiedene Aufwendungen	350.000,00		
Zinsaufwendungen	50.000,00		
Gewinn	80.000,00		
	1.000.000,00		1.000.000,00

Außerdem gelten folgende Daten:
Eingesetztes Eigenkapital   720.000,00 EUR
Durchschnittlicher Fremdkapitalzinssatz   8 % p. a.

Ermitteln Sie:
1. die Eigenkapitalrentabilität,
2. die Gesamtkapitalrentabilität.

2. Aufgabe

Die Jahresabschlüsse eines Industriebetriebes weisen folgende Zahlen aus:

Rohstoffe	Jahr 01	Jahr 02
Anfangsbestand......................	800.000,00 EUR	1.200.000,00 EUR
Schlussbestand	1.200.000,00 EUR	1.400.000,00 EUR
Materialeinsatz......................	8.000.000,00 EUR	11.700.000,00 EUR

1. Ermitteln Sie jeweils
  – den durchschnittlichen Lagerbestand,
  – die Umschlagshäufigkeit.

2. Wie verändert sich im Jahre **02** die Zinsbelastung des Unternehmens gegenüber dem Jahr **01**, wenn von einem Kapitalmarktzinssatz von 8 % ausgegangen wird?

3. Erläutern Sie ganz allgemein den Zusammenhang zwischen Lagerumschlagshäufigkeit und
  – Kapitalbedarf,
  – Risiko,
  – Kosten.

3. Aufgabe

Angenommen, in einem Unternehmen ergibt sich ein durchschnittlicher Lagerbestand von 600.000,00 EUR. Der jährliche Materialeinsatz beträgt 4.800.000,00 EUR.

1. Wie hoch ist die Umschlagshäufigkeit?

2. Angenommen, es gelingt in diesem Betrieb, die Umschlagshäufigkeit auf 12 zu erhöhen. Wie viel EUR Zinsen könnten jährlich bei einem Fremdkapitalzinssatz von 8 % gespart werden?

4. Aufgabe

Nach der Aufbereitung zeigt die Bilanz eines Industrieunternehmens folgendes Bild:

Aktiva		Bilanz	Passiva
I. Anlagevermögen	700.000,00	I. Eigenkapital	1.300.000,00
		II. Fremdkapital	
II. Umlaufvermögen		1. Hypotheken	200.000,00
1. Vorräte	630.000,00	2. Verbindlichkeiten	150.000,00
2. Forderungen	200.000,00		
3. Kassen- und Bank-	120.000,00		
guthaben	1.650.000,00		1.650.000,00

1. Ermitteln Sie die Liquidität 1., 2. und 3. Grades.

2. Begründen Sie, weshalb eine Stichtagsbilanz im Allgemeinen nicht ausreicht, um die Liquiditätssituation eines Unternehmens zutreffend zu beurteilen.

5. Aufgabe

Für einen kleinen Industriebetrieb gelten folgende Daten:

Umsatzerlöse pro Jahr	1.800.000,00 EUR
Materialeinsatz pro Jahr	1.000.000,00 EUR
Lohnkosten pro Jahr..	200.000,00 EUR
Zinskosten pro Jahr	12 % vom durchschnittlich gebundenen Kapital
....	(= durchschnittl. Lagerbestand)
Sonstige Kosten pro Jahr...............................	400.000,00 EUR

1. Ermitteln Sie den jeweiligen Betriebsgewinn bei einer Lagerumschlagshäufigkeit von 2,4,5,8,10.

2. Stellen Sie grafisch den Zusammenhang zwischen Umschlagshäufigkeit und Zinskosten am Beispiel der obigen Zahlen dar.

3. Erläutern Sie stichpunktartig den Zusammenhang zwischen Umschlagshäufigkeit, durchschnittlichem Lagerbestand, Kosten und Gewinn eines Betriebes.

B Finanzplanung

1 Kapitalbedarf

Dadurch, dass Kapitalbindung (z. B. für den Kauf von Produktionsfaktoren) und Kapitalfreisetzung (z. B. aus der marktlichen Verwertung von Fertigprodukten) zeitlich auseinanderfallen, entsteht Kapitalbedarf. Wenn folglich in einem Betrieb in einer Periode die Auszahlungen größer als die Einzahlungen sind, entsteht ein Bedarf an zusätzlichen Geldmitteln (= Kapitalbedarf), der durch Zuführung von Finanzmitteln gedeckt werden muss.

In der Literatur versteht man unter Ein- und Auszahlungen[1]):

Einzahlungen	Auszahlungen
• Bareinlagen	• Barentnahmen
• Aufnahme eines Kredites bei der Bank (Gutschrift auf dem Bankkonto)	• Kauf von Roh-, Hilfs- und Betriebsstoffen gegen bar oder Bankschenk (= Barkauf)
• Barverkauf von Fertigerzeugnissen	• Tilgung eines Kredites

Durch eine Einzahlung ehöht sich der Zahlungsmittelbestand (Kassenbestände + Bankguthaben); durch eine Auszahlung vermindert sich der Zahlungsmittelbestand.

Der Kapitalbedarf zu einem bestimmten Zeitpunkt (z. B. 20..-03-01) ist definiert als **Differenz zwischen kumulierten** (Kumulation = Anhäufung) **Auszahlungen und Einzahlungen**, die bis zu diesem Zeitpunkt angefallen sind.

Beispiel:

Ein Dienstleistungsunternehmen wird Anfang Januar (Zeitpunkt to) 20.. gegründet. Für das 1. Halbjahr 20.. wird mit folgenden Ein- und Auszahlungen gerechnet:

Monate	t o	t 1	t 2	t 3	t 4	t 5
Einzahlungen	500	800	900	950	1.000	1.000
Auszahlungen	1.500	900	1.000	1.100	1.200	850

Pro Monat ergibt sich der folgende Kapitalbedarf:

Monat	t o	t 1	t 2	t 3	t 4	t 5
Kapitalbedarf	1.000	100	100	150	200	(+ 150)

---

[1]) Vgl. Wöhe, Günter: Einführung in die Allgemeine Betriebswirtschaftslehre, 16. Auflage, Seite 874 ff.

Der kumulierte Mittelbedarf beträgt somit:

Monat	t 0	t 1	t 2	t 3	t 4	t 5
Kumulierter Kapitalbedarf	1.000	1.100	1.200	1.350	1.550	1.400

Der kumulierte Kapitalbedarf beträgt somit zum Zeitpunkt t 5 (Juni) 1.400 Tausend EUR.

1.1 Einflussgrößen des Kapitalbedarfs

Gutenberg[1]) nennt als Hauptdeterminanten des Kapitalbedarfs:

▶ die Prozessanordnung,
▶ die Prozessgeschwindigkeit,
▶ das Beschäftigungsniveau,
▶ das Produktionsprogramm,
▶ die Betriebsgröße,
▶ das Preisniveau.

Um den Einfluss dieser Faktoren auf den Kapitalbedarf deutlich zu machen, werden die Einflussgrößen Prozessanordnung und Prozessgeschwindigkeit näher beschrieben.

1.1.1 Prozessanordnung

Unter der Prozessanordnung versteht man die zeitlich festgelegte Abfolge güter- und finanzwirtschaftlicher Vorgänge in den verschiedenen Phasen des Leistungsprozesses von der Beschaffung bis zum Absatz einschließlich der Lagerung der Materialien im Beschaffungsbereich und der Lagerung der Fertigprodukte im Absatzbereich. Für die Anordnung derartiger Betriebsprozesse gibt es folgende Möglichkeiten der Gestaltung:

▶ **Parallele Anordnung der Betriebsprozesse:**

Betriebsprozess 1
Betriebsprozess 2
Betriebsprozess 3

▶ **Zeitlich nacheinander geschaltete Betriebsprozesse:**

Betriebsprozess 1	Betriebsprozess 2	Betriebsprozess 3

▶ **Zeitlich gestaffelte Betriebsprozesse:**

Betriebsprozess 1

Betriebsprozess 2

Betriebsprozess 3

---

[1]) Vgl. Gutenberg, Erich: Grundlagen der Betriebswirtschaftslehre, Dritter Band: Die Finanzen, 4. Auflage, Seite 12 ff.

In einem Industrieunternehmen werden stets 3 Werkzeugmaschinen gebaut. Die Fertigungszeit beträgt 4 Wochen. Pro Werkzeugmaschine ergeben sich folgende Auszahlungen:

▶ Woche 1:   600 Tausend EUR
▶ Woche 2:   800 Tausend EUR
▶ Woche 3:   900 Tausend EUR.

In der 5. Woche erfolgt eine Einzahlung pro Werkzeugmaschine in Höhe von 2.300 Tausend EUR.

Werden die Werkzeugmaschinen **zeitlich parallel** gefertigt, entwickelt sich der Kapitalbedarf wie folgt:

Woche Prozess	1	2	3	4	5	6	7	8	9	10	11	12
1–3	1.800	2.400	2.700	–	6.900							
4–6				1.800	2.400	2.700	–	6.900				
7–9									1.800	2.400	2.700	–
Kumulierte Auszahlung	1.800	4.200	6.900	6.900	8.700	11.100	13.800	13.800	15.600	18.000	20.700	20.700
Kumulierte Einzahlung	–	–	–	–	6.900	6.900	6.900	6.900	13.800	13.800	13.800	13.800
Kapitalbedarf	1.800	4.200	6.900	6.900	1.800	4.200	6.900	6.900	1.800	4.200	6.900	6.900

Werden die Prozesse **zeitlich nacheinander** angeordnet, ergibt sich die folgende Entwicklung des Kapitalbedarfs:

Woche Prozess	1	2	3	4	5	6	7	8	9	10	11	12
1	600	800	900	–	2.300							
2					600	800	900	–	2.300			
3									600	800	900	–
Kumulierte Auszahlung	600	1.400	2.300	2.300	2.900	3.700	4.600	4.600	5.200	6.000	6.900	6.900
Kumulierte Einzahlung	–	–	–	–	2.300	2.300	2.300	2.300	4.600	4.600	4.600	4.600
Kapitalbedarf	600	1.400	2.300	2.300	600	1.400	2.300	2.300	600	1.400	2.300	2.300

Der Kapitalbedarf in den einzelnen Monaten ist bei einer zeitlich **nacheinander** erfolgenden Fertigung deutlich geringer als bei einer zeitlich **nebeneinander** erfolgenden Fertigung.

Die folgende Übersicht zeigt die Entwicklung des Kapitalbedarfs bei zeitlich paralleler Fertigung und bei **zeitlich nacheinander** erfolgender Fertigung:

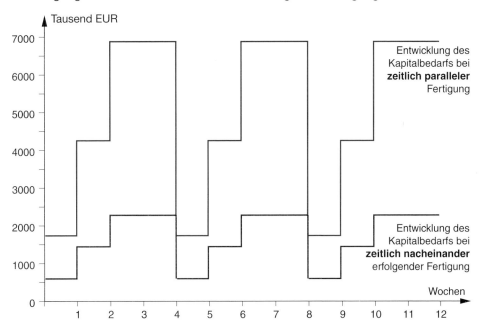

1.1.2 Prozessgeschwindigkeit

Unter der Prozessgeschwindigkeit ist der **Zeitbedarf** zu verstehen, den der einzelne **Betriebsprozess** erfordert. Die Prozessgeschwindigkeit kann grundsätzlich erhöht werden durch:

▶ Verkürzung von Fertigungs- und Lagerzeiten (güterwirtschaftlicher Bereich),
▶ Änderung der Zahlungsgewohnheiten von Kunden und Lieferanten (finanzwirtschaftlicher Bereich).

Beispiel:

Für die Herstellung von Drehbänken gelten bisher folgende Daten:

Auszahlungen:

1. Tag	200 Tausend EUR
2. Tag	300 Tausend EUR
3. Tag	450 Tausend EUR

Prozessdauer	6 Tage
Beginn des neuen Fertigungsprozesses	4. Tag
Einzahlungen	7. Tag

Durch **Rationalisierungsmaßnahmen im Lagerbereich** gelingt es, die Prozessdauer auf 4 Tage abzukürzen, so dass die Einzahlung am 5. Tag erfolgt.

Kapitalbedarf vor Durchführung der Rationalisierungsmaßnahmen:

Tag Prozess	1	2	3	4	5	6	7	8	9	10	11	12	13	14
1	200	300	450	–	–	–	950							
2				200	300	450	–	–	–	950				
3							200	300	450	–	–	–	950	
4										200	300	450	–	–
Kumu-lierte Aus-zahlung	200	500	950	1.150	1.450	1.900	2.100	2.400	2.850	3.050	3.350	3.800	3.800	3.800
Kumu-lierte Ein-zahlung	–	–	–	–	–	–	950	950	950	1.900	1.900	1.900	2.850	2.850
Kapital-bedarf	200	500	950	1.150	1.450	1.900	1.150	1.450	1.900	1.150	1.450	1.900	950	950

Kapitalbedarf nach Durchführung der Rationalisierungsmaßnahmen:

Tag Prozess	1	2	3	4	5	6	7	8	9	10	11	12	13	14
1	200	300	450	–	950									
2				200	300	450	–	950						
3							200	300	450	–	950			
4										200	300	450	–	950
5													200	300
Kumu-lierte Aus-zahlung	200	500	950	1.150	1.450	1.900	2.100	2.400	2.850	3.050	3.350	3.800	4.000	4.300
Kumu-lierte Ein-zahlung	–	–	–	–	950	950	950	1.900	1.900	1.900	2.850	2.850	2.850	3.800
Kapital-bedarf	200	500	950	1.150	500	950	1.150	500	950	1.150	500	950	1.150	500

1.2 Kapitalbedarfsermittlung

Die Ermittlung des Kapitalbedarfs ist vor allem bei der Gründung und Erweiterung von Unternehmen wichtig, um auf diese Weise einen Überblick über das insgesamt benötigte Finanzvolumen zu erhalten.

Zu berücksichtigen ist zunächst der **Kapitalbedarf für das Anlagevermögen**. Er setzt sich zusammen aus den jeweiligen Anschaffungspreisen der benötigten Anlagegüter zuzüglich der jeweiligen Anschaffungsnebenkosten.

Bei einer **Gründung und Ingangsetzung** eines Unternehmens sind ferner u. a. folgende Auszahlungen mit einzubeziehen:

► Gerichts- und Notariatskosten,
► Auszahlungen für Marktforschung.

Die Ermittlung des **Kapitalbedarfs für das Umlaufvermögen** gestaltet sich schwieriger, da Auszahlungen in den unterschiedlichen Phasen des Umsatzprozesses stattfinden, d.h. im **Beschaffungs-, Lagerungs-, Produktions- und Absatzprozess**. Üblicherweise geht man dabei von der so genannten **Riegerschen Formel** aus:

Durchschnittliche Ausgaben/Tag · Kapitalbindungsdauer

Schritte bei der Ermittlung des Kapitalbedarfs für das Umlaufvermögen:

1. Schritt:	Ermittlung
	▶ der durchschnittlichen Lagerdauer der Fertigungsmaterialien
	▶ der durchschnittlichen Produktionszeiten
	▶ der durchschnittlichen Lagerdauer der Fertigprodukte
2. Schritt:	Schätzung
	▶ des Fertigungsmaterials
	▶ der Fertigungslöhne
	▶ der ausgabenwirksamen Fertigungsgemeinkosten
	▶ der ausgabenwirksamen Materialgemeinkosten
	▶ der ausgabenwirksamen Verwaltungs- und Vertriebsgemeinkosten
3. Schritt:	**Schätzung** des durchschnittlichen Lieferanten- und Kundenziels

Beispiel:

Die Firma **Packomat AG**, München, ein Hersteller von Verpackungsautomaten, will in Barcelona ein Zweigwerk einrichten. Der Controller will anhand folgender Daten den Gesamtkapitalbedarf ermitteln (in Tausend EUR):

Anschaffungskosten für eine Produktionshalle einschließlich Grundstück	5.000 Tausend EUR
Anschaffungskosten für Maschinen und sonstige Ausstattung...................	4.000 Tausend EUR
Zeitbedarf für die gleichzeitige Fertigung von 100 Verpackungsautomaten........	5 Kalendertage
Durchschnittliche Lagerdauer der Fertigungsmaterialien...................	18 Tage
Durchschnittliches Zahlungsziel der Lieferanten...................................	14 Tage
Durchschnittliche Lagerdauer der Fertigprodukte............................	15 Tage
Durchschnittliches Zahlungsziel der **Firma Packomat AG**	10 Tage
Tägliche anfallende Fertigungslöhne...................................	8 Tausend EUR
Fertigungsgemeinkosten in % der Fertigungslöhne...........................	250 %, davon sind **40 %** ausgabenwirksam
Tägliche Auszahlungen für Fertigungsmaterial.........................	10 Tausend EUR

Materialgemeinkosten in % des Fertigungsmaterials	20 % (vollständig ausgabenwirksam)

Materialgemeinkosten in %
des Fertigungsmaterials .... 20 % (vollständig ausgabenwirksam)
Verwaltungs- und
Vertriebsgemeinkosten in %
der Herstellkosten .... 25 % (vollständig ausgabenwirksam)

Es wird zur Vereinfachung unterstellt, dass die Produktionszeit nach Ablauf der durchschnittlichen Lagerdauer für das Fertigungsmaterial einsetzt.

Rohstofflagerdauer	Produktionsdauer	Lagerdauer für Fertigprodukte	Zahlungsziel für Kunden
18 Tage	5 Tage	15 Tage	10 Tage

◄────────────

Lieferantenziel
14 Tage

(1) Ermittlung des Kapitalbedarfs für das Anlagevermögen (in Tausend EUR)

Produktionshalle und Grundstück	5.000 Tausend EUR
+ Maschinen und sonstige Ausstattung	4.000 Tausend EUR
....	**9.000 Tausend EUR**

(2) Ermittlung des Kapitalbedarfs für das Umlaufvermögen

Fertigungsmaterial

Berechnung der Kapitalbindungsdauer:

Durchschnittliche Lagerdauer des Fertigungsmaterials	18 Tage
+ Durchschnittliche Produktionsdauer	5 Tage
+ Durchschnittliche Lagerdauer der Fertigprodukte	15 Tage
+ Durchschnittliches Zahlungsziel der Kunden	10 Tage
− Zahlungsziel der Lieferanten	14 Tage
Kapitalbindungsdauer	**34 Tage**

Kapitalbedarf für Fertigungsmaterial: 10 Tausend EUR · 34 Tage = 340 Tausend EUR

Fertigungslöhne

Berechnung der Kapitalbindungsdauer:

Durchschnittliche Produktionsdauer	5 Tage
+ Durchschnittliche Lagerdauer der Verpackungsautomaten	15 Tage
+ Durchschnittliches Zahlungsziel der Kunden	10 Tage
Kapitalbindungsdauer	**30 Tage**

Kapitalbedarf für Fertigungslöhne: 8 Tausend EUR · 30 Tage = 240 Tausend EUR

Materialgemeinkosten

Berechnung der Kapitalbindungsdauer:

Durchschnittliche Lagerdauer des Fertigungsmaterials	18 Tage
+ Durchschnittliche Produktionsdauer	5 Tage
+ Durchschnittliche Lagerdauer der Verpackungsautomaten	15 Tage
+ Durchschnittliches Zahlungsziel der Kunden	10 Tage
Kapitalbindungsdauer	**48 Tage**

Bei der Ermittlung der Kapitalbindungsdauer für die Materialgemeinkosten wird das Lieferantenziel nicht abgezogen, da es sich hierbei z.B. um Kosten der Lagerverwaltung und Transportkosten handelt, nicht aber um Fertigungsmaterial.

Kapitalbedarf für Materialgemeinkosten:

10 Tausend EUR · 20 % · 48 Tage = 96 Tausend EUR

Fertigungsgemeinkosten

Berechnung der Kapitalbindungsdauer:

Durchschnittliche Produktionsdauer...............................	5 Tage
+ Durchschnittliche Lagerdauer der Verpackungsautomaten.	15 Tage
+ Durchschnittliches Zahlungsziel der Kunden......................	10 Tage
Kapitalbindungsdauer......................	**30 Tage**

Kapitalbedarf für Fertigungsgemeinkosten:

Tägliche Fertigungsgemeinkosten: 250 % v. 8 Tausend EUR = 20 Tausend EUR, davon ausgabenwirksam: 40 % v. 20 Tausend EUR = 8 Tausend EUR

Fertigungsgemeinkosten: 8 Tausend EUR · 30 Tage = 240 Tausend EUR

Berechnung der ausgabenwirksamen Verwaltungs- und Vertriebskosten

Sie machen 25 % der ausgabenwirksamen Herstellkosten aus:

Fertigungsmaterial:...	340 Tausend EUR
+ Materialgemeinkosten	96 Tausend EUR
+ Fertigungslöhne..	240 Tausend EUR
+ Fertigungsgemeinkosten......................................	240 Tausend EUR
Herstellkosten (ausgabenwirksam)...............................	**916 Tausend EUR**
+ 25 % Verwaltungs- und Vertriebsgemeinkostenzuschlag	**229 Tausend EUR**
Kapitalbedarf für das Umlaufvermögen..........................	**1.145 Tausend EUR**

(3) Ermittlung des Gesamtkapitalbedarfs

Kapitalbedarf für das Anlagevermögen	**9.000 Tausend EUR**
+ Kapitalbedarf für das Umlaufvermögen.........................	**1.145 Tausend EUR**
Gesamtkapitalbedarf	**10.145 Tausend EUR**

Die **Kapitalbedarfsrechnung** weist insgesamt folgende **Schwächen** auf:

▶ unberücksichtigt bleibt, dass die Auszahlungen für die verschiedenen zu beschaffenden Güter zu unterschiedlichen Zeitpunkten und in verschiedenen zeitlichen Abständen erfolgen,

▶ unberücksichtigt bleibt auch, dass bei der gleichzeitigen Fertigung mehrerer Produkte unterschiedliche Lager- und Produktionszeiten der Regelfall sind.

Zusammengefasst kann gesagt werden, dass eine Zusammenfassung der kapitalbedarfsrelevanten Zahlungsströme in Durchschnittswerten der Komplexität von betrieblichen Produktionsprozessen nur unzureichend Rechnung trägt.

Ferner werden folgende Aspekte ebenfalls nicht berücksichtigt:

► Es kann sich ein zusätzlicher Kapitalbedarf dadurch ergeben, dass Zins- und Dividendenzahlungen zur Bedienung des Fremd- und Eigenkapitals erforderlich sind.
► Es kann sich ein zusätzlicher Kapitalbedarf auch dadurch ergeben, dass Kredite ablaufen bzw. gekündigt werden.

1.3 Aufgaben zur Wiederholung und Vertiefung

1. Aufgabe

Ein kleiner Industriebetrieb stellt Stahlkonstruktionen her. Für eine Stahlkonstruktion fallen folgende Auszahlungen an:

1. Tag .... 30 Tausend EUR
2. Tag .... 40 Tausend EUR
3. Tag .... 15 Tausend EUR
4. Tag .... 10 Tausend EUR

Die durch den Umsatzprozess bewirkte Kapitalfreisetzung vollzieht sich stets am **5. Tag.**

1. Wie hoch ist der maximale und durchschnittliche jährliche Kapitalbedarf, wenn
   a) der Betrieb nur einen Auftrag an jedem Tag **neu** bearbeiten kann?
   b) der Betrieb jeweils 3 Aufträge **gleichzeitig** bearbeiten kann?
2. Wie verändert sich der Kapitalbedarf, wenn sich die Kapitalfreisetzung erst am **7. Tag** vollzieht? (Ansonsten gelten die Angaben aus Teilaufgabe 1.)

2. Aufgabe

Ein Unternehmen plant eine Betriebserweiterung, um die Produktion der gestiegenen Nachfrage anpassen zu können. Mit folgenden Daten wird gerechnet:

Geschätzte Herstellungskosten des neuen Betriebsteils	3.000.000 EUR
Einrichtung maschineller Arbeitsplätze.........................	4.000.000 EUR
Kosten einer Marktforschungsstudie.............................	500.000 EUR
Täglicher Materialverbrauch..	4.000 EUR
Tägliche Lohnzahlungen	6.000 EUR
Materialgemeinkosten in % des Materialverbrauchs......................	120 % (davon 80 % ausgabenwirksam)
Fertigungsgemeinkosten in % der Fertigungslöhne	150 % (davon 40 % ausgabenwirksam)

Verwaltungsgemeinkosten in % der Herstellkosten	20 % (voll ausgabenwirksam)
Vertriebsgemeinkosten in % der Herstellkosten	10 % (voll ausgabewirksam)
Durchschnittliche Fertigungszeit	15 Tage
Durchschnittliches Lieferantenziel	20 Tage
Durchschnittliches Kundenziel	30 Tage
Durchschnittliche Lagerdauer des Fertigungsmaterials	30 Tage
Durchschnittliche Lagerdauer der Fertigerzeugnisse	25 Tage

1. Ermitteln Sie:
- – den Anlagekapitalbedarf
- – den Umlaufkapitalbedarf
- – den Gesamtkapitalbedarf

2. Durch verstärkte **Just-in-Time-Lieferung** verkürzt sich die durchschnittliche Lagerdauer der Fertigungsmaterialien auf 5 Tage, außerdem wird die durchschnittliche Lagerdauer im Absatzbereich auf durchschnittlich 20 Tage reduziert. Darüber hinaus rechnet man damit, dass sich das Zahlungsziel der Kunden durch stärkere Gewährung von Skonto auf durchschnittlich 10 Tage reduziert.

Um wie viel EUR lässt sich dadurch der Kapitalbedarf für das Umlaufvermögen reduzieren?

2   Finanzplan

Ein Finanzplan enthält die zukünftig erwarteten Ein- und Auszahlungen. Die Aufgabe eines Finanzplanes besteht darin, das **finanzielle Gleichgewicht** eines Unternehmens zu wahren. Dies bedeutet einerseits, dass Liquiditätsengpässe rechtzeitig erkannt werden müssen; andererseits bedeutet es aber auch, dass eine (unrentable) Überliquidität verhindert werden muss. Mit Hilfe eines Finanzplanes sollen zukünftige Zahlungsströme nach den Kriterien von Liquidität und Rentabilität gesteuert werden. Hinsichtlich des Planungszeitraumes unterscheidet man

- ▶ langfristige Finanzpläne (bis zu 5 Jahren),
- ▶ mittelfristige Finanzpläne (1–2 Jahre),
- ▶ kurzfristige Finanzpläne (bis zu einem Jahr, im Regelfall jedoch kürzer).

2.1   Aufbau eines Finanzplanes

Ein kurzfristiger Finanzplan berücksichtigt üblicherweise folgende Größen:

- ▶ Zahlungsmittelanfangsbestand
- ▶ Einzahlungen (aus Umsätzen, Kreditaufnahme usw.)
- ▶ Auszahlungen (für Mieten, Personal, Material, Steuern, Kredittilgung usw.)
- ▶ Zahlungsmittelendbestand

Für die Monate Januar, Februar und März ergibt sich für einen Industriebetrieb folgender Finanzplan (Zahlen in Tausend EUR):

	Januar	Februar	März
I. Zahlungsmittelbestand am Monatsanfang	20	18	64
II. Einzahlungen			
1. Aus Umsatzerlösen	400	450	470
2. Sonstige	4	15	10
Summe der Einzahlungen	404	465	480
III. Auszahlungen			
1. Personalkosten	95	98	96
2. Roh- und Hilfsstoffe	120	135	125
3. Energiekosten	15	16	15
4. Versicherungen	25	–	–
5. Kredittilgung	40	40	40
6. Zinszahlungen	6	5	4
7. Steuern	25	–	30
8. Sonstige	80	125	140
Summe der Auszahlungen	406	419	450
IV. Zahlungsmittelbestand am Monatsende	18	64	94

2.2 Erstellung eines Finanzplanes

Die Aufstellung eines Finanzplanes ist abhängig von anderen betrieblichen Teilplanungen (Absatzplanung, Produktionsplanung, Beschaffungsplanung, Personalplanung, Investitionsplanung, Gewinnplanung). Auf der anderen Seite gilt aber auch: Lässt sich beispielsweise eine notwendige Erweiterung betrieblicher Kapazitäten nicht finanzieren, so wird der Finazbereich zum Engpass. Insofern besteht eine wechselseitige Abhängigkeit (Interdependenz) zwischen betrieblichen Teilplänen.

Grundsätzlich gibt es zwei Möglichkeiten der betrieblichen Planerstellung:
▶ Aufstellung eines simultanen Planes, d.h. die Aus- und Einzahlungen werden für alle Teilbereiche des Unternehmens gleichzeitig erfasst. Bisher allerdings liegen jedoch nur theoretische Ansätze eines Simultanplanes vor, die nicht ohne weiteres auf die Praxis übertragbar sind.
▶ Sukzessive Planerstellung. Üblicherweise bildet dann der Absatzplan den Ausgangspunkt aller weiteren Planüberlegungen. Liegen jedoch in einem Teilbereich Engpässe vor (z. B. Kapazitätsengpässe), gehen alle weiteren Planüberlegungen vom Engpasssektor aus.

2.3 Prognoseverfahren

Da ein Finanzplan in die Zukunft gerichtet ist, haben alle Annahmen über Aus- und Einzahlungen lediglich prognostischen Charakter. Für solche Prognosen stehen verschiedene Verfahren zur Verfügung:

- ▶ pragmatische (heuristische) Verfahren,
- ▶ extrapolierende Verfahren,
- ▶ kausale Verfahren.

In der **kurzfristigen** Finanzplanung spielen die extrapolierenden Verfahren die größte Rolle, insbesondere das Mittelwertverfahren.

Beim **gleitenden Mittelwertverfahren** bilden die Zahlen von vergangenen Perioden die Grundlage für den Wertansatz künftiger Perioden.

Beispiel:

In den Monaten Januar bis Juni entwickelten sich die Auszahlungen für Rohstoffeinkäufe wie folgt:

Monat	Auszahlungen
Januar	80 Tausend EUR
Februar	85 Tausend EUR
März	84 Tausend EUR
April	88 Tausend EUR
Mai	90 Tausend EUR
Juni	92 Tausend EUR

Der Prognosewert (P) für die nächste Periode (Juli) ist dann wie folgt anzusetzen:

$$P = \frac{80 + 85 + 84 + 88 + 90 + 92}{6} = \frac{519}{6} = 86,5 \text{ Tausend EUR}$$

Im Finanzplan würden für die Periode **Juli** Auszahlungen in Höhe von 86,5 Tausend EUR für Rohstoffe eingesetzt.

Beim **gewogenen gleitenden Mittelwertverfahren** würde gegenwartsnäheren Perioden ein größeres Gewicht beigemessen als älteren Perioden. Die Auszahlungen für Rohstoffe erhalten eine Gewichtung, die in Richtung Gegenwartszeitpunkt zunimmt.

Beispiel:

Monat	Auszahlung	Gewicht in %
Januar	80 Tausend EUR	5
Februar	85 Tausend EUR	10
März	84 Tausend EUR	15
April	88 Tausend EUR	20
Mai	90 Tausend EUR	25
Juni	92 Tausend EUR	25

$$P = \frac{80 \cdot 5 + 85 \cdot 10 + 84 \cdot 15 + 88 \cdot 20 + 90 \cdot 25 + 92 \cdot 25}{5 + 10 + 15 + 20 + 25 + 25} = 88,2 \text{ Tausend EUR}$$

Im Finanzplan würden für Auszahlungen für Rohstoffe im Monat Juli dann 88,2 Tausend EUR eingesetzt.

2.4 Ausgleich eines Finanzplanes

Im Regelfall führt die Gegenüberstellung künftiger Ein- und Auszahlungen in einem Finanzplan zum Ausweis eines Differenzbetrages **(Über- oder Unterdeckung)**. Im Rahmen der Finanzwirtschaft müssen bei einer finanziellen **Überdeckung** vorübergehende Anlagemöglichkeiten aufgezeigt werden; bei einer Unterdeckung, d.h. bei einem Liquiditätsengpass, müssen kurzfristige Finanzreserven mobilisiert werden. Folgende Anpassungsmöglichkeiten stehen u.a. zur Verfügung:

Anpassungsmaßnahmen bei Unterdeckung	Anpassungsmaßnahmen bei Überdeckung
Kreditverlängerung	Kredittilgung
Eigenkapitalerhöhung	Verminderung des Eigenkapitals
Kreditneuaufnahme	Terminanlagen
Leasing von Wirtschaftsgütern	Erwerb von Wertpapieren zur Liquiditätsanlage
Factoring	Einräumung günstigerer Zahlungsziele für Kunden, um den Umsatz zu steigern

2.5 Kontrolle eines Finanzplanes

Die Aufgabe der Finanzkontrolle besteht darin zu ermitteln, ob die geplanten Ein- und Auszahlungen (Planwerte) mit den tatsächlichen Zahlungsströmen (Istwerte) übereinstimmen. Die Kontrolle eines Finanzplanes besteht aus 3 Schritten:

▶ Ermittlung der Abweichungen,
▶ Analyse der Abweichungen,
▶ Überarbeitung der Planung.

Ursachen für die Planabweichungen können sein:

▶ fehlerhafte Rechnungen,
▶ Preisänderungen (im Ein- und Verkauf),
▶ Verbrauchsänderungen (z. B. durch vermehrte Ausschussproduktion, Qualitätsdifferenzen)
▶ Zeitverschiebungen (Veränderung von Durchlauf- und Lagerzeiten der Produkte, Veränderung von Zahlungsterminen usw.),
▶ Sonstige Datenänderungen (Erhöhung der Lohnkosten usw.).

2.6 Aufgaben zur Wiederholung und Vertiefung

1. Aufgabe

Für einen kleinen Industriebetrieb, der Drehteile herstellt, ist der Finanzplan für die ersten 3 Monate des Jahres 20.. herzustellen. Es gelten folgende **Daten**:

Geplanter Absatz
1. Monat.................................... 15.000 Drehteile
2. Monat.................................... 18.000 Drehteile
3. Monat.................................... 18.000 Drehteile

| Geplanter Verkaufspreis pro Drehteil..... | 20,00 EUR |
| Zahlungsmodalitäten .... | Es wird geschätzt, dass 50 % des Monatsumsatzes bar eingehen, der Rest nach jeweils 30 Tagen. |

Die folgenden **monatlichen Auszahlungen** werden erwartet:

Fertigungslöhne	80.000,00 EUR
Fertigungsgemeinkosten	100.000,00 EUR (davon 20 % ausgabenwirksam)
Fertigungsmaterial	
– 1. Monat...	75.000,00 EUR
– 2. Monat...	90.000,00 EUR
– 3. Monat...	90.000,00 EUR
Materialgemeinkosten in % des Fertigungsmaterials	50 % (davon 80 % ausgabenwirksam)
Verwaltungs- und Vertriebsgemeinkosten	20.000,00 EUR (davon 50 % ausgabenwirksam)
Sonstige Auszahlungen	80.000,00 EUR

Sonstige Angaben:
– Im 1. Monat des Jahres sind noch Kundenzahlungen in Höhe von 100.000,00 EUR für den letzten Monat des Vorjahres zu berücksichtigen.
– Der Kassenbestand beträgt zu Beginn des 1. Monats 5.000,00 EUR.
– Das Bankguthaben beträgt zu Beginn des 1. Monats 15.000,00 EUR.
Erstellen Sie einen Finanzplan für die 3 Monate.

2. Aufgabe

Ein Betrieb wird am 20..-03-01 gegründet. Der Betriebsinhaber verfügt zu diesem Zeitpunkt über ein Eigenkapital (Bankguthaben bei der **Aufbau Bank AG**) in Höhe von 150.000,00 EUR. Fehlende Finanzmittel sollen durch einen Kontokorrentkredit bei der **Aufbau Bank AG** finanziert werden. Es gelten folgende Daten:

Monatliche Miet- und Pachtzahlungen..	10.000,00 EUR
Monatliche Zahlen für den Kauf von Roh-, Hilfs- und Betriebsstoffen	30.000,00 EUR
Kauf einer maschinellen Ausstattung im März............................	180.000,00 EUR
Monatliche Lohn- und Gehaltszahlungen	20.000,00 EUR
Sonstige monatliche Auszahlungen.......	15.000,00 EUR
Monatliche Umsatzerlöse	100.000,00 EUR; wovon 40 % bar bezahlt, 10 % mit 1 Monat Zahlungsziel, der Rest mit 2 Monaten Zahlungsziel bezahlt werden.

Stellen Sie einen Finanzplan für die ersten sechs Monate auf. Stellen Sie dar, wie viel Kredit der Betrieb in den einzelnen Monaten bei der Aufbau AG aufnehmen muss.

3 Kapitaldeckung

Mit der Entscheidung, wie der Kapitalbedarf eines Betriebes mit Eigen- und Fremd-kapital gedeckt wird, ist unmittelbar die Gestaltung der Kapitalstruktur des Betriebes verbunden.

Nach Vormbaum[1]) wird ein finanzielles Gleichgewicht erreicht, „wenn im Finanzie-rungsbereich des Betriebes durch Realisierung eines optimalen Verschuldungsgra-des ein Beitrag zur Maximierung der Rentabilität geleistet wird und dabei jederzeit die betriebliche Zahlungsfähigkeit gesichert ist".

3.1 Risiken der Kapitalstruktur

In der Praxis ist jedoch eine optimale Gestaltung der Kapitalstruktur nicht realisier-bar, da Eigenkapitalgeber, Fremdkapitalgeber und Unternehmen unterschiedliche Interessen verfolgen und deswegen unterschiedliche Kriterien bezüglich der Opti-mierung der Kapitalstruktur haben. Die unterschiedlichen Interessen der Eigenkapi-talgeber, Fremdkapitalgeber und Unternehmen liegen begründet in den unterschied-lichen Risiken.

Das Risiko der Eigenkapitalgeber besteht darin, dass sich das eingesetzte Kapital bzw. das gesamte Vermögen durch entstehende Gewinne und Verluste verändert (Kapital- und Gewinnrisiko).

Das Risiko der Fremdkapitalgeber besteht darin, dass vom kreditnehmenden Unter-nehmen die Rückzahlung des Kapitals bzw. die Zahlung des vereinbarten Zinses nicht erfolgt (Kapital- und Zinsrisiko).

Das Risiko des Unternehmens liegt in der Gefährdung des Unternehmensbestandes, wenn sich Zahlungsströme verändern, obwohl Zins- und Tilgungsleistungen unver-ändert bleiben und/oder Kredite abgezogen bzw. nicht verlängert werden (Liqui-ditäts- und Abzugsrisiko).

3.2 Kapitalstrukturregeln (Finanzierungsregeln)

Die Finanzierungsregeln bilden Faustregeln für die Gestaltung der Kapitalstruktur in der betrieblichen Praxis. Ausgehend von einem bestimmten Kapitalbedarf formulie-ren sie Grundsätze, welche Finanzmittel unter den jeweiligen Bedingungen zur Deckung des Kapitalbedarfs heranzuziehen sind. Die meisten Finanzierungsregeln knüpfen dabei an das übliche Bilanzgliederungsschema an:

Vermögen	Kapital
Anlagevermögen	Eigenkapital
Umlaufvermögen	Fremdkapital – langfristig – kurzfristig

Vertikale Kapital-strukturregeln

Horizontale Kapitalstrukturregeln

---

[1]) Vormbaum, Herbert: Finanzierung der Betriebe

3.2.1 Horizontale Kapital-Vermögensstrukturregeln

Goldene Finanzierungsregel (goldene Bankregel)

Die goldene Finanzierungsregel besagt, dass die Dauer der Finanzierung der Kapitalbindungsdauer entsprechen soll.

Goldene Bilanzregel

In ihrer engsten Fassung besagt die goldene Bilanzregel, dass Anlagevermögen durch Eigenkapital, in einer weiteren Fassung, dass Anlagevermögen durch Eigenkapital und langfristiges Fremdkapital zu finanzieren ist. Die letztere Faustregel wird häufig noch in der Weise erweitert, dass nicht nur das Anlagevermögen, sondern auch langfristig gebundene Teile des Umlaufvermögens (durchschnittliche Bestände an Vorräten, durchschnittlicher Forderungsbestand) durch Eigenkapital und langfristiges Fremdkapital zu finanzieren sind.

3.2.2 Vertikale Kapitalstrukturregeln

1:1-Regel

Die 1:1-Regel besagt, dass sich Eigenkapital und Fremdkapital wie 1 : 1 verhalten sollten. Die Regel wird damit begründet, dass die Eigentümer ebensoviel zur Finanzierung wie die Fremdkapitalgeber beitragen sollten. Die Praxis zeigt indessen, dass die meisten Betriebe in Deutschland mit weit mehr Fremdkapital als Eigenkapital arbeiten. So liegt beispielsweise die Eigenkapitalquote (Eigenkapital x 100 : Gesamtkapital) der deutschen Aktiengesellschaften zwischen 20 und 25 %.

Es sprechen jedoch einige Argumente für eine möglichst hohe Eigenkapitalquote:

▶ Je geringer der Anteil des Eigenkapitals am Gesamtkapital, desto größer ist das Risiko für Fremdkapitalgeber.

▶ Fremdkapitalzinsen müssen auch dann gezahlt werden, wenn der Betrieb Verlust macht. Sie haben damit Fixkostencharakter. Dagegen haben Eigenkapitalgeber keinen Rechtsanspruch auf Dividende bzw. sonstige Gewinnausschüttungen.

▶ Eigenkapitalzinsen werden zwar kalkulatorisch verrechnet, müssen aber nicht unbedingt über die Preise verdient werden.

Andererseits bedeutet aber die **Zielsetzung „langfristige Gewinnmaximierung"**, dass die Eigenkapitalrentabilität maximiert wird. Die Aufnahme von Fremdkapital kann zur Rentabilitätserhöhung des Eigenkapitals beitragen **(Leverage-Effekt)**. Der Leverage-Effekt besagt, dass durch die Aufnahme von Fremdkapital die Eigenkapitalrentabilität gesteigert wird, so lange, wie die Gesamtkapitalrentabilität größer ist als der Zinssatz für das zuletzt aufgenommene Fremdkapital (positive Hebelwirkung des Fremdkapitals). Dieser Effekt kann sich allerdings auch ins Gegenteil verkehren, wenn der Zinssatz für das zuletzt aufgenommene Fremdkapital über der Gesamtkapitalrentabilität liegt.

Beispiel:

für den Leverage-Effekt:

Ein Unternehmen hat sich auf die Produktion von Surf-Brettern spezialisiert. Es gelten folgende Daten:

Fixkosten	100.000,00 EUR p. a.
Variable Kosten je Surf-Brett	350,00 EUR
Verkaufspreis je Surf-Brett	750,00 EUR
Eingesetztes Eigenkapital	600.000,00 EUR
Mögliche Kapazität	350 Stück p. a.
Kapazitätsauslastung	100 %

1. Berechnet werden soll die Rentabilität des eingesetzten Eigenkapitals.
2. Da der Unternehmer aufgrund von Marktforschungsergebnissen davon ausgeht, dass der Absatz sich beträchtlich erhöhen lässt, entschließt er sich, einen stillen Gesellschafter mit aufzunehmen, um eine Erweiterungsinvestition von 400.000,00 EUR finanzieren zu können. Folgende Daten sind zu berücksichtigen:

Einlage des stillen Gesellschafters	350.000,00 EUR zu 8 % p.a.
Zusätzliches Bankdarlehen	50.000,00 EUR zu 10 % p.a.
Sonstige zusätzliche Fixkosten (Abschreibung)	80.000,00 p.a.
Zusätzliche Kapazität der neuen Anlage	300 Stück p.a.
Variable Kosten pro Surf-Brett auf der neuen Anlage	300,00 EUR

Berechnet werden soll die Eigenkapitalrentabilität bei einem Jahresabsatz von 650 Surfbrettern.

3. Aus konjunkturellen Gründen kann die Gesamtkapazität nur noch zu 84 % ausgelastet werden. Wie hoch ist die Eigenkapitalrentabilität, wenn kostengünstigster Einsatz der Produktionsanlagen unterstellt wird?

Lösung:

1.
Umsatz	350 · 750 = 262.500,00 EUR
– Variable Kosten	350 · 350 = 122.500,00 EUR
– Fixkosten	100.000,00 EUR
Gewinn	**40.000,00 EUR**

$$\text{Eigenkapitalrentabilität} = \frac{100 \cdot 40.000}{600.000} = \mathbf{6,67\,\%}$$

2.
Umsatz	650 · 750 = 487.500,00 EUR
– Variable Kosten alte Anlage	350 · 350 = 122.500,00 EUR
– Variable Kosten neue Anlage	300 · 300 = 90.000,00 EUR
– Fixkosten alte Anlage	100.000,00 EUR
– Fixkosten neue Anlage: – Abschreibungen	80.000,00 EUR
– Zinsen für Einlage	28.000,00 EUR
– Kontokorrentzinsen	5.000,00 EUR
Gewinn:	**62.000,00 EUR**

$$\text{Eigenkapitalrentabilität} = \frac{62.000 \cdot 100}{600.000} = \mathbf{10,33\,\%}$$

3. 100 % – 650 Surfbretter

   84 % – 546 Surfbretter

Umsatz	546 · 750 = 409.500,00 EUR
– Variable Kosten **neue** Anlage	300 · 300 = 90.000,00 EUR
– Variable Kosten **alte** Anlage	350 · 246 = 86.100,00 EUR
– Fixkosten **alte** Anlage...........................	100.000,00 EUR
– Fixkosten **neue** Anlage: – Abschreibung.............	80.000,00 EUR
– Zinsen für Einlage	28.000,00 EUR
– Kontokorrentzinsen	5.000,00 EUR
Gewinn	**20.400,00 EUR**

$$\text{Eigenkapitalrentabilität} = \frac{20.400 \cdot 100}{600.000} = 3,4\,\%$$

2:1-Regel

In der Literatur wird gelegentlich auch die **Zwei-zu-Eins-Regel (Banker's Rule)** erwähnt. Damit ist die Forderung verknüpft, dass das Eigenkapital doppelt so hoch wie das Fremdkapital sein soll.

3.2.3   Kritische Bewertung der Finanzierungsregeln

Die Praxis zeigt, dass die Einhaltung dieser Finanzierungsregeln nicht die finanzielle Stabilität einer Unternehmung garantiert. Die genannten Regeln können allenfalls als Faustregeln akzeptiert werden.

Wenn ein Unternehmen gleichzeitig den finanzwirtschaftlichen Zielsetzungen der Rentabilität, der Liquidität, Sicherheit und Unabhängigkeit gerecht werden will, ist eine detaillierte Finanzplanung zwingend erforderlich. Es ist aber zu beachten, dass Kreditinstitute im Rahmen der Kreditwürdigkeitsprüfung die traditionellen Finanzierungsregeln verwenden, obwohl die Regeln nur einen statischen Zustand beschreiben und sich theoretisch teilweise widersprechen. Wenn z. B. in einem Unternehmenszweig das Anlagevermögen im Durchschnitt 20 % des Gesamtvermögens beträgt, bedeutet eine Erfüllung der so genannten 1:1-Regel, dass eine Überfinanzierung vorliegt, da nicht nur das Anlagevermögen mit Eigenkapital, sondern auch noch das Umlaufvermögen zu einem guten Drittel mit Eigenkapital finanziert wird. Nach der goldenen Bilanzregel in der einfachen Fassung würde deswegen eine Eigenkapitalquote von 20 % ausreichen.

3.3   Aufgaben zur Wiederholung und Vertiefung

1. Aufgabe

Der Schotte John Mc Beam betreibt eine Abfüllanlage für echten schottischen Whiskey. Es gelten folgende Daten:

Eingesetztes Eigenkapital	1.000.000,00 EUR
Kapazität p. a..	300.000 Flaschen
Kapazitätsauslastung	100 %

Fixkosten p.a. .... 500.000,00 EUR
Variable Kosten/Flasche .... 7,00 EUR
Verkaufspreis/Flasche .... 9,00 EUR

1. Berechnen Sie die Rentabilität des eingesetzten Eigenkapitals.

2. Wegen der zunächst starken Nachfrage nach Whiskey kauft John Mc Beam eine zusätzliche Abfüllanlage. Für die 2. Anlage gelten folgende Daten:

Aufnahme eines Kredites über .... 800.000,00 EUR
Zinssatz für den aufgenommenen
Kredit .... 8 % p. a.
Sonstige Fixkosten p. a. .... 350.000,00 EUR
Variable Kosten/Flasche .... 6,00 EUR
Verkaufspreis/Flasche .... 9,00 EUR
Kapazität p. a. .... 200.000 Flaschen

a) Ermitteln Sie die Eigenkapitalrentabilität nach Inbetriebnahme beider Anlagen (bei Vollauslastung beider Anlagen).
b) Ermitteln Sie die Gesamtkapitalrentabilität (bei Vollauslastung beider Anlagen).

3. Die schottische Liga Fight against alcoholism (FAA) gewinnt in Schottland zunehmend an Einfluss, so dass bei John Mc Beam die Auslastung der Gesamtkapazität auf 92 % zurückgeht.

a) Wie hoch ist die Eigenkapitalrentabilität bei **kostengünstigster** Produktion?
b) Ermitteln Sie unter der gleichen Voraussetzung die Gesamtkapitalrentabilität.
c) Bei welcher Gesamtabsatzmenge erreicht John Mc Beam den break-even-point? Unterstellt wird, dass zunächst die **2. Anlage** voll ausgelastet wird.

2. Aufgabe

Für eine Unternehmung gelten folgende Daten:

Gesamtkapital .... 10.000.000,00 EUR
Eigenkapitalquote .... 30 %
Zinsaufwendungen p. a. .... 560.000,00 EUR
Sonstige Aufwendungen p. a. .... 8.340.000,00 EUR
Erträge p. a. .... 9.200.000,00 EUR

1. Ermitteln Sie aus den vorliegenden Zahlen
– die Höhe des Eigenkapitals,
– die Höhe des Fremdkapitals,
– den Gewinn des Unternehmens,
– die Gesamtkapitalrentabilität,
– den durchschnittlichen Zinssatz für das Fremdkapital.

2. Errechnen Sie die Eigenkapitalrentabilität.

3. Die Unternehmung plant eine zusätzliche Investition von 3.000.000,00 EUR. Die Investition soll durch 10 % Eigenkapital (= Neuaufnahme eines Gesellschafters) und 90 % Fremdkapital finanziert werden. Das neue Fremdkapital muss allerdings mit 9 % p.a. bedient werden. Es wird damit gerechnet, dass die zusätzliche Investition eine Nettorendite (vor Zinsen) von 12 % erbringt. Es wird unterstellt, dass sich die übrigen Daten nicht ändern.

a) Ermitteln Sie den Gesamtgewinn des Unternehmens nach Durchführung der zusätzlichen Investition.
b) Berechnen Sie den durchschnittlichen Zinssatz für das gesamte Fremdkapital.
c) Errechnen Sie Eigen- und Gesamtkapitalrentabilität nach Durchführung der zusätzlichen Investition.
d) Erläutern Sie den **Leverage-Effekt** anhand der ermittelten Zahlen.

4. Welche betriebswirtschaftlichen Überlegungen sprechen trotz hoher Eigenkapitalrentabilität gegen eine zu hohe Verschuldung des Unternehmens?

C   Beteiligungsfinanzierung

1   Wesen

Durch die Beteiligungsfinanzierung fließt einer Unternehmung **Eigenkapital von außen** zu. Insofern stellt diese Finanzierungsart genauso wie die Selbstfinanzierung eine **Form der Eigenfinanzierung** dar. Die Einlagen können einerseits durch Kapitalgeber aufgebracht werden, die bereits bisher an der Unternehmung beteiligt sind (z. B. Inhaber, Gesellschafter, Aktionäre), andererseits auch durch Einlagen neuer Beteiligter (z. B. neue Gesellschafter einer OHG, neue Aktionäre).

Die Mittel können grundsätzlich als Geldeinlage, Sacheinlage (Maschinen, Rohstoffe, Grundstücke usw.) oder Rechte (Lizenzen, Patente usw.) zugeführt werden. Sacheinlagen oder Rechte verursachen in aller Regel Bewertungsprobleme.

Die Beteiligungsfinanzierung grenzt sich von der Fremdfinanzierung in erster Linie durch die Rechtsstellung der Kapitalgeber voneinander ab. Im Gegensatz zur Fremdfinanzierung muss die Unternehmung den **Kapitalgebern**, die (Mit-)Eigentümer werden, grundsätzlich **Kontroll-, Stimm- und Mitspracherechte** einräumen. Der Umfang dieser Rechte ist jedoch abhängig von der Rechtsform der Unternehmung.

Daneben werden die Kapitalgeber im Allgemeinen am erwirtschafteten und zu verteilenden Gewinn sowie am Liquidationserlös beteiligt. Im Falle des Konkurses haften die Kapitalgeber zumindest bis zur Höhe ihrer Einlage.

2   Beteiligungsfinanzierung in Abhängigkeit von der Rechtsform einer Unternehmung

Art und Umfang der Beteiligungsfinanzierung sind in erster Linie abhängig von der Rechtsform einer Unternehmung. So ist beispielsweise der Finanzierungsspielraum des Einzelunternehmers dadurch begrenzt, dass Eigenkapital nur von ihm selbst zugeführt werden kann, während die Aktiengesellschaft durch den Verkauf von Aktien große Summen festen, dauerhaften Eigenkapitals erhält und der Aktionär seinen Kapitalanteil jederzeit veräußern kann, ohne dass der Gesellschaft Eigenkapital entzogen wird.

Bevor einige wesentliche Unternehmensformen auf die Möglichkeiten der Beteiligungsfinanzierung hin untersucht werden, sollen die **Merkmale wichtiger Unternehmensformen** zusammenfassend tabellarisch gegenübergestellt werden.

Unternehmens-formen / Merkmale	Einzelunternehmung und Personengesellschaften				Kapitalgesellschaften	
	Einzelunternehmung	OHG	KG	Stille Gesellschaft	AG	GmbH
Mindestzahl der Gründer	1	2	1 Komplementär 1 Kommanditist	2	1	1
Mindest-kapital und Bezeichnung	keins Kapitaleinlage	keins Kapitaleinlage	keins Kapitaleinlage	keins Kapitaleinlage	50.000 EUR Grundkapital (gezeichnetes Kapital)	25.000 EUR Stammkapital (gezeichnetes Kapital)

Unternehmens-formen / Merkmale	Einzelunternehmung und Personengesellschaften				Kapitalgesellschaften	
	Einzelunternehmung	OHG	KG	Stille Gesellschaft	AG	GmbH
Firma	Personen-, Sach-, Phantasiefirma + Zusatz e.K.	Personen-, Sach-, Phantasiefirma + Zusatz OHG	Personen-, Sach-, Phantasiefirma + Zusatz KG	ohne Kennzeichnung	Personen-, Sach-, Phantasiefirma + Zusatz AG	Personen-, Sach-, Phantasiefirma + Zusatz GmbH
Haftung	unbeschränkt	jeder Gesellschafter: unbeschränkt, unmittelbar, solidarisch	Komplementäre wie OHG-Gesellschafter; Kommanditisten bis Höhe ihrer Einlage	Stiller Gesell-schafter bis zur Höhe der Einlage; Haftung des Eigentümers abhängig von der Rechts-form der Gesellschaft	Gesellschafts-vermögen in voller Höhe	Gesellschafts-vermögen in voller Höhe
Geschäftsführung und Vertretung	Einzelunter-nehmer allein	jeder Gesellschafter, aber vertrag-liche Regelung beachten	durch Komple-mentäre; Kom-manditisten: Widerspruchs-/Kontrollrecht	abhängig von Rechtsform; Stiller Gesell-schafter: Kontrollrecht	Vorstand leitend, Kontrolle durch Aufsichtsrat und Haupt-versammlung	Geschäftsführer leitend; Kontrolle durch Gesell-schafterversamm-lung, ggf. Auf-sichtsrat
Erfolgs-beteiligung	alleiniger Gewinnanspruch für Inhaber	4 % der Einlage, Rest nach Köpfen	4 % der Einlage, Rest in ange-messenem Verhältnis; Verlust: angemes-senes Verhältnis	Stiller Gesell-schafter: angemessener Anteil am Gewinn; Verlust: in Höhe der Einlage (kann ausgeschlossen werden)	nach dem Anteil am Grundkapital gemäß Gewinn-verteilungsbe-schluss	nach dem Anteil am Geschäfts-guthaben

2.1 Beteiligungsfinanzierung bei der Einzelunternehmung

Das Eigenkapital der Einzelunternehmung wird begrenzt durch das Vermögen des Inhabers. Kapitalerweiterungen sind zum einen möglich, indem der Einzelunterneh-mer eigene Mittel, die er nicht für konsumtive Zwecke verwendet, seiner Unterneh-mung zuführt, zum anderen, indem er erzielte Gewinne nicht entnimmt.

Im Allgemeinen sind die Möglichkeiten des Einzelunternehmers, weiteres Eigenkapi-tal einzubringen, stark eingeschränkt. Vielfach wird das verfügbare Privatvermögen nicht für Kapitalerweiterungen im Unternehmen verwandt, sondern anderweitig angelegt, um das Risiko zu streuen.

Allerdings kann der Einzelunternehmer wie auch jede Gesellschaftsunternehmung seine **Kapitalbasis durch Aufnahme eines stillen Gesellschafters erweitern**. Der stille Gesellschafter tritt nach außen nicht in Erscheinung, seine Kapitaleinlage geht in das Vermögen des Unternehmensinhabers über, wird also in der Bilanz als Teil des Eigenkapitals des Einzelunternehmers ausgewiesen.

Im Gegensatz zur typischen stillen Gesellschaft wird der stille Gesellschafter bei der atypischen oder unechten stillen Gesellschaft vertraglich sowohl am Gewinn und Verlust als auch an den Vermögenswerten (wie stillen Rücklagen) oder am Firmen-wert beteiligt. Wird die Gesellschaft aufgelöst oder scheidet der stille Gesellschafter aus, sind folglich die stillen Reserven zu ermitteln und der vertragliche Anteil des stil-len Gesellschafters auszuzahlen. Bei der typischen stillen Gesellschaft hat der stille Gesellschafter nur Anspruch auf Rückzahlung seiner nominalen Einlage.

2.2 Beteiligungsfinanzierung bei der Offenen Handelsgesellschaft (OHG)

Das Eigenkapital einer OHG lässt sich grundsätzlich dadurch erweitern, dass die vorhandenen Gesellschafter ihre **Kapitaleinlage erhöhen** oder dass **neue Gesellschafter** (auch stille Gesellschafter) **aufgenommen** werden.

Beteiligungen an einer OHG erfordern erhebliches gegenseitiges Vertrauen der Gesellschafter. Die enge persönliche Beziehung der Gesellschafter untereinander, die unmittelbare, unbeschränkte und solidarische Haftung sowie die Beteiligung neuer Gesellschafter an der Geschäftsführung setzen dieser Finanzierungsform demnach relativ enge Grenzen.

Für die Kapitaleinlage der OHG-Gesellschafter besteht keine gesetzlich festgeschriebene Mindesthöhe. Zudem schwanken diese Einlagen im Laufe der Zeit durch Gewinn- oder Verlustverrechnungen, durch weitere Einlagen oder Entnahmen. Liquiditätsprobleme ergeben sich insbesondere dann, wenn ein Gesellschafter nach Einhalten der gesetzlich oder vertraglich vereinbarten Kündigungsfrist ausscheidet und seinen Kapitalanteil zurückzieht.

Kapitalerhöhungen sind dann problematisch, wenn die Gesellschafter ihre Kapitaleinlage nicht in gleichem Verhältnis erhöhen. In diesem Fall verschieben sich die Ansprüche der Gesellschafter auf die stillen Reserven zugunsten des Gesellschafters mit geringerem Kapitalanteil.

Beispiel: Stille Reserven 60.000,00 EUR

Gesell- schafter	Ursprünglicher Kapitalanteil	Verteilung stiller Reserven	Erhöhte Kapitaleinlage	Verteilung stiller Reserven
A	100.000,00 EUR	20.000,00 EUR	150.000,00 EUR	22.500,00 EUR
B	200.000,00 EUR	40.000,00 EUR	250.000,00 EUR	37.500,00 EUR

Während vor der Kapitalerhöhung die stillen Reserven, die im Verhältnis der Kapitalanteile verteilt werden, für A einen Betrag von 20.000,00 EUR und für B von 40.000,00 EUR ergeben, erhält A nach der Kapitalerhöhung 22.500,00 EUR, B nur 37.500,00 EUR. Abhilfe kann durch eine vertragliche Regelung geschaffen werden oder indem die Kapitalanteile im gleichen Verhältnis erhöht werden (z. B. jeweils um 50 %).

Soll das zusätzlich benötigte Kapital in Höhe von 100.000,00 EUR nicht durch die bisherigen Gesellschafter, sondern durch einen Dritten zugeführt werden, verschieben sich wieder die jedem Gesellschafter zustehenden Anteile an den stillen Reserven. Den gleichen Effekt haben unterschiedliche Entnahmen oder Gewinnzuweisungen. Solche Verschiebungen der Kapitalanteile können vermieden werden, wenn diese im Gesellschaftsvertrag fixiert und nicht entnommene Gewinne besonderen Konten gutgeschrieben werden. Wird das Beteiligungsverhältnis erhöht, sollte die Höhe der Geschäftsanteile unter Berücksichtigung der bisher gebildeten stillen Reserven neu festgesetzt werden.

2.3 Beteiligungsfinanzierung bei der Kommanditgesellschaft (KG)

Die Eigenkapitalbasis einer Kommanditgesellschaft lässt sich durch **Kapitalerhöhung** der bisherigen Gesellschafter oder **Aufnahme neuer Gesellschafter** erweitern. Erhöhen die Komplementäre (Vollhafter) ihren Kapitalanteil oder werden neue Komplementäre aufgenommen, gelten die gleichen Ausführungen wie bei den Gesellschaftern der OHG. Kapitalveränderungen der nur mit ihrer Einlage haftenden Kommanditisten sowie die Kapitaleinlagen neu eintretender Kommanditisten sind im Handelsregister einzutragen. Kommanditisten sind nicht zur Mitarbeit im Unternehmen verpflichtet, haften nur beschränkt und übernehmen damit ein geringeres Risiko als der Gesellschafter einer OHG. Insofern dürften die Möglichkeiten zur Eigenfinanzierung in der KG normalerweise größer sein als die der OHG.

2.4 Beteiligungsfinanzierung bei der Gesellschaft mit beschränkter Haftung (GmbH)

Die Beteiligung eines Gesellschafters an einer GmbH erfolgt in Form sog. Stammeinlagen, die mindestens 100,00 EUR betragen müssen. Höhere Geschäftsanteile müssen jeweils durch 50 teilbar sein. Die Summe der Stammeinlagen ergibt das Stammkapital, für das eine Mindesthöhe von 25.000,00 EUR vorgeschrieben ist. Die Höhe des Stammkapitals ist im Gesellschaftsvertrag festzulegen und ins Handelsregister einzutragen.

Die Stammeinlagen der Gesellschafter sind keine fungiblen, d.h. vertretbaren Wertpapiere wie die Aktien der Aktiengesellschaft, werden also nicht in einem organisierten Markt wie der Effektenbörse gehandelt. Zudem kann der Gesellschaftsvertrag vorsehen, dass Geschäftsanteile nur mit Zustimmung der Gesellschaft veräußert werden dürfen.

Jeder Gesellschafter übernimmt bei Gründung der GmbH **eine** Stammeinlage. Der Betrag kann für jeden Gesellschafter in unterschiedlicher Höhe festgesetzt werden. Bei Anmeldung der Gesellschaft zum Handelsregister sind mindestens 25 % jeder Stammeinlage zu leisten, das Stammkapital muss wenigstens 12.500,00 EUR betragen. Zahlt ein Gesellschafter die geschuldeten Beträge nicht rechtzeitig ein, hat er Verzugszinsen zu entrichten. Durch eine erneute Aufforderung zur Zahlung innerhalb einer bestimmten Frist kann dem säumigen Gesellschafter der Ausschluss mit dem Geschäftsanteil angedroht werden (Kaduzierung). Der Geschäftsanteil wird in diesem Fall in aller Regel öffentlich versteigert. Kann die Stammeinlage weder vom Zahlungspflichtigen noch durch Verkauf des Geschäftsanteils eingezogen werden, muss der Fehlbetrag von den übrigen Gesellschafter im Verhältnis ihrer Geschäftsanteile aufgebracht werden.

Eine **Stammkapitalerhöhung** lässt sich sowohl **durch Mittel der bisherigen Gesellschafter** als auch **von neuen Gesellschaftern** bewirken. Sie ist ins Handelsregister einzutragen. Der Gesellschaftsvertrag kann bestimmen, dass die Gesellschafter über ihren Geschäftsanteil hinaus **weitere Einlagen** beschließen können (Nachschusspflicht), die im Verhältnis ihrer Geschäftsanteile zu leisten sind. Die Nachschusspflicht kann auf einen bestimmten Betrag beschränkt werden, kann aber auch unbeschränkt sein. Ist ein Gesellschafter bei beschränkter Nachschusspflicht nicht in der Lage, seinen Anteil aufzubringen, findet das Kaduzierungsverfahren statt. Bei unbeschränkter Nachschusspflicht kann ein Gesellschafter seinen Geschäftsanteil zur Verfügung stellen. Er hat ein sog. Abandonrecht. Die Gesellschaft muss seinen Anteil dann grundsätzlich versteigern lassen.

Für die **Erhöhung des Stammkapitals durch neue Gesellschafter** ist eine Dreiviertelmehrheit in der Gesellschafterversammlung erforderlich. Der Beschluss ist notariell zu beurkunden. Ähnlich wie bei den Personengesellschaften tritt auch hier das Problem auf, wie die stillen Reserven zu verteilen sind. Die neuen Gesellschafter können in diesem Fall verpflichtet werden, zusätzlich zu den Stammeinlagen ein Agio (Aufgeld) zu leisten, das in die offenen Rücklagen einzustellen ist.

2.5 Beteiligungsfinanzierung bei der Aktiengesellschaft (AG)

Das Eigenkapital einer Aktiengesellschaft wird gemäß § 266 Abs. 3 HGB unterteilt in gezeichnetes Kapital (Grundkapital), Kapital- und Gewinnrücklagen, Gewinn-/Verlustvortrag sowie Jahresüberschuss/-fehlbetrag. Die Einlagen der Gesellschafter bilden das Grundkapital, dessen Mindesthöhe 50.000,00 EUR beträgt. Es wird in Aktien zerlegt. Diese Wertpapiere verbriefen Mitgliedschaftsrechte der Aktionäre (Anteilseigner) an der AG, stellen folglich Teilhaberpapiere dar.

Durch die Stückelung des Grundkapitals in Aktien erhält die AG **vorteilhafte Möglichkeiten der Eigenkapitalbeschaffung.** Eine große Anzahl von Aktionären stellt mit kleinen Anteilen hohe Kapitalbeträge zur Verfügung, die von seiten der Anteilseigner nicht gekündigt, jedoch jederzeit veräußert werden können.

2.5.1 Aktienarten

Aktien lassen sich unterscheiden hinsichtlich der

▶ Zerlegung des Grundkapitals,

▶ Übertragbarkeit,

▶ Rechte,

▶ Verfügungsmöglichkeit,

▶ Ausgabezeitpunkte.

(1) Einteilung nach der Zerlegung des Grundkapitals

Das Grundkapital einer AG lässt sich einteilen in Nennwertaktien und Stückaktien. **Nennbetragsaktien** lauten mindestens über einen Euro. Höhere Aktiennennbeträge müssen durch volle Euro teilbar sein.

Nennwertlose **Stückaktien** verkörpern einen Anteil am Grundkapital. Ihre Anzahl bestimmt die Höhe des Wertes der einzelnen Aktie. Der auf die einzelne Aktie entfallende anteilige Betrag des Grundkapitals darf einen Euro nicht unterschreiten.

Die Ausgabe der Aktien muss mindestens zum Nennwert oder den auf die einzelne Stückaktie entfallenden anteiligen Betrag des Grundkapitals erfolgen. Demnach sind über dem Nennwert liegende Emissionen (Überpari-Emissionen) erlaubt, Unterpari-Emissionen hingegen verboten. Der durch eine Überpari-Emission erzielte Mehrerlös wird der Kapitalrücklage zugeführt.

(2) Einteilung nach der Übertragbarkeit

Merkmal dieser Einteilung ist die Frage, wie das Eigentum an Aktien übertragen werden kann. Die Eigentumsübertragung bei **Inhaberaktien** vollzieht sich durch Einigung und Übergabe, wobei die Eigentümer der Aktien unbekannt bleiben.

Ist der Name des Aktionärs ins Aktienbuch der Gesellschaft eingetragen, handelt es sich um **Namensaktien.** Als Orderpapiere sind sie durch Einigung, Übergabe und Indossament übertragbar. Die Übertragung ist der Gesellschaft anzuzeigen und ins Aktienbuch einzutragen.

Aufgrund der eingeschränkten Beweglichkeit (Fungibilität) dieser Aktienarten und der mit der Umschreibung verbundenen Kosten spielten die Namensaktien bisher in der Praxis eine geringere Rolle als die Inhaberaktien. In naher Zukunft wird die Namensaktie hingegen etwa 80 % der DAX-Werte einnehmen. Für diese Umstrukturierung sind verschiedene Gründe maßgeblich.

So erleichtern und rationalisieren heute neue, in der Praxis entwickelte elektronische Übertragungsmöglichkeiten den Handel mit Namensaktien. Sie werden in der Regel in Girosammelverwahrung genommen und die Daten über den Kauf und Verkauf werden zwischen Depotbanken und Emittenten noch am selben Tag ausgetauscht. Namensaktien ermöglichen einen problemlosen weltweiten Handel und damit Möglichkeiten der Kapitalbeschaffung an den internationalen Börsen. An der Börse in New York werden z. B. grundsätzlich nur Namensaktien gehandelt.

Des Weiteren können Aktionäre durch Kenntnis ihres Namens und ihrer Anschrift direkt angesprochen werden, um ihnen Argumente für oder gegen die Zustimmung zu einer möglichen Übernahme durch andere Gesellschaften zu liefern. Auch die Zusammensetzung der Aktionäre und die Anzahl der im Einzelfall gehaltenen Aktien ist der Aktiengesellschaft beim Handel mit Namensaktien bekannt.

Wird die Übertragung der Aktien an die Zustimmung der Gesellschaft gebunden, spricht man von **vinkulierten Namensaktien**. Die Gesellschaft hat in diesem Fall die Möglichkeit, Einfluss auf die Kreise der Aktionäre zu nehmen und bestimmte Kapitalanleger von der Beteiligung an der AG auszuschließen.

(3) Einteilung nach dem Umfang der Rechte

Aktien können als Stammaktien oder als Vorzugsaktien emittiert werden. **Stammaktien** sind die in der Bundesrepublik Deutschland am weitesten verbreitete Aktienart. Sie verbrieft

▶ ein Stimm- und Auskunftsrecht in der Hauptversammlung,
▶ einen Dividendenanspruch,
▶ ein Bezugsrecht bei Kapitalerhöhungen,
▶ einen Anspruch auf einen Anteil am Liquidationserlös.

Vorzugsaktien gewähren dem Aktionär bestimmte Vorrechte. Diese liegen z. B. in einer lukrativeren Dividende oder in Vorzügen bei Verteilung des Liquidationserlöses (Liquidationsvorzugsaktien). Vielfach wird die Gewährung eines Dividendenvorzugs mit einem Verzicht auf das Stimmrecht in der Hauptversammlung gekoppelt. Folglich kann durch Ausgabe von Vorzugsaktien Eigenkapital beschafft werden, ohne dass sich bestehende Stimmverhältnisse in der Hauptversammlung ändern. Wird an die Vorzugsaktionäre eine Vorzugsdividende ausgeschüttet, bevor die Stammaktionäre eine Dividende erhalten, spricht man von **Vorzugsaktien mit prioritätischem Dividendenanspruch**.

Beispiel:

50.000 Stammaktien
50.000 Vorzugsaktien
Nennwert: 50,00 EUR
Vorzugsaktien erhalten eine Vorabdividende von 2,00 EUR je Aktie

Ausschüttungs- fähiger Bilanz- gewinn in EUR	Gewinnanteile in EUR		Dividende in EUR je Aktie	
	Vorzugsaktie	Stammaktie	Vorzugsaktie	Stammaktie
50.000,00	50.000,00	–	1,00	–
100.000,00	100.000,00	–	2,00	–
150.000,00	100.000,00	50.000,00	2,00	1,00
200.000,00	100.000,00	100.000,00	2,00	2,00
250.000,00	125.000,00	125.000,00	2,50	2,50

Fällt der Gewinn gering aus, erhalten die Vorzugsaktionäre noch Dividende, während die Stammaktionäre möglicherweise leer ausgehen. Erst bei ausreichendem Gewinn erzielen Stamm- und Vorzugsaktionäre gleich hohe Dividendenzahlungen (siehe Beispiel).

Beim **prioritätischem Dividendenanspruch mit Überdividende** bekommen die Vorzugsaktionäre unabhängig von der Gewinnhöhe einen Dividendenvorzug. Sie erreichen damit stets eine höhere Dividende als die Stammaktionäre.

Beispiel:

50.000 Stammaktien
50.000 Vorzugsaktien
Nennwert: 50,00 EUR
Dividendenvorzug: 2,00 EUR je Aktie

Ausschüttungs- fähiger Bilanz- gewinn in EUR	Gewinnanteile in EUR		Dividende in EUR je Aktie	
	Vorzugsaktie	Stammaktie	Vorzugsaktie	Stammaktie
50.000,00	50.000,00	–	1,00	–
100.000,00	100.000,00	–	2,00	–
150.000,00	125.000,00	25.000,00	2,50	0,50
200.000,00	150.000,00	50.000,00	3,00	1,00
250.000,00	175.000,00	75.000,00	3,50	1,50

Ist eine **limitierte Vorzugsdividende** vereinbart, erhält der Vorzugsaktionär einen bestimmten Prozentsatz Dividende.

Darüber hinaus erzielt er jedoch keine weiteren Gewinnanteile, da der gesamte verbleibende Gewinn an die Stammaktionäre ausgeschüttet wird.

Beispiel:

50.000 Stammaktien
50.000 Vorzugsaktien
Nennwert: 50,00 EUR
Dividendenvorzug: 2,00 EUR je Aktie

Ausschüttungs- fähiger Bilanz- gewinn in EUR	Gewinnanteile in EUR		Dividende in EUR je Aktie	
	Vorzugsaktie	Stammaktie	Vorzugsaktie	Stammaktie
50.000,00	50.000,00	–	1,00	–
100.000,00	100.000,00	–	2,00	–
150.000,00	100.000,00	50.000,00	2,00	1,00
200.000,00	100.000,00	100.000,00	2,00	2,00
250.000,00	100.000,00	150.000,00	2,00	3,00

Diese Aktienart unterscheidet sich von festverzinslichen Wertpapieren u.a. dadurch, dass die AG in Verlustjahren keine Dividende zu zahlen hat und dass im Fall der Insolvenz Ansprüche aus Obligationen vorrangig zu befriedigen sind.

Kumulative Vorzugsaktien verbriefen auch in Verlustjahren ein Anrecht auf Vorzugs-dividende, weil in den nächsten Gewinnjahren die nicht gezahlte Vorzugsdividende nachgeholt werden muss. Diese Aktiengattung kann sich auf alle bisher beschriebe-nen Formen beziehen. Zudem gilt, dass nur bei kumulativen Vorzugsaktien das Stimmrecht ausgeschlossen werden kann (siehe Schaubild). Sie dürfen allerdings nur bis zur Höhe des Nennbetrages der stimmberechtigten Aktien ausgegeben werden. Sollte zwei Jahre hintereinander gar keine oder nur teilweise Dividende gezahlt wor-den sein, so dass eine erforderliche Nachzahlung nicht oder nur teilweise möglich ist, lebt das Stimmrecht wieder auf. Es bleibt bis zur vollständigen Nachzahlung der Rückstände erhalten.

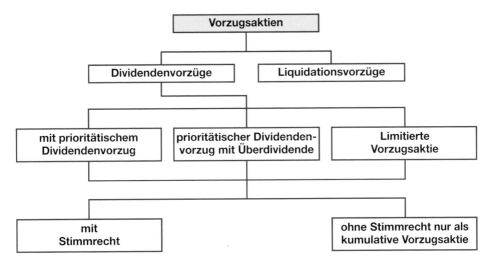

(4) Einteilung nach der Verfügungsmöglichkeit

Erwirbt eine AG eigene Aktien, werden damit Teile des Grundkapitals zurückgezahlt. Aus Gründen des Gläubigerschutzes ist der **Erwerb eigener Aktien grundsätzlich verboten. Ausnahmefälle** regelt der § 71 Abs. 1 des Aktiengesetzes. So ist der Erwerb beispielsweise möglich, um schweren Schaden von der AG abzuwenden oder um die Aktien an die Belegschaft zu verkaufen. Mit dem Gesetz zur Kontrolle und Transparenz im Unternehmensbereich (KonTraG) wurde in Deutschland der Erwerb eigener Aktien erleichtert.

Vorratsaktien, auch als Verwaltungs- oder Verwertungsaktien bezeichnet, werden vielfach vom Emissionskonsortium für eine spätere Kurspflege übernommen.

(5) Einteilung nach dem Zeitpunkt der Ausgabe

Die bereits vor einer Kapitalerhöhung im Umlauf befindlichen Aktien werden als **alte Aktien** bezeichnet. **Junge Aktien** werden im Zuge einer Kapitalerhöhung ausgegeben.

2.5.2 Wert einer Aktie

(1) Börsenmäßiger Effektenhandel

Der **Kurswert** einer Aktie ist der Wert, zu dem sie an der Börse gehandelt wird **(Bör-senkurs)**. Er wird im Gegensatz zu festverzinslichen Wertpapieren nicht als Prozent-, sondern als Stückkurs angegeben. **Die Höhe eines Kurses** richtet sich in erster Linie nach Angebot und Nachfrage, die ihrerseits abhängig sind von:

▶ der allgemeinen Liquiditätslage und -neigung der Anleger,
▶ der Ertragsfähigkeit der Anlage,
▶ der Sicherheit der Anlage,
▶ der wirtschaftlichen und politischen Entwicklung,
▶ subjektiven, psychologischen Faktoren,
▶ markttechnischen Faktoren (z. B. Kurspflege),
▶ unternehmensinternen Einflussgrößen
   (z. B. erwartete Rendite, Rücklagen, Wachstum),
▶ spekulativen Faktoren.

Der börsenmäßige Effektenhandel vollzieht sich auf einem Amtlichen Markt, einem Geregelten Markt oder im Freiverkehr. Vor der Aufnahme des Handels im Amtlichen oder Geregelten Markt muss der Emittent ein öffentlich-rechtliches Zulassungsverfahren durchlaufen. Unternehmen, die die Zulassung zum **Amtlichen Handel** beantragen, haben im Gegensatz zum **Geregelten Markt** strengere Zulassungsvorschriften zu erfüllen.

Mit Beginn des Jahres 2003 entstanden für Aktien und aktienvertretende Zertifikate die neuen Segmente Prime Standard und **General Standard**. Der General Standard ist vor allem für kleinere und mittlere Unternehmen geeignet, die überwiegend nationale Investoren ansprechen.

Unternehmen dieses Segments müssen den gesetzlichen Mindestanforderungen des Amtlichen Marktes oder des Geregelten Marktes genügen. Sie verpflichten sich zu Jahresabschluss- und Halbjahresberichten sowie zu Ad-hoc-Mitteilungen auf Deutsch.

Unternehmen, die sich auch gegenüber internationalen Investoren positionieren wollen, müssen die Zulassung zum Segment des **Prime Standard** beantragen. Damit verpflichten sie sich, internationale Transparenzanforderungen zu erfüllen, wie z.B. Quartalsberichterstattungen, Anwendung internationaler Rechnungslegungsstandards, Ad-hoc-Mitteilungen und laufende Berichterstattung in englischer Sprache. Zugleich ist die Notierung im Prime Standard Voraussetzung für die Aufnahme in die Auswahlindizes DAX, MDAX, SDAX oder TecDAX.

Der DAX enthält die 30 größten deutschen Werte, der MDAX schließt unterhalb des DAX an und nimmt 50 Werte von Unternehmen der klassischen Branchen auf. Der TecDAX ist ein Auswahlindex der größten technologischen Werte, während der SDAX Werte enthält, die in ihrer Größenordnung den MDAX-Werten folgen.

Für Wertpapiere, die weder zum Amtlichen Markt noch zum Geregelten Markt zugelassen sind, kann ein Handel im **Freiverkehr** erlaubt werden. Eine ordnungsgemäße Durchführung des Handels und der Geschäftsabwicklung ist zu gewährleisten.

Neben der traditionellen Form des Börsenhandels, dem **Parketthandel,** findet sich heute vorwiegend der Computerhandel. **Xetra** (Exchange Electronic Trading) ist das elektronische Wertpapierhandelssystem der Deutschen Börse AG für den Kassamarkt. In einem zentralen Orderbuch werden alle Kauf- und Verkaufsaufträge vollelektronisch zusammengeführt. Die Handelspartner erhalten zeitnah ihre Ausführungs- und Geschäftsbestätigung.

Börsenpreise werden durch Unternehmen (Skontroführer), die zur Feststellung von Börsenpreisen zugelassen sind, oder im elektronischen Handel ermittelt. Wird der Preis durch eine **Auktion** festgestellt, werden alle Kauf- und Verkaufsaufträge für ein Wertpapier berücksichtigt, die zu einem bestimmten Zeitpunkt vorliegen. In der Vorphase erteilen die Marktteilnehmer dem Skontroführer ihre Aufträge oder geben sie in ein elektronisches Handelssystem ein. Der Kurs wird nach dem Meistausführungsprinzip festgestellt, das folgende Bedingungen erfüllen muss:

1. Der Kurs ist so festzulegen, dass der größtmögliche Umsatz erzielt wird.

2. Alle Bestens- und Billigstaufträge sind auszuführen.

3. Über dem Kurs liegende limitierte Kaufaufträge müssen ausgeführt werden.

4. Unter dem Kurs limitierte Verkaufsaufträge sind auszuführen.

5. Die zum Kurs limitieren Kauf- und Verkaufsaufträge sind wenigstens teilweise auszuführen.

Die Kurszusätze geben Auskunft darüber, inwieweit ein Kurs die vorgenannten Bedingungen erfüllt.

Beispiel:

Für eine Aktie liegen die nachfolgenden Aufträge vor, aus denen sich der mögliche Umsatz errechnet (Kauf- und Verkaufsaufträge in Stück):

Kurs (EUR)	Kaufaufträge	Kurs (EUR)	Verkaufsaufträge
50	60	bestens	40
51	60	51	90
52	40	52	50
billigst	40	53	30

Umsatzermittlung:

Kurs (EUR)	Käufe	Verkäufe	Umsatz in Stück
50	200	40	40
51	140	130	130
52	80	180	80
53	40	210	40

Käufer und Verkäufer haben ihren Kurs z. T. limitiert, d. h. einen exakten Kurs angegeben, den sie maximal bezahlen oder mindestens erhalten möchten. Sind die Aufträge unlimitiert (bestens/billigst), werden sie in jedem Fall ausgeführt.

Im vorgenannten Beispiel ergibt sich beim Kurs von 51 der größtmögliche Umsatz, so dass dieser Kurs festgelegt wird. Beim Kurs von 50 werden nur 40 Aktien angeboten und 200 Stück nachgefragt. Somit können maximal 40 Stück abgesetzt werden. Auch bei den übrigen angebotenen Kursen ist der Umsatz stets niedriger.

Zum Kurs von 51 können nicht alle Kaufaufträge erfüllt werden. Dieses wird durch den Kurszusatz „bG" (bezahlt und Geld) verdeutlicht. Zu diesem Kurs wurden zwar Umsätze getätigt, die Nachfrage konnte aber nicht voll befriedigt werden. Die folgende Aufstellung soll einen Überblick über die wichtigsten Kursbezeichnungen geben:

b oder Kurs ohne Zusatz	bezahlt; alle Aufträge sind ausgeführt
bG	bezahlt Geld; zum genannten Kurs war die Nachfrage größer als das Angebot
bB	bezahlt Brief; zum genannten Kurs war das Angebot größer als die Nachfrage
ebG	etwas bezahlt Geld; Nachfrage war größer als das Angebot, die zum festgestellten Kurs limitierten Kaufaufträge konnten nur zum kleinen Teil ausgeführt werden
ebB	etwas bezahlt Brief; Angebot war größer als die Nachfrage, die zum festgestellten Kurs limitierten Verkaufsaufträge konnten nur zum kleinen Teil ausgeführt werden
G	Geld; es lag nur Nachfrage, kein Angebot vor
B	Brief; es lag nur Angebot, keine Nachfrage vor
ex BR	ex Bezugsrecht; Kurs am Tag nach Abschluss des Bezugsrechtshandels
ex D	ex Dividende; der Kurs versteht sich nach Ausschüttung der Dividende
T	Taxkurs; geschätzter Kurs (Informationszwecke)

Variable Börsenpreise werden während der gesamten Börsenzeit in der Regel nur für umsatzstarke Werte gehandelt. Hier gibt der Skontroführer, bevor er einen Börsenpreis ermittelt, eine aus Angebot und Nachfrage ermittelte Spanne an, innerhalb der der Preis festzustellen ist. Durch die Spanne soll ein Ausgleich zwischen Angebot und Nachfrage geschaffen werden, der möglichst wenig vom letzten notierten Preis abweicht. Die festgestellten Kurse beziehen sich immer auf einzelne Geschäfte.

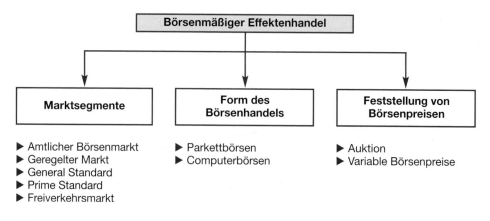

Börsenmäßiger Effektenhandel

Marktsegmente	**Form des Börsenhandels**	**Feststellung von Börsenpreisen**
▶ Amtlicher Börsenmarkt ▶ Geregelter Markt ▶ General Standard ▶ Prime Standard ▶ Freiverkehrsmarkt	▶ Parkettbörsen ▶ Computerbörsen	▶ Auktion ▶ Variable Börsenpreise

(2) Unternehmensinterne Wertermittlung der Aktie

Vom Börsenkurs sind weitere betriebswirtschaftliche Gliederungs- und Beziehungs-zahlen abzugrenzen, die ebenfalls als Kurs bezeichnet werden. So wird das Verhält-nis des bilanzierten Eigenkapitals zum gezeichneten Kapital **Bilanzkurs** genannt.

$$\text{Bilanzkurs} = \frac{\text{bilanziertes Eigenkapital}}{\text{gezeichnetes Kapital (Grundkapital)}} \cdot 100$$

Ein Bilanzkurs von 120 % besagt demnach, dass auf eine Aktie im Nennwert 50,00 EUR 10,00 EUR weiteres Eigenkapital entfällt. Bilanz- und Börsenkurs stimmen in der Regel nicht überein. Die Differenz wird unter anderem verursacht durch be-stehende stille Reserven und den originären Firmenwert.

Eine Unterbewertung von Vermögensteilen oder eine Überbewertung von Schulden führt in einer Unternehmung zur Entstehung von stillen Reserven, die in der Bilanz nicht ausgewiesen sind. Das tatsächliche Eigenkapital ist deshalb um die stillen Rücklagen (= stille Reserven) höher als das in der Bilanz ausgewiesene Eigenkapital. Sind diese stillen Reserven ermittelbar, lässt sich der **korrigierte Bilanzkurs** errechnen.

$$\text{Korrigierter Bilanzkurs} = \frac{\text{bilanziertes Eigenkapital} + \text{stille Rücklagen}}{\text{Grundkapital}} \cdot 100$$

Der korrigierte Bilanzkurs zeigt den Wert einer Aktie aufgrund der bestehenden Ver-mögenssubstanz an.

Zur Ermittlung des Ertragswertkurses werden zunächst die zukünftig erwarteten Gewinne einer Unternehmung auf die Gegenwart abgezinst. Geht man von einer unbegrenzten Lebensdauer und gleichbleibendem Gewinn aus, errechnet sich der **Ertragswert** eines Unternehmens folgendermaßen:

$$\text{Ertragswert eines Unternehmens} = \frac{\text{zukünftiger durchschnittlicher Gewinn des Unternehmens pro Jahr}}{\text{Kapitalisierungszinsfuß}}$$

Beispiel:

Durchschnittlicher Gewinn .... 500.000,00 EUR
Zinsfuß .... 10 %

$$\text{Ertragswert} = \frac{500.000}{0,1} = 5.000.000,00 \text{ EUR}$$

Der Ertragswert der Unternehmung ist nun auf das jeweilige Grundkapital zu beziehen. Beträgt das Grundkapital 2,5 Mio. EUR, ergibt sich:

$$\text{Ertragswertkurs} = \frac{\text{Ertragswert}}{\text{Grundkapital}} \cdot 100 = \frac{5.000.000 \cdot 100}{2.500.000} = 200\,\%$$

Im Gegensatz zum Bilanzkurs berücksichtigt der Ertragswertkurs zukünftige Ertragserwartungen der AG. In der Praxis dürfte es aber schwierig sein, den Abzinsungsfaktor zu bestimmen und die zukünftigen Gewinne zu schätzen.

2.5.3 Kapitalerhöhung bei der Aktiengesellschaft (AG)

Generell lassen sich vier verschiedene Formen der Kapitalerhöhung unterscheiden:

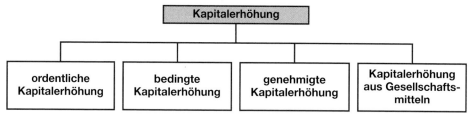

Durch die ersten drei Arten der Kapitalerhöhung werden der Aktiengesellschaft neue Geldmittel zugeführt. Bei der Kapitalerhöhung aus Gesellschaftsmitteln werden offene Rücklagen in Grundkapital umgewandelt, neues Kapital fließt damit nicht zu.

(1) Ordentliche Kapitalerhöhung

Sie stellt die **normale Form der Kapitalerhöhung** dar und vollzieht sich dadurch, dass die AG **neue (junge) Aktien ausgibt.** Dafür ist ein Beschluss der Hauptversammlung mit mindestens Dreiviertelmehrheit des auf der Hauptversammlung anwesenden Kapitals erforderlich. Setzt sich das Grundkapital aus mehreren Aktiengattungen zusammen, bedarf es der Dreiviertelmehrheit für jede Aktienart. Bei Gesellschaften mit Stückaktien muss sich die Zahl der Aktien in demselben Verhältnis wie das Grundkapital erhöhen. Der Beschluss der Kapitalerhöhung wird notariell beglaubigt und ins Handelsregister eingetragen.

Grundsätzlich haben die Altaktionäre bei Ausgabe neuer Aktien ein **Bezugsrecht.** Es verbrieft dem alten Aktionär das Recht, eine entsprechende Anzahl neuer Aktien zu beziehen, die seinem Anteil am bisherigen Grundkapital entspricht. Dadurch soll einerseits vermieden werden, dass sich die Stimmrechtsverhältnisse in der Hauptversammlung durch die Ausgabe neuer Aktien zu Lasten der alten Aktionäre verschiebt.

Beispiel:

Ein Aktionär besitzt von 100.000 Aktien insgesamt 30.000 Stück (= 30 %). Werden 50.000 neue Aktien ausgegeben, besitzt er nur noch 20 % des Aktienbestandes. Ihm wird nun die Möglichkeit gegeben, für zwei alte Aktien eine neue zu beziehen. Nimmt er dieses Recht wahr, besitzt er 45.000 Aktien, somit wieder 30 % vom neuen Aktienbestand von 150.000 Stück.

Der alte Aktionär erleidet andererseits auch einen Vermögensnachteil, wenn die neuen Aktien zu einem Kurs ausgegeben werden, der unter dem Börsenkurs liegt, weil sich der neue Kurs als Mittelkurs zwischen dem hohen alten und dem niedrigen neuen Kurs errechnet. Inhaber junger Aktien erzielen folglich einen Kursgewinn, Inhaber alter Aktien erleiden einen Kursverlust. Durch das Bezugsrecht soll dieser Verlust verhindert werden.

Das **Bezugsrecht** wird folgendermaßen berechnet:

Beispiel:

Eine AG erhöht ihr bisheriges Grundkapital von 3 Mio. EUR um 1,5 Mio. EUR. Es sind ausschließlich Stammaktien im Nennwert von 50,00 EUR im Umlauf. Die neuen Aktien sollen zum Kurs von 300,00 EUR ausgegeben werden, der Kurswert der alten Aktien beläuft sich auf 360,00 EUR.

	Nennwert in EUR	Zahl der Aktien	Kurs je Aktie in EUR	Gesamtkurswert in EUR
Bisheriges Grundkapital	3 Mio.	60.000,00	360,00	21,6 Mio.
Kapital- erhöhung	1,5 Mio.	30.000,00	300,00	9,0 Mio.

Auf zwei alte Aktien entfällt eine neue Aktie. Das Bezugsverhältnis lautet demnach 2:1.

$$\text{Bezugsverhältnis} = \frac{\text{Zahl der alten Aktien (a)}}{\text{Zahl der neuen Aktien (n)}} = \frac{60.000}{30.000} = \frac{2}{1}$$

Der Durchschnittskurs aus alten und neuen Aktien lässt sich nun folgendermaßen ermitteln:

2 alte Aktien (a) zu 360,00 EUR Kurswert (Ka).................................. 720,00 EUR
1 neue Aktie (n) zu 300,00 EUR Kurswert (Kn)................................. 300,00 EUR
3 Aktien (Gesamtwert) .... 1.020,00 EUR
=> Durchschnittskurs einer Aktie: 1.020,00 EUR : 3 = 340,00 EUR

Mit Hilfe einer Formel ausgedrückt ergibt sich:

$$\text{Durchschnittskurs (Ko)} = \frac{\text{Ka} \cdot \text{a} + \text{Kn} \cdot \text{n}}{\text{a} + \text{n}}$$

Stünde dem alten Aktionär kein Bezugsrecht zu, würde er pro Aktie einen Kursverlust von 20,00 EUR hinnehmen müssen, während der Inhaber einer neuen Aktie einen Kursgewinn von 40,00 EUR je Aktie erhielte.

Der rechnerische Wert des Bezugsrechts wird ausgedrückt als Differenz zwischen dem alten Kurswert und dem neuen Durchschnittskurs.

$$\text{Bezugsrecht } B = Ka - Ko$$

$$\text{Beispiel (vgl. oben)} \quad B = 360,00 \text{ EUR} - 340,00 \text{ EUR} = 20,00 \text{ EUR}$$

Setzt man die obige Formel zur Ermittlung des Durchschnittskurses ein, so ergibt sich:

$$B = Ka - \frac{Ka \cdot a + Kn \cdot n}{a + n}$$

Durch Umformung erhält man für die Berechnung des Bezugsrechts folgende Formel:

$$B = \frac{Ka - Kn}{\dfrac{a}{n} + 1}$$

Beispiel: (vgl. oben)

$$B = \frac{360,00 - 300,00}{\dfrac{2}{1} + 1} = 20,00 \text{ EUR}$$

Der Erwerber einer neuen Aktie ist verpflichtet, zwei Bezugsrechte an der Börse hinzuzukaufen, sofern er nicht als Inhaber alter Aktien bereits Bezugsrechte besitzt.
Der alte Aktionär hat nun verschiedene Möglichkeiten, seinen Kursverlust auszugleichen.

Möglichkeit A: Kauf neuer Aktien

Besitzt der alte Aktionär zwei Aktien, stehen ihm zugleich zwei Bezugsrechte zu, die zum Erwerb einer neuen Aktie berechtigen.

Wert der alten Aktien nach der Kapitalerhöhung:	$2 \cdot 340,00 \text{ EUR} = 680,00 \text{ EUR}$
Kursverlust:	$2 \cdot 360,00 \text{ EUR} - 680,00 \text{ EUR} = -40,00 \text{ EUR}$
Wert der neuen Aktie:	$300,00 \text{ EUR}$
Kursgewinn durch die neue Aktie:	$340,00 \text{ EUR} - 300,00 \text{ EUR} = +40,00 \text{ EUR}$

Möglichkeit B: Verkauf der Bezugsrechte

Der alte Aktionär kann seine beiden ihm zustehenden Bezugsrechte über die Börse veräußern. In diesem Fall ergibt sich folgender rechnerischer Vermögensausgleich:

Kursverlust (s. o.).. − 40,00 EUR

Verkauf von 2 Bezugsrechten je 20,00 EUR .... + 40,00 EUR

Der neue Aktionär wendet 300,00 EUR für die junge Aktie auf zuzüglich 40,00 EUR für den Kauf von Bezugsrechten, so dass sich für ihn ein Bezugsaufwand für die neue Aktie in Höhe von 340,00 EUR ergibt.

Sind die neuen Aktien im Jahr ihrer Ausgabe nicht voll dividendenberechtigt, ist dieser Nachteil bei der Berechnung des Bezugswertes mit zu berücksichtigen.

Beispiel:

Ka.. 360,00 EUR

Kn.. 300,00 EUR

Dividende je alte Aktie .... 12,00 EUR

Neue Aktie ab 1. April dividendenberechtigt

Dividende alte Aktie... 12,00 EUR

Dividende neue Aktie.. 9,00 EUR

Dividendennachteil (DN) .... 3,00 EUR

Dieser Nachteil wird bei der Berechnung des Bezugsrechtes berücksichtigt. Es gilt:

$$B = \frac{Ka - (Kn + DN)}{\frac{a}{n} + 1}$$

Beispiel: (vgl. oben)

$$B = \frac{360,00 - (300,00 + 3,00)}{\frac{2}{1} + 1} = 19,00 \text{ EUR}$$

Befürchtet die AG, die Kapitalerhöhung könne nicht erfolgreich durchgeführt werden, ist es zumindest rein theoretisch möglich, die neuen Aktien auch mit einem Dividendenvorteil (DV) auszustatten. Das Bezugsrecht lässt sich dann mit Hilfe folgender Formel errechnen:

$$B = \frac{Ka - (Kn - DV)}{\frac{a}{n} + 1}$$

Sowohl der rechnerische Wert des Bezugsrechts als auch der durchschnittliche Kurswert der Aktie stimmen nicht mit den Börsenkursen überein, die von jeweiligen Angebots- und Nachfrageverhältnissen an der Börse abhängen.

Der rechnerische Wert des Bezugsrechts ist einerseits abhängig von der Höhe des Bezugsverhältnisses, andererseits auch von der Höhe des Emissionskurses. **Kleinaktionäre** wünschen häufig einen **niedrigen Bezugskurs** für junge Aktien. Er erleichtert ihnen den Bezug junger Aktien, da der erforderliche Kapitalaufwand verhältnismäßig gering ist. Zudem erhalten sie relativ mehr Dividende und stimmberechtigte Aktien. Verkaufen sie ihr Bezugsrecht, erzielen sie dadurch einen steuerfreien Ertrag. **Großaktionäre** bevorzugen eher einen **hohen Bezugskurs**. Damit wird Kleinaktionären der Bezug junger Aktien erschwert, so dass der Einfluss der Großaktionäre steigt. Allerdings besteht die Gefahr, dass die neuen Aktien in diesem Fall nicht am Markt untergebracht werden können.

Für die Gesellschaft ist es deshalb bedeutsam, die **gegensätzlichen Interessen der Aktionäre auszugleichen**. Sie hat einen Bezugskurs zu finden, der den Erwartungen der Mehrheit der Aktionäre entspricht und der es erlaubt, die neuen Aktien weitgehend problemlos am Markt zu platzieren. Ein hoher Emissionskurs dürfte die breite Emission erschweren, führt aber auch zu einer geringeren Stimmrechts- und Kapitalverwässerung.

Im Einzelfall kann das Bezugsrecht auch ausgeschlossen werden. Hierzu ist wiederum mindestens die Zustimmung einer Dreiviertelmehrheit des bei der Beschlussfassung vertretenen Grundkapitals erforderlich. Ein Bezugsrechtsausschluss ist notwendig, wenn eine andere Unternehmung gegen Übergabe von Aktien erworben werden soll oder wenn Belegschaftsaktien ausgegeben werden.

Der Ausschluss des Bezugsrechts ist insbesondere dann zulässig, wenn die Kapitalerhöhung gegen Bareinlagen 10 % des Grundkapitals nicht übersteigt und der Ausgabebetrag den Börsenpreis nicht wesentlich unterschreitet (ca. 3 % bis 5 %). Diese Möglichkeit erlaubt eine flexible Finanzierungsalternative. Investoren können gezielt auf die neu zu platzierenden Aktien angesprochen werden, um dadurch die Aktionärsstruktur zu optimieren (z. B. Inlands-/Auslandsanleger; private/institutionelle Anleger).

(2) Genehmigte Kapitalerhöhung

Ermächtigt die Hauptversammlung den Vorstand für längstens fünf Jahre, das Grundkapital durch Ausgabe neuer Aktien zu erhöhen, ohne dass ein bestimmter Finanzierungsanlass vorliegt, spricht man vom **genehmigten Kapital**. Voraussetzung hierfür ist eine Dreiviertelmehrheit des anwesenden Aktienkapitals in der Hauptversammlung. Die Zustimmung des Aufsichtsrates ist einzuholen. Das Grundkapital darf um maximal 50 % erhöht werden.

Das genehmigte Kapital lässt den Vorstand flexibel, schnell und gezielt handeln, wenn eine Kapitalerhöhung erforderlich wird und die Kapitalmarktlage günstig erscheint.

(3) Bedingte Kapitalerhöhung

Bei der bedingten Kapitalerhöhung ermächtigt die Hauptversammlung den Vorstand, eine **Kapitalerhöhung** nur **unter bestimmten Bedingungen** durchzuführen. Das Aktiengesetz nennt hierfür drei verschiedene **Zwecke** (vgl. § 192 Abs. 2 AktG):

▶ Gewährung von Umtausch- oder Bezugsrechten an Gläubiger von Wandelschuldverschreibungen,

▶ Vorbereitung von Unternehmensfusionen,

▶ Gewährung von Bezugsrechten für Belegschaftsaktien, die den Arbeitnehmern aus der Gewinnbeteiligung zustehen, welche ihnen von der Unternehmung gewährt wurde.

Auch hierfür ist wiederum eine Dreiviertelmehrheit in der Hauptversammlung notwendig. Der Nennwert aller neu ausgegebenen Aktien darf nicht mehr als die Hälfte des Grundkapitals betragen.

(4) Kapitalerhöhung aus Gesellschaftsmitteln

Diese Kapitalerhöhung ist dadurch gekennzeichnet, dass eine Aktiengesellschaft ihr Nominalkapital erhöht, indem sie Eigenkapitalanteile, die bisher als Kapital- oder Gewinnrücklage ausgewiesen wurden, in Gezeichnetes Kapital überführt.

Beispiel:

Eine AG nimmt eine Kapitalerhöhung aus Gesellschaftsmitteln im Verhältnis 5 : 1 vor. Die verkürzte Bilanz vor der Kapitalerhöhung hat folgendes Aussehen (Angaben in Tausend EUR):

Aktiva	Bilanz vor der Kapitalerhöhung		Passiva
Vermögen	5.000	Gezeichnetes Kapital	2.000
		Rücklagen	1.000
		Verbindlichkeiten	2.000
	5.000		5.000

Nach der Kapitalerhöhung ergibt sich folgendes Bild:

Aktiva	Bilanz nach der Kapitalerhöhung		Passiva
Vermögen	5.000	Gezeichnetes Kapital	2.400
		Rücklagen	600
		Verbindlichkeiten	2.000
	5.000		5.000

Die Höhe des gesamten Eigenkapitals von 3.000 Tausend EUR hat sich nicht geändert, wohl aber deren Zusammensetzung. Vor der Kapitalerhöhung ergab sich ein Bilanzkurs (= bilanziertes EK : Grundkapital x 100) von 150 % (= 75,00 EUR für eine Aktie im Nennwert von 50,00 EUR), nach der Kapitalerhöhung von 125 % (= 62,50 EUR). Während vor der Kapitalerhöhung fünf Aktien einen Gegenwert von 375,00 EUR bedeuteten, beträgt der Wert nach der Kapitalerhöhung durch Ausgabe einer kostenlosen Zusatzaktie (auch **Berichtigungs- oder Gratisaktien** genannt) ebenfalls 375,00 EUR (62,50 EUR · 6).

Die Kapitalerhöhung aus Gesellschaftsmitteln stellt einen **rein verrechnungstechnischen Vorgang** dar. Es fließen keine neuen Mittel zu. Gewinne aus früheren Perioden, die nicht an die Aktionäre ausgeschüttet worden sind, haben im Laufe der Zeit zu einer Erhöhung der Rücklagen geführt. Diese werden jetzt in Form eines Passivtausches in Grundkapital umgewandelt. Folglich lässt sich diese Art der Finanzierung eher als **Innenfinanzierung** bezeichnen.

Grundsätzlich dürfen die Kapitalrücklagen und die gesetzliche Rücklage in Grundkapital umgewandelt werden. Die gesetzliche Rücklage darf dabei allerdings den per Gesetz oder in der Satzung vorgesehenen Mindestbetrag nicht unterschreiten. Andere Rücklagen sind in voller Höhe umwandelbar, sofern in der Satzung nicht ein anderer Zweck vorgeschrieben wird.

Die Kapitalerhöhung aus Gesellschaftsmitteln setzt eine Dreiviertelmehrheit des in der Hauptversammlung anwesenden Aktienkapitals voraus. Den Aktionären steht ein nicht entziehbares Bezugsrecht zu.

Durch die hier beschriebene Kapitalerhöhung erweitert die AG ihre Haftungsbedingungen. Zudem spricht die AG größere Aktionärskreise an, weil die Aktien durch den geringeren Kurs vor allem für Kleinaktionäre lukrativ und attraktiv werden. Behält die AG den alten Dividendensatz bei, führt die Umwandlung von Rücklagen in Grundkapital zu einer höheren Dividendenausschüttung.

2.6 Aufgaben zur Wiederholung und Vertiefung

1. Aufgabe

Der Skontroführer hat folgende Kauf- und Verkaufsaufträge für die Aktien der Skilift AG vorliegen:

Kaufaufträge		Verkaufsaufträge	
Stück	**Kurs**	**Stück**	**Kurs**
40	billigst	60	bestens
80	585	160	581
200	584	80	582
120	583	120	583
80	582	60	584
120	581	120	585

1. Ermitteln Sie für jeden Kurs den möglichen Umsatz.

2. Bestimmen Sie den vom Skontroführer festgesetzten Kurs.

3. Geben Sie den Kurszusatz an. Erläutern Sie seine Bedeutung.

2. Aufgabe

Ermitteln Sie den Wert des Bezugsrechts und den Durchschnittskurs.

Altes Kapital	Kurs in EUR	Kapitalerhöhung	Emissionskurs in EUR
(1) 50 Mio. EUR	250,00	10 Mio. EUR	190,00
(2) 45 Mio. EUR	160,00	15 Mio. EUR	120,00
(3) 16 Mio. EUR	140,00	6 Mio. EUR	100,00

3. Aufgabe

Die Caravan AG hat eine Kapitalerhöhung um 8 Mio. EUR auf 40 Mio. EUR vorgenommen. Nach Abschluss des Verfahrens geht der Stückkurs der Aktie auf den rechnerischen Durchschnittskurswert von 420,00 EUR zurück. Der Kurswert vor der Kapitalerhöhung betrug 500,00 EUR. Der Nennwert der Aktien beträgt 100,00 EUR. Wie hoch war der Ausgangswert der neuen Aktien?

4. Aufgabe

Ermitteln Sie den rechnerischen Wert des Bezugsrechts (Geschäftsjahr = Kalenderjahr).

Grundkapital-erhöhung in Mio. EUR	Ka	Kn	Dividenden-berechtigt ab	Dividende je Stück in EUR
(1) um 115 auf 460	258,00	200,00	1. April	12,00
(2) um 60 auf 300	346,00	280,00	1. März	9,00
(3) von 400 auf 450	195,00	180,00	1. Juli	15,00

5. Aufgabe

Die Freizeit AG erhöht ihr Grundkapital von 270 Mio. EUR auf 315 Mio. EUR. Der Börsenkurs der alten Aktie notiert mit 285,00 EUR, die jungen Aktien werden zu 245,00 EUR emittiert. Die Dividende für das laufende Geschäftsjahr soll 18,00 EUR betragen. Die neuen Aktien sind ab dem 1. März dividendenberechtigt (Geschäftsjahr = Kalenderjahr).

1. Ermitteln Sie das rechnerische Bezugsrecht.

2. Ein Aktionär besitzt 90 Aktien der Gesellschaft. Wie viel Aktien kann er erwerben?

3. Ein anderer Aktionär möchte seinen Aktienbestand um 20 Stück erhöhen. Wie viel Bezugsrechte muss er hinzukaufen?

6. Aufgabe

Im Oktober 2003 hat die Bebida AG ihr Kapital durch Ausgabe stimmrechtsloser Vorzugsaktien im Nennwert von 5,00 EUR erhöht. In dem Text fehlen einige Daten, die Sie anhand der folgenden Aufgabenstellungen und weiterer Informationen des Zeitungsartikels ergänzen sollen.

1. Ermitteln Sie das der Kapitalerhöhung zugrundeliegende Bezugsverhältnis.

2. Berechnen Sie die Anzahl der neu ausgegebenen Aktien.

3. Stellen Sie den Mittelzufluss fest, indem Sie
   a) die Erhöhung des Grundkapitals
   b) die Veränderung der Kapitalrücklage errechnen.

4. Welcher rechnerische Kurs ergibt sich für die alten Aktien?

5. Ermitteln Sie den rechnerischen Wert des neuen Durchschnittskurses, der sich nach der Ausgabe der neuen Aktien ergibt.

6. Erläutern Sie folgende im Zeitungsartikel genannten Begriffe:
   a) Dividende
   b) Vorzugsaktien

7. Im Text wird ausgeführt, dass die Stammaktionäre ihre Bezugsrechte nicht ausüben werden. Was könnte sie veranlassen, ihr Bezugsrecht nicht auszuüben?

8. Ein Aktionär einer anderen AG besitze 21 Aktien zum bisherigen Kurswert von 75,00 EUR. Nach einer erfolgten Kapitalerhöhung im Verhältnis 2:1 sei der neue Durchschnittskurs auf 60,00 EUR gesunken.
   a) Ermitteln Sie den rechnerischen Wert des Bezugsrechts.
   b) Wie hoch war der Emissionskurs?
   c) Weisen Sie rechnerisch anhand von zwei Möglichkeiten nach, wie der alte Aktionär seinen Vermögensverlust ausgleichen könnte.

Neue Bebida-Vorzüge zu 41,25 EUR

Kapitalerhöhung dient auch Akquisitionen / Schritt ins Ausland

Zum Emissionskurs von 41,25 EUR je Aktie wird die Bebida AG im Oktober eine Kapitalerhöhung im Verhältnis ⬚ durchziehen. Zwei Drittel der zufließenden Mittel sollen in Akquisitionen investiert werden. Dabei will das Unternehmen in Kürze den ersten Schritt ins Ausland tun. Bebida ist 1994 an die Börse gegangen. Nach der Kapitalerhöhung befindet sich die Hälfte des Grundkapitals in freiem Handel.

Durch die Kapitalerhöhung von 40 auf 48 Millionen EUR fließen Bebida ⬚ EUR zu, die zu zwei Dritteln zur Expansion mittels Akquisitionen verwendet werden sollen. Außerdem werden neue Verpackungssysteme und Produktionsanlagen gekauft. Zwei Akquisitionen, mit denen neue Absatzgebiete erschlossen werden sollen, stehen unmittelbar vor dem Abschluss, schreibt Bebida. In den nächsten Wochen wird im Ausland ein „Hersteller mit einer führenden Marktposition bei Spirituosen" gekauft; außerdem ist die Übernahme eines Mineralbrunnens geplant. Bebida sieht Chancen, „eine echte nationale Marke für alkoholfreie Getränke" aufzubauen. In der Zeit vom 26. September bis zum 11. Oktober werden ⬚ stimmrechtslose Vorzugsaktien zum Preis von 41,25 EUR ausgegeben. Konsortialführerin ist die XY-Bank. Die neuen Aktien sind für 2002 voll dividendenberechtigt. Im Zuge der Kapitalerhöhung wechselt Bebida in den amtlichen Handel. Die Stammaktionäre werden ihre Bezugsrechte, für die sich ein rechnerischer Wert von 2,04 EUR ergibt, nicht ausüben. Nach der Transaktion teilen sich Stamm- und Vorzugskapital hälftig auf. Die Stammaktien befinden sich in Familienbesitz, die Vorzüge mittlerweile vollständig in Streubesitz.

Im vergangenen Jahr hat Bebida einen Umsatz von 923 Millionen EUR erzielt, der in diesem Jahr auf 1,1 Milliarden EUR steigen soll. Der Jahresüberschuss hatte um 22 Prozent auf 33,1 Millionen EUR zugelegt; darin enthalten war ein außerordentlicher Ertrag von 4,9 Millionen EUR aus dem Verkauf der Z-Beteiligung.

7. Aufgabe

(X Landesbank)

Bezugsangebot

Der Vorstand unserer Gesellschaft hat durch Beschluss vom 13. März 2003 mit Zustimmung des Aufsichtsrates das Grundkapital von 66.500,00 TEUR aus genehmigtem Kapital durch Ausgabe von auf den Inhaber lautenden neuen Aktien, und zwar 200 Stück zu je 50,00 EUR, 900 Stück zu je 100,00 EUR und 11.000 Stück zu je 1.000,00 EUR, erhöht. Die neuen Aktien sind vom 1. Januar 2003 an gewinnberechtigt. Sie wurden von der Bank AG zum Ausgabepreis von 150,00 EUR je Aktie zu 50,00 EUR mit der Verpflichtung übernommen, den Aktionären 11.083.350,00 EUR Aktien zu den Ausgabebedingungen zum Bezug anzubieten. Für den verbleibenden Spitzenbetrag von 16.650,00 EUR wurde das gesetzliche Bezugsrecht ausgeschlossen.

1. Berechnen Sie die vorgenommene Kapitalerhöhung.

2. Ermitteln Sie das Bezugsrechtsverhältnis.

Für die Aufgabenteile 3 bis 5 gelten folgende vom Text abweichende Annahmen:

– Die Kapitalerhöhung wurde ausschließlich durch Ausgabe von Aktien im Nennwert von 50,00 EUR vorgenommen. Es gab auch in der Vergangenheit nur diese Aktien.

– Der Kurs einer alten Aktie betrug 220,00 EUR.

3. Errechnen Sie den Wert eines Bezugsrechts.

4. Wie hoch ist der neue Mischkurs?

5. Ein Aktionär hat 9 alte Aktien. Zeigen Sie zwei Möglichkeiten auf, den erlittenen Kursverlust auszugleichen. Belegen Sie die Lösungen durch Berechnungen.

8. Aufgabe

Die Skilift-AG erhöht ihr Grundkapital von 5.000.000,00 EUR auf 5.500.000,00 EUR. Es gelten ansonsten folgende Daten:

– Börsenkurs der alten Aktie (Nennwert: 50,00 EUR): 600,00 EUR

– Bezugskurs der jungen Aktie: 400,00 EUR

– Die Rücklagen betragen vor der Erhöhung insgesamt 3.000.000,00 EUR

– Dividendensatz im Vorjahr 12 %. (Auch nach der Kapitalerhöhung soll der Dividendensatz beibehalten werden.)

1. Ermitteln Sie:

a) den Gesamtzufluss des Eigenkapitals aus der Kapitalerhöhung in EUR,

b) die Erhöhung des Grundkapitals in Mio. EUR,

c) die Veränderung der Rücklagen in EUR,

d) das Bezugsverhältnis,

e) den rechnerischen Wert des Bezugsrechts,

f) die Zahl der insgesamt umlaufenden Aktien nach der Kapitalerhöhung,

g) den Mittelkurs (Durchschnittskurs) nach der Kapitalerhöhung,

h) die künftig auszuschüttende Dividende (ohne Berücksichtigung steuerlicher Aspekte) in EUR,

i) den Bilanzkurs vor und nach der Kapitalerhöhung.

2. Begründen Sie, weshalb den bisherigen Aktionären bei einer Kapitalerhöhung ein Bezugsrecht auf junge Aktien zugestanden werden muss.

D Kreditfinanzierung

1 Schuldverschreibungen

Neben der Aufnahme von Krediten und Darlehn kann **Fremdkapital den Unternehmen durch Schuldverschreibungen zufließen.**

Schuldverschreibungen (= Obligationen) sind **Schuldurkunden**, in denen sich der Aussteller gegenüber dem Gläubiger zu bestimmten Leistungen verpflichtet (termingerechte Rückzahlung des ausgeliehenen Kapitals, Zinszahlungen, Gewinnbeteiligung usw.)

Dieses Mittel der Fremdfinanzierung dient der Deckung eines längerfristigen Kapitalbedarfs, insbesondere bei Großunternehmen, die größere Kapitalsummen aufbringen müssen, mit denen ein einzelner Kapitalgeber überfordert wäre. Die Laufzeiten sind unterschiedlich, übersteigen heute jedoch selten 10 Jahre.

Obligationen können nach verschiedenen Gesichtspunkten eingeteilt werden. Diese Darstellung soll sich auf die Einteilung der Schuldverschreibungen nach der wirtschaftlichen Stellung des Ermittenten beschränken.
Danach unterscheidet man:

▶ Staatsanleihen,
▶ Industrieobligationen,
▶ Bankobligationen.

1.1 Industrieobligationen

Sie werden von Großunternehmen zur Beschaffung langfristiger Mittel ausgegeben. Dieser Weg wird insbesondere gewählt, wenn der Kapitalbedarf so groß ist, dass der gesamte Kreditbetrag gestückelt werden muss, um genügend Kapitalgeber zu finden. Die dahinter stehende Sicherheit ist die Ertragskraft und Bonität der entsprechenden emittierenden Unternehmen. Die Bedeutung der Industrieobligationen hat in den letzten Jahren abgenommen, da die Unternehmen auf günstigere Finanzierungsinstrumente zurückgreifen können.

Ähnlich wie Aktien bestehen Industrieobligationen aus der eigentlichen Schuldurkunde (= Mantel) und dem Bogen (Kupons und Erneuerungsschein). Der Mantel weist den Nennwert des Papiers und den Nominalzinssatz aus. Die Zinszahlung erfolgt meist halbjährlich oder jährlich gegen Vorlage des entsprechenden Zinsscheines. Im Unterschied zu den Aktionären, die Anteilseigner einer Gesellschaft werden, sind die Inhaber von Industrieobligationen Gläubiger der Unternehmung, denen ein fester Zins gezahlt wird. Die Tilgung der Schuld erfolgt am Ende der Laufzeit durch Rückzahlung des Nennbetrages oder des vereinbarten höheren Rückzahlungsbetrages.
Der Vorteil des Handels der Obligationen über die Börse bedeutet für den einzelnen Kapitalgeber, dass er das Papier jederzeit wieder verkaufen kann, wenn er selbst sein Geld benötigt.

Voraussetzung für die Begebung von Obligationen ist die Genehmigung durch den Bundeswirtschaftsminister im Einvernehmen mit dem Wirtschaftsministerium des Landes, in dem das emittierende Unternehmen seine Niederlassung hat. Da die Emission mit hohen Kosten verbunden ist, kommt sie nur für Großunternehmen in Frage.

Um einen Anreiz zum Kauf der Wertpapiere zu schaffen, kann die Ausgabe je nach Kapitalmarktlage unter pari (= unter dem Nennwert) bzw. die Rückzahlung über dem Nennwert erfolgen. Somit erhöht sich die Effektivverzinsung über den Nominalzinssatz. Die Effektivverzinsung für den Kapitalgeber kann mit Hilfe folgender praxisüblicher Faustformel ermittelt werden:

$$i_{eff} = \frac{Z + \dfrac{R - K}{n}}{K} \cdot 100 \qquad \begin{array}{l} Z = \text{Zinsbetrag} \\ R = \text{Rückzahlungskurs} \\ K = \text{Ausgabekurs} \\ n = \text{Laufzeit} \end{array}$$

Beispiel:

Eine Obligation wurde bei einem Kurs von 94,00 EUR erworben und soll nach 6 Jahren zu 100 % zurückgenommen werden. Die Nominalverzinsung beträgt 7 %. Wie hoch ist die Effektivverzinsung des Papiers?

$$i_{eff} = \frac{7 + \dfrac{100 - 94}{6}}{94} \cdot 100 = 8,51\,\%$$

Die Effektivverzinsung hängt auch vom Zeitpunkt der Tilgung der Obligation ab. Diese kann zu einem einheitlichen Termin erfolgen, was allerdings in der betrieblichen Praxis seltener geschieht, oder in Raten. Wird in gleichen Raten getilgt, so ist zur Berechnung der Effektivverzinsung die mittlere Laufzeit zugrundezulegen. Eine weitere Variante ergibt sich, wenn tilgungsfreie Jahre zu berücksichtigen sind (vgl. hierzu analog das Kapitel „Darlehen").

1.2   Sonderformen der Industrieobligationen

1.2.1   Wandelschuldverschreibungen

Sie können nur von **Aktiengesellschaften** ausgegeben werden, da neben dem Anspruch auf Rückzahlung des Nennwertes ein Wahlrecht auf Umtausch in Aktien (convertible bonds) bzw. auf zusätzlichen Erwerb junger Aktien gewährt wird (Optionsanleihe). Während der Obligationär im ersten Fall Anteilseigner wird, da er innerhalb einer gewissen Zeit seine Anleihe zu einem festgelegten Bezugsverhältnis in Aktien umtauschen kann, bleibt er im zweiten Fall Gläubiger der Unternehmung bis zur Tilgung der Anleihe und wird zusätzlich Anteilseigner.

Da die Eigentumsverhältnisse durch Wandelschuldverschreibungen beeinflusst werden und zur Wahrung des Umtauschrechts eine bedingte Kapitalerhöhung vorgenommen werden muss, ist deren Ausgabe nur mit einer Dreiviertelmehrheit der Hauptversammlung möglich. Neben den Konditionen für normale Schuldverschreibungen, wie **Zinssatz, Laufzeit, Sicherheiten, Zinstermine**, sind weitere Bedingungen festzulegen, wie das **Wandelungsverhältnis** (= Anzahl der Schuldverschreibungen je Aktie bei Umtausch), Zuzahlungen bei Wandelung (je nach Wandelungszeitpunkt) und die **Umtauschfrist** (frühester und spätester Wandelungszeitpunkt). Wandelanleihen werden dann aufgelegt, wenn der Aktienmarkt nicht attraktiv genug ist. Ein Anreiz zum Kauf solcher Anleihen besteht darin, dass der Umtausch in Aktien hinausgeschoben werden kann, solange festverzinsliche Wertpapiere noch eine bessere Verzinsung bieten. Ein Umtausch in Aktien kann jedoch – meist nach einer gewissen Sperrfrist – bei inflationären Tendenzen für den Inhaber der Anleihe interessant werden. Der Vorteil der Unternehmung liegt darin, dass sie unter steuerlichen Aspekten betrachtet mehr Kapital aufbringen müsste, wenn sie eine Dividende auszahlen soll, die prozentual der Nominalverzinsung einer Anleihe entspricht. Nachteilig ist aber, dass das Ausmaß der Kapitalerhöhung schwer vorauszubestimmen ist, da keine Umtauschpflicht für die Obligationäre besteht.

1.2.2 Gewinnschuldverschreibungen

Auch Sie dürfen nur nach Beschluss der Hauptversammlung mit $^3/_4$-Mehrheit ausgegeben werden. Bei schwieriger Marktlage sind diese Obligationen mit Sonderrechten meist besser zu placieren als normale Schuldverschreibungen. Gewinnobligationen kommen in **zwei Grundformen** vor:

Gewinnobligationen mit

▶ einem festen, garantierten Nominalzins einschließlich eines weiteren Anspruchs auf Gewinnbeteiligung, die sich an der Dividendenzahlung orientiert, oder

▶ gewinnabhängiger Verzinsung, die i. d. R. nach oben limitiert ist.

Wird ausschließlich ein Gewinnanteil garantiert, so besteht für den Obligationär das Risiko, in Verlustjahren keine Verzinsung des eingesetzten Kapitals zu erhalten. Gewinnschuldverschreibungen gewähren kein Umtauschrecht oder Bezugsrecht auf Aktien. Auch die Aktionäre haben ein Bezugsrecht auf Gewinnschuldverschreibungen.

1.3 Öffentliche Anleihen und Kommunalobligationen

1.3.1 Bundeswertpapiere

Staatsanleihen werden **von Bund, Ländern und Gemeinden** ausgegeben, um langfristige gemeinnützige Vorhaben zu finanzieren. Bis zum Ablauf der Anleihedauer werden jährlich oder halbjährlich Zinsen an die Inhaber gezahlt. Bundeswertpapiere zeichnen sich durch ein hohes Maß an Sicherheit aus. Die von der Bundesrepublik Deutschland emittierten Wertpapiere sind:

▶ Bundesanleihen,

▶ Bundesobligationen,

▶ Bundesschatzbriefe,

▶ Finanzierungsschätze,

▶ Bundesschatzanweisungen.

Sie werden seit Januar 1999 börsenmäßig in EUR notiert. Für alle nach dem 1. Januar 1999 emittierten Papiere wird eine taggenaue Berechnung der Zinsen durchgeführt (365 bzw. 366 Zinstage). Für vorher herausgegebene Schatzbriefe und Finanzierungsschätze gilt noch die Methode 30/360.

1.3.1.1 Bundesanleihen, -obligationen und -schatzanweisungen

Für Bundesanleihen mit meist zehnjähriger (sogar bis zu dreißigjähriger) Laufzeit gilt eine Mindeststückelung von 1000,00 EUR. Bundesschatzanweisungen sind festverzinsliche Inhaberschuldverschreibungen mit einer Anfangslaufzeit von 2 Jahren. Sie werden seit Januar 1999 an allen deutschen Wertpapierbörsen in einer Stückelung von 1000,00 EUR (oder einem ganzen Vielfachen des Betrages) gehandelt. Die Begebung erfolgt in regelmäßigen Abständen im Tenderverfahren (amerikanische Zuteilung). Bundesobligationen dienen eher der Beschaffung mittelfristiger Mittel mit einer Laufzeit von 5 Jahren. Neue Serien werden meist nach Marktlage bei Übergang zu einem anderen Nominalzins aufgelegt.

1.3.1.2 Bundesschatzbriefe

Neben den Bundesanleihen existieren Bundesschatzbriefe, deren Laufzeit 6 bis 7 Jahre beträgt. Diese Anlageform ist durch jährlich steigende Zinssätze gekennzeichnet. Der Erwerber erhält kein Wertpapier, sondern lediglich eine Gutschrift auf einem Depotkonto, womit ein Anspruch auf Zins- und Rückzahlung des Nennbetrages gegenüber der Bundesrepublik Deutschland begründet wird.

Es gibt zwei **Typen von Bundesschatzbriefen:**

▶ **Typ A**   mit einem Mindestnennbetrag von 50,00 EUR wird nach sechsjähriger Laufzeit zum Nennwert getilgt. Die Zinsen werden jeweils am Jahresende vom depotführenden Kreditinstitut gezahlt.

▶ **Typ B**   läuft sieben Jahre. Die Zinsen fallen hier erst bei Rückzahlung des Kapitals in einer Summe an.

Der Verkauf der Schatzbriefe ist nach dem ersten Laufzeitjahr täglich möglich, jedoch höchstens 5.000,00 EUR (ohne Zinsen) je Anleger innerhalb von 30 Zinstagen.

1.3.1.3 Finanzierungsschätze

Finanzierungsschätze dienen der kürzerfristigen Finanzierung bis zu zwei Jahren. Sie werden monatlich neu aufgelegt und mit einem Zinsabschlag verkauft.

Je nach Laufzeit unterscheidet man:

Finanzierungsschätze Typ 1 mit einjähriger Laufzeit
Finanzierungsschätze Typ 2 mit etwa zweijähriger Laufzeit

Finanzierungsschätze unterliegen nicht dem Börsenhandel und können nicht vor Fälligkeit zurückgegeben werden. Der Mindestanlagebetrag liegt bei 500,00 EUR und weist darüber hinaus keine feste Stückelung auf.

1.3.2 Kommunalschuldverschreibungen

Die Finanzmittel aus Kommunalobligationen fließen den Gemeinden zu und dienen der längerfristigen Finanzierung außerordentlicher Haushaltsausgaben. Schuldner sind hier meist Hypothekenbanken, deren Sicherheit in der Steuerkraft einer Gemeinde liegt bzw. durch staatliche Bürgschaften oder Hypotheken gewährleistet ist. Auch sie verbriefen einen Anspruch auf Zins- und Rückzahlung.

1.4 Hypothekenpfandbriefe

Sie dienen der **Beschaffung langfristiger Mittel** und müssen in voller Höhe **durch Hypotheken oder Grundschulden gedeckt** sein. Der Verkaufserlös fließt somit Eigentümern erstklassiger Grundstücke in Form eines Darlehens zu. Ihr Zinssatz entspricht im Allgemeinen den Staatsanleihen, ihr Kurs ist meist sehr beständig. Dem Inhaber steht kein Kündigungsrecht zu, sondern nur ein Zins- und Rückzahlungsanspruch.

1.5 Sonstige Gläubigerpapiere

1.5.1 Sparbriefe

Neben den verschiedenen Möglichkeiten der Kapitalanlage auf Konten bieten Kreditinstitute auch Sparbriefe zur Geldanlage an. Die Laufzeit beginnt ab einem Jahr, liegt aber meist zwischen 4 und 6 Jahren. Für die gesamte Laufzeit wird meist ein Festzins gewährt. Je nach Zinszahlung, Ausgabe- und Rückzahlungspreis unterscheidet man **vier Typen:**

▶ **Typ 1** Normalverzinsliche Sparbriefe: Ausgabe und Rückzahlung bei Fälligkeit erfolgen zum Nennwert. Die Zinszahlungen erfolgen jährlich oder halbjährlich.

▶ **Typ 2** Abgezinste Sparbriefe: Die Ausgabe erfolgt hier zum Nennbetrag abzüglich der Zinsen für die gesamte Laufzeit. Die Rückzahlung bei Fälligkeit erfolgt zum Nennwert. Es gibt somit keine Zinszahlungen während der Laufzeit.

► **Typ 3** Aufgezinste Sparbriefe: Die Sparbriefe werden zum Nennwert ausgegeben und zum Nennwert zuzüglich der Zinsen und Zinseszinsen bei Fälligkeit zurückgezahlt. Auch hier gibt es keine laufenden Zinszahlungen.

► **Typ 4** Tilgungssparbriefe: Dies sind normalverzinsliche Sparbriefe, die in gleich bleibenden Jahresraten getilgt werden (frühester Tilgungsbeginn: 1 Jahr nach Verkauf).

Die Rückgabe der Sparbriefe vor Fälligkeit wird i. d. R. vertraglich ausgeschlossen.

1.5.2 Sparobligationen

Im Unterschied zu den Sparbriefen handelt es sich hier um eine längerfristige Anlage (meist 4 bis 10 Jahre), deren Ausstattung jedoch weitgehend mit der der Sparbriefe übereinstimmt, wobei der Zins meist etwas über dem der Sparbriefe liegt. Eine Rückgabe vor Fälligkeit ist möglich, wobei die Rücknahme zu einem besonders festgesetzten Rücknahmepreis erfolgt. Meist wird die Rücknahme vor Fälligkeit jedoch ausgeschlossen.

1.6 Wertberechnung von festverzinslichen Wertpapieren

1.6.1 Feststellen des Kurswertes

Beispiel 1:

Wie hoch ist der Kurswert einer $5\frac{1}{2}$ % Industrieanleihe zu 1.000,00 EUR Nennwert?
Kurs: $95\frac{1}{2}$ %

x EUR $\triangleq$ 95,5 %
100 % $\triangleq$ 1.000,00 EUR

$$x = \frac{95,5 \cdot 1.000}{100} = 955,00 \text{ EUR}$$

Beispiel 2:

Wie hoch ist der Kurswert für vierzig 5 % Pfandbriefe der Staatlichen Kreditbank Oldenburg-Bremen zu 100,00 EUR Nennwert bei einem Kurs von 101?

40 Pfandbriefe à 100,00 EUR Nennwert = 4.000,00 EUR Nennwert

x EUR $\triangleq$ 101 %
100 % = 4.000,00 EUR

$$x = \frac{4.000 \cdot 101}{100} = 4.040,00 \text{ EUR}$$

$$\text{Kurswert} = \frac{\text{Nennwert} \cdot \text{Kurs}}{100}$$

1.6.2 Feststellen des Kaufwertes

Die laufenden Zinszahlungen beeinflussen den Wert (nicht den Kurs) der festverzins-lichen Wertpapiere. Deshalb müssen die bis zum Kauf- bzw. Verkaufstag aufgelaufe-nen Zinsen bei der Wertfeststellung berücksichtigt werden (Kaufwert).

Zinsen können jährlich oder halbjährlich gezahlt werden und berechnen sich **immer vom Nennwert.**

Bei jährlicher Zahlung wird der Zahltag angegeben. Der Käufer erhält den laufenden Zinsschein und damit den aufgelaufenen Zinsanteil des Verkäufers. Um diesen Zins-anteil erhöht sich der Wert des Papiers.

Beispiele

bei halbjährlicher Zahlung:

▶ J/J- Zinsen werden zum 1. Januar und 1. Juli gezahlt.
▶ A/O-Zinsen werden zum 1. April und 1. Oktober gezahlt.
▶ J/D- Zinsen werden zum 1. Juni und 1. Dezember gezahlt.

Beispiel:

Verkauf mit laufendem Zinsschein

Wie hoch ist der Kaufwert von $7\frac{1}{2}$ %-Siemens-Obligationen zu 99,5 im Nennwert von 3.000,00 EUR; Zinstermine: J/J, Verkauf am 20. Juni mit laufendem Zinsschein?

1. Januar	Verkauf: 20. Juni	30. Juni

170 Tage   10 Tage
Zinsanspruch des Verkäufers   Zinsanspruch
des
Käufers

Der Käufer erhält den laufenden Zinsschein und damit den aufgelaufenen Zinsanteil des Verkäufers. Um diesen Zinsanteil erhöht sich der Wert des Papiers.

3.000,00 EUR $7\frac{1}{2}$ % - Siemens-Obligationen zu 99,5 .... 2.985,00 EUR
+ Zinsen $7\frac{1}{2}$ % für 170 Tage (vom Nennwert) .... 106,25 EUR

Kaufwert der Obligationen... 3.091,25 EUR

Berechnung von Tageszinsen[1]):

$$Z = \frac{K \cdot t \cdot p}{100 \cdot 360}$$

Z = Zinsbetrag in EUR   t = Anzahl der Tage
K = Kapital   p = Zinssatz

1.7 Aufgabe zur Wiederholung und Vertiefung

Stellen Sie den Kaufwert folgender Wertpapiere fest:

	Wertpapier	Kauf- bzw. Verkaufstag	Stückelung	Nennwert Stück	Kurs	Zinstermin
1.	Anleihe 6 %	K 18. Juli	–	3.100,00	99 1/2	J/J
2.	Anleihe 5 1/2 %	V 11. Dez.	100,00	12	98	1. Juli
3.	Anleihe 7 %	K 8. Feb.	–	4.500,00	103 1/4	1. Okt.
4.	Pfandbrief 8 %	V 31. Okt.	–	800,00	104	J/J
5.	Obligation 6 %	K 9. Mai	1.000,00	6	99 1/2	1. Jan. (M/S)

2 Grundlagen der Kreditsicherung

2.1 Kreditwürdigkeitsprüfungen

Bevor ein Kreditgeber einen Kredit einräumt und gewährt, hat er die Kreditfähigkeit, die Kreditwürdigkeit und die angebotenen Sicherheiten des Kreditnehmers zu prüfen, um das Risiko, dass ein Kredit nicht fristgerecht, nur teilweise oder gar nicht zurückgezahlt wird, zu verringern.

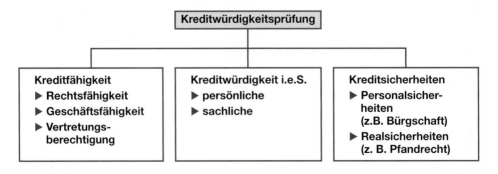

---

[1]) taggenaue Berechnung der Zinsen seit Januar 1999; vgl. S. 62

Die rechtliche Voraussetzung für die Kreditgewährung ist die **Kreditfähigkeit**. Sie drückt die Fähigkeit aus, rechtswirksame Kreditverträge abschließen zu können. Damit hängt die Kreditfähigkeit zum einen ab von der **Rechtsfähigkeit**. Natürliche Personen erlangen sie mit der Geburt, juristische Personen mit der Eintragung ins Handels-, Vereins- oder Genossenschaftsregister.

Zum anderen sind nur **voll geschäftsfähige Personen** kreditfähig. Beschränkt geschäftsfähige natürliche Personen benötigen zum Abschluss von Kreditverträgen die Zustimmung des gesetzlichen Vertreters, der wiederum der Genehmigung des Vormundschaftsgerichts bedarf (§ 1643 BGB). Geschäftsunfähige Personen können zwar Vertragspartner bei einem Kreditvertrag sein, können diesen Vertrag aber nicht selbständig schließen. Ihre Willenserklärungen sind nichtig. Deshalb muss der Kreditvertrag durch den gesetzlichen Vertreter mit Genehmigung des Vormundschaftsgerichts geschlossen werden.

Stellt nicht der Kreditnehmer selbst, sondern ein Vertretungsberechtigter den Kreditantrag, ist seine Vertretungsberechtigung nachzuweisen. Somit hängt die Kreditfähigkeit auch ab von der **Vertretungsberechtigung** des Antragstellers. Diese Vertretungsbefugnis ist eng verbunden mit der jeweiligen Unternehmensform. So haben beispielsweise Gesellschafter einer OHG alleinige Vertretungsmacht, während Vorstandsmitglieder einer AG nur gemeinschaftlich Vertretungsbefugnis besitzen, sofern der Gesellschaftsvertrag oder die Satzung nicht etwas anderes vorsehen (§ 125 HBG; § 78 II AktG).

Die **Kreditwürdigkeit im engeren Sinne** ist in erster Linie von persönlichen und sachlichen Bestimmungsfaktoren abhängig. Sie lassen Rückschlüsse zu auf die Höhe des Kreditrisikos und damit auf die Wahrscheinlichkeit, mit der ein Kreditnehmer die Kreditverpflichtungen erfüllt.

Zu den **persönlichen Faktoren** zählen neben beruflichen, unternehmerischen und fachlichen Qualifikationen auch Charakter, Image des Unternehmens und die familiären Verhältnisse. Informationen hierüber erhält der Kreditgeber durch eigene Beobachtungen, Auskünfte von Geschäftsfreunden, Kreditinstituten, Auskunfteien oder indem der Kreditnehmer selbst Auskünfte erteilt.

Die **sachlichen Bestimmungsfaktoren** umfassen vor allem die wirtschaftlichen Verhältnisse des Kreditnehmers. Die gegenwärtige und zukünftig erwartete Ertrags- und Liquiditätslage sowie die Vermögens- und Kapitalstruktur bestimmen die wirtschaftliche Kreditwürdigkeit eines Unternehmens. Deshalb ist eine Prüfung der Jahresabschlüsse unerlässlich, wobei die Bilanz und Gewinn- und Verlustrechnung aufzubereiten und auszuwerten sind. Bewegungsbilanzen (Saldierung von zwei aufeinanderfolgenden Jahresbilanzen), Finanzpläne, Planbilanzen und Cash-Flow-Analysen unterstützen die Beurteilung der wirtschaftlichen Kreditwürdigkeit.

Die Prognose, ob die Abwicklung des Kredites planmäßig verläuft, wird dadurch erschwert, dass es sich bei der Beurteilung der zukünftigen wirtschaftlichen Verhältnisse des Kreditnehmers um Plandaten handelt, die vielfach auf der Basis von Vergangenheitswerten beruhen. Aus diesem Grunde sollten Änderungen der Kostenstruktur, geplante Investitionen sowie erwartete Veränderungen der Erlösstruktur in die Analyse einbezogen werden.

Haftet ein Unternehmer auch mit seinem Privatvermögen, ist auch dieses mit in der Kreditwürdigkeitsprüfung zu berücksichtigen. Bei Kreditvergabe an private Haushalte sind vor allem die Einkommens- und Vermögensverhältnisse von ausschlaggebender Bedeutung.

Neben der Prüfung der Kreditfähigkeit und der persönlichen und sachlichen Kreditwürdigkeit sind die vom Kreditnehmer zur Verfügung gestellten **Kreditsicherheiten** für die Risikoabschätzung eines Kreditengagements bedeutsam. Sind Kreditsicherheiten in nicht ausreichendem Maße vorhanden, lehnt der Kreditgeber den Kreditantrag eines Unternehmens in aller Regel ab (Ausnahme: erstklassige Bonität des kreditsuchenden Unternehmens). Als Kreditsicherheiten kommen vorrangig Bürgschaften, Forderungsabtretungen (Zessionen), Pfandrechte an beweglichen und unbeweglichen Gegenständen sowie Sicherungsübereignungen in Betracht. (Näheres siehe Kap. 2.4, 2.5 und 2.6.)

2.2 Kontokorrentkredite

2.2.1 Wesen

Unter einem Kontokorrentkredit versteht man einen **Kredit in laufender Rechnung**, den ein Kreditnehmer je nach Bedarf bis zu einer vereinbarten Höchstgrenze (Kreditlimit, Kreditlinie) in Anspruch nehmen kann. Formal werden derartige Kredite kurzfristig gewährt, in der Realität stehen sie jedoch aufgrund der Geschäftsverbindung zwischen dem Kreditnehmer und dem Kreditinstitut als Kreditgeber mittel- bis langfristig zur Verfügung.

Ein Kontokorrentkonto ermöglicht den Kreditinstituten, sich Einblick in die wirtschaftlichen Verhältnisse eines Unternehmens zu verschaffen, da sie Aufschlüsse über Zahlungsgewohnheiten, Kundenkreise, Umsätze usw. gewinnen. Damit ist das **Kontokorrentkonto** hilfreich für die **Prüfung der Kreditwürdigkeit** und die **Kreditkontrolle.**

Kontokorrentkredite vergrößern die Dispositionsfreiheit des Kreditnehmers, werden aber im Allgemeinen nur in Höhe des jeweiligen Kapitalbedarfs ausgenutzt. Sie dienen in erster Linie als Finanzreserve, sichern die Zahlungsbereitschaft und ermöglichen die Finanzierung von Spitzenbelastungen. Durch sie werden Lohnzahlungen, Wareneinkäufe, Überbrückung eines kurzfristigen Kapitalbedarfs oder Zwischenkredite finanziert. Kontokorrentkonten und -kredite sind folglich für Unternehmen unerlässlich, um einen wesentlichen Teil des Zahlungsverkehrs über ein Kreditinstitut abwickeln zu können.

2.2.2 Kosten eines Kontokorrentkontos

Allerdings sind die durch die Aufnahme eines Kontokorrentkredites entstehenden Kosten relativ hoch. Sie setzen sich aus folgenden Komponenten zusammen:

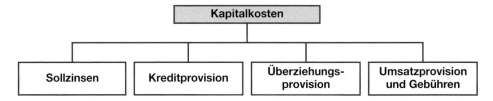

Für Guthaben werden i.d.R. 0,5 % Habenzinsen vergütet. Die Grafik veranschaulicht die Zusammenhänge bei einem eingeräumten Kreditlimit von 100.000,00 EUR. Die Symbole kennzeichnen folgende Beträge:

+ Betrag, für den Habenzinsen vergütet werden.
− Betrag, für den Sollzinsen zu zahlen sind.
/ Grundlage für die Kreditprovision als Bereitstellungsprovision, die vom zugesagten Kredit berechnet wird, soweit er nicht in Anspruch genommen wurde.
Betrag, von dem Überziehungsprovision berechnet wird.

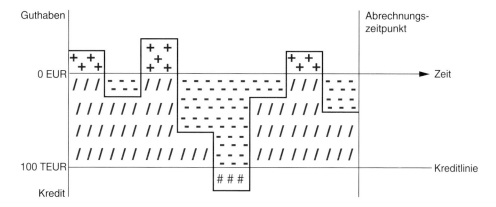

(1) Sollzinsen

Sollzinsen werden für den jeweils in Anspruch genommenen Kredit berechnet. Die Höhe ist normalerweise abhängig von der Höhe des Basiszinssatzes der Deutschen Bundesbank. Wird neben dem Zins keine weitere Kreditprovision erhoben, sondern nur ein prozentualer Satz angegeben, handelt es sich um einen Nettozinssatz.

(2) Kreditprovision

Die Kreditprovision kann nach verschiedenen Verfahren ermittelt werden. Entweder erhebt das Kreditinstitut einen Zuschlag zum Sollzinssatz oder eine Bereitstellungsprovision, die damit begründet wird, dass die bereitgehaltenen Beträge nicht anderweitig vergeben werden können. Folgende **Vereinbarungen** sind also denkbar:

▶ **Kreditprovision als Zinszuschlag**

– Sollzinsen: Basiszinssatz + 1,5 % p. a.
– Kreditprovision: 0,25 % pro Monat von der jeweils höchsten Inanspruchnahme eines Monats im Rahmen der Kreditzusage.

▶ **Bereitstellungsprovision**

1. Fall:

– Sollzinsen: Basiszinssatz + 4,5 % vom in Anspruch genommenen Kredit.
– Kreditprovision: 3 % p. a. vom zugesagten Kredit, soweit er nicht in Anspruch genommen wird.

oder

2. Fall:

- Sollzinsen: Basiszinssatz +1,5 % vom in Anspruch genommenen Kredit.
- Kreditprovision: 3 % p. a. vom zugesagten Kredit.

Nachfolgend werden die durch die Kreditaufnahme entstehenden Kosten je nach Konditionenvereinbarung verglichen:[1])

Fall	Nettozinssatz p.a. auf Kredit-inanspruch-nahme	Sollzinssatz p.a. auf Kredit-inanspruch-nahme	Kreditprovision		
			je Monat nach der höchsten Inanspruchnahme	p.a. von nicht in Anspruch genom-mener Kreditzusage	p.a. von Kredit-zusage
1	7,5 %	–	–	–	–
2	–	4,5 %	0,25 %	–	–
3	–	7,5 %	–	3 %	–
4	–	4,5 %	–	–	3 %

Die Kreditlinie soll 100.000,00 EUR betragen. Es ergibt sich folgende Abschlussrechnung:

Errechnung der Zinszahlen					
Tag	Kreditinan-spruchnahme	Nicht ausgenutzte Kreditlinie	Tage	Zinszahlen für Kreditinan-spruchnahme	Zinszahlen für nicht ausgenutzte Kreditlinie
1. Juli	10.000 EUR	90.000 EUR	15	1.500	13.500
15. Juli	50.000 EUR	50.000 EUR	15	7.500	7.500
1. Aug.	90.000 EUR	10.000 EUR	15	13.500	1.500
15. Aug.	20.000 EUR	80.000 EUR	15	3.000	12.000
1. Sept.	40.000 EUR	60.000 EUR	15	6.000	9.000
15. Sept.	30.000 EUR	70.000 EUR	15	4.500	10.500
Summe			90	36.000	54.000

Zinsen werden mit Hilfe der folgenden Formel berechnet:

$$Z = \frac{K \cdot p \cdot t}{100 \cdot 360}$$

Für Aufgaben der vorliegenden Art ist es sinnvoll, die Formel in zwei Komponenten zu zerlegen, nämlich in die

Zinszahl: $\frac{K \cdot t}{100}$ und den Zinsteiler (Zinsdivisor): $\frac{360}{p}$

Der Zinsteiler für 7,5 % wäre demnach (360 : 7,5 =) 48; der für 4,5 % (360 : 4,5 =) 80.

---

[1]) Vgl. hierzu Wöhe, G., Bilstein, J.: Grundzüge der Unternehmensfinanzierung, 5. Auflage, S. 221 ff., sowie Hagenmüller, K. F., Diepen, G.: Der Bankbetrieb, 11. Auflage, S. 461 ff.

Berechnung der Zinsen				
	Fall 1	**Fall 2**	**Fall 3**	**Fall 4**
Zinszahlen **Zinsdivisor**	36.000 48	36.000 80	36.000 48	36.000 80
Zinsen	750 EUR	450 EUR	750 EUR	450 EUR

Berechnung der Kreditprovision				
	Fall 1: **Keine Provision,** **da Nettozinssatz**	**Fall 2:** **Höchste Inanspruch-** **nahme jeden Monat** **· 0,25 %** **(50.000 + 90.000 +** **40.000) · 0,25 %**	**Fall 3:** **Zinszahlen** **54.000** **Zinsdivisor** **für 3 % =** **120**	**Fall 4:** **3 % auf** **100.000 EUR** **für 90 Tage**
Kredit- **provision**	–	450 EUR	450 EUR	750 EUR
Gesamtbelastung **(Zinsen +** **Kreditprovision)**	750 EUR	900 EUR	1.200 EUR	1.200 EUR

Ergebnis:

Für den Kreditnehmer ergibt sich die geringste Belastung im ersten Fall. In den übrigen Fällen verteuert sich der Kredit, da die Kreditlinie nicht vollständig ausgenutzt wird. Zu beachten ist, dass die Fälle 3 und 4 stets zu jeweils gleichen Ergebnissen führen.

Der Kreditrahmen wird in diesem Beispiel zu 40 % ausgelastet, d.h. die durchschnittliche Kreditaufnahme beträgt 40.000,00 EUR.

Da gilt:

$$\text{Zinszahl} = \frac{K \cdot t}{100} \text{ ist } K = \frac{\text{Zinszahl} \cdot 100}{t}$$

Mithin ergibt sich $K = \dfrac{36.000 \cdot 100}{90} = 40.000 \text{ EUR}$

Unterstellt man eine gleichbleibende durchschnittliche Kreditaufnahme pro Jahr, lassen sich für die vier Fälle folgende Nominalzinssätze ermitteln:[1]

---

[1] Die effektiven Zinssätze sind wegen des unterjährigen Abrechnungszeitraumes jeweils höher:

$i_{eff} = (1 + \dfrac{i}{m})^m - 1$

i = Nominalzinssatz p.a.
i_{eff} = effektiver Zinssatz p.a.
m = Anzahl der unterjährigen Perioden

Fall 2: $i_{eff} = (1 + \dfrac{0,09}{4})^4 - 1 = 9,31\%$

Fall 1:

750 EUR für 90 Tage –> 3000 EUR pro Jahr

$$p = \frac{3000 \cdot 100}{40.000} = 7,5\%$$

Fall 2:

$$p = \frac{3.600 \cdot 100}{40.000} = 9\%$$

Fälle 3 und 4:

$$p = \frac{4.800 \cdot 100}{40.000} = 12\%$$

Diese Beispiele zeigen, dass die Kosten eines Kontokorrentkredites abhängig sind von:

▶ dem Verfahren, mit dem die Kreditprovision berechnet wird, sowie
▶ von dem Verhältnis zwischen Kreditlinie und tatsächlicher Inanspruchnahme.

(3) Überziehungsprovision

Überzieht ein Kreditnehmer die ihm **eingeräumte Kreditlinie** oder beansprucht er den Kredit über die Kreditlaufzeit hinaus, berechnet ihm das Kreditinstitut Überziehungsprovision. Beträgt die Überziehungsprovision in den Beispielfällen eins und drei 1,5 % p. a., so wären in den Fällen zwei und vier 4,5 % p. a. anzusetzen, weil hier der Sollzinssatz wegen des Berechnungsverfahrens der Kreditprovision entsprechend gekürzt worden ist.

(4) Umsatzprovision und Gebühren

Die Umsatzprovision stellt ein **Entgelt für Kontoführung** und für die Bereitstellung der banktechnischen Einrichtungen dar. Sie wird prozentual von der Kontoseite mit höherem Umsatz, als Umsatzprovision vom in Anspruch genommenen Kredit oder als Postengebühr je nach Anzahl der Buchungsposten (vielfach unter Berücksichtigung einer Anzahl von Freibuchungen pro Monat) erhoben.

2.3   Darlehen

2.3.1 Wesen

Darlehen gelten als **Grundform der langfristigen Fremdfinanzierung und zugleich als wichtigste Finanzierungsquelle für kleinere und mittelständische Unternehmen.** Die rechtliche Grundlage bilden die §§ 488 ff. BGB (Gelddarlehensvertrag) und §§ 607 ff. BGB (Sachdarlehensvertrag). Demnach wird unter einem Darlehen verstanden, einem Empfänger Geld oder andere vertretbare Sachen zu überlassen und ihn zu verpflichten, Sachen gleicher Art, Güte und Menge zurückzugeben.
In der bankbetrieblichen Praxis versteht man unter einem Darlehen einen Kredit, bei dem der Kreditbetrag in einer Summe oder in Teilbeträgen bereitgestellt wird und in Raten oder einer Summe am Ende der Laufzeit zurückzuzahlen ist.
Langfristige Darlehen, deren Laufzeit also mehr als 4 bzw. 5 Jahre beträgt, dienen im Allgemeinen zur Finanzierung maschineller Anlagen, Gegenständen der Betriebs- und Geschäftsausstattung oder zum Bau und Erwerb von Geschäftsgebäuden. Das Umlaufvermögen wird, mit Ausnahme der Finanzierung eiserner Bestände, normalerweise nicht mit langfristigen Krediten finanziert.

2.3.2 Darlehensgeber

Als Kapitalgeber kommen vor allem **Kreditinstitute, Realkreditinstitute** und **Bausparkassen** in Betracht. Daneben bieten auch Versicherungen oder Privatpersonen langfristige Darlehen an. Die verlangten Sicherheiten reichen von Grundpfandrechten über Sicherungsübereignungen, Bestellung von Pfandrechten an beweglichen Sachen bis hin zu Bürgschaften.

2.3.3 Kosten eines Darlehens

Mit der Darlehensübernahme und der Zur-Verfügung-Stellung von Sicherheiten sind **erhebliche Kosten** verbunden. Zu erwähnen sind hier in erster Linie die für den Darlehenbetrag zu zahlenden **Zinsen**, daneben ein mögliches **Damnum**, ein Darlehensabgeld, das dem Kapitalnehmer nicht ausgezahlt wird. Es stellt also den Unterschiedsbetrag dar zwischen dem Nennbetrag eines Darlehens und dem tatsächlich ausgezahlten Betrag. Weiterhin können die Kapitalkosten u. a. noch **Schätzkosten** für das zu beleihende Objekt, **Beurkundungsgebühren** für die Bestellung von Sicherheiten, **Eintragungs- und Löschungsgebühren** seitens des Grundbuchamtes etc. umfassen.

2.3.4 Tilgungsformen

Nach der Art und Weise der Tilgung lassen sich drei verschiedene Darlehen unterscheiden:

(1) Fälligkeitsdarlehen

Das Fälligkeitsdarlehen, auch **Zinshypothek** oder **Festdarlehen** genannt, ist dadurch charakterisiert, dass die Darlehenssumme erst am Ende der Laufzeit in voller Höhe zurückgezahlt wird. Während der Laufzeit sind lediglich in vereinbarten Zeitabständen die Darlehenszinsen zu zahlen (vgl. Tabelle).

Beispiel:

Angenommen, das Busunternehmen „Travel-Tours" benötigt zur Finanzierung eines ausgewählten Reisebusses einen Darlehensbetrag in Höhe von 400.000,00 EUR, die Laufzeit des Kredites soll 5 Jahre betragen, der Zinssatz sich auf 7 % p. a. belaufen. Die Zinsen sind jeweils am Jahresende zu zahlen.

Tilgungsplan				
Jahr	Darlehens-betrag	Zinsen	Tilgung	Restschuld am Jahresende
1	400.000 EUR	28.000 EUR	-	400.000 EUR
2	400.000 EUR	28.000 EUR	-	400.000 EUR
3	400.000 EUR	28.000 EUR	-	400.000 EUR
4	400.000 EUR	28.000 EUR	-	400.000 EUR
5	400.000 EUR	28.000 EUR	400.000 EUR	0 EUR
Summe		140.000 EUR	400.000 EUR	

Darlehen dieser Art werden insbesondere bei Lebensversicherungsfinanzierungen gewährt. Hierbei wird eine Kapitallebensversicherung mit einem Darlehen verknüpft. Die Laufzeiten des Darlehens und der Lebensversicherung sind deckungsgleich, so dass bei Fälligkeit der Versicherung das Darlehen durch die Lebensversicherungssumme einschließlich der Gewinnanteile komplett getilgt wird. Der Kreditnehmer hat während der Laufzeit die Zinsen und die Versicherungsprämien zu leisten.

(2) Abzahlungsdarlehen

Beim Abzahlungsdarlehen **(Abzahlungshypothek, Ratendarlehen)** tilgt der Kreditnehmer die Darlehenssumme in **stets gleichbleibenden Beträgen**. Da jeweils nur der verbleibende Kreditbetrag zu verzinsen ist, sinken die Zinsanteile von Jahr zu Jahr.

Beispiel:

Es ergibt sich folgender Tilgungsplan (vgl. oben):

Tilgungsplan					
Jahr	Darlehens-betrag	Zinsen	Tilgung	Annuität	Restschuld am Jahresende
1	400.000 EUR	28.000 EUR	80.000 EUR	108.000 EUR	320.000 EUR
2	320.000 EUR	22.400 EUR	80.000 EUR	102.400 EUR	240.000 EUR
3	240.000 EUR	16.800 EUR	80.000 EUR	96.800 EUR	160.000 EUR
4	160.000 EUR	11.200 EUR	80.000 EUR	91.200 EUR	80.000 EUR
5	80.000 EUR	5.600 EUR	80.000 EUR	85.600 EUR	0 EUR
Summe		84.000 EUR	400.000 EUR	484.000 EUR	

Der jährlich zu zahlende Betrag aus Zins und Tilgung, die Annuität, sinkt bei dieser Darlehensform ständig, während beim Festdarlehen ein höherer Betrag bei Fälligkeit zu zahlen ist. Im Gegensatz zum Fälligkeitsdarlehen ist hier die Belastung für den Kreditnehmer zu Beginn der Darlehenslaufzeit hoch und sinkt bis zum Ende der Laufzeit. Allerdings ergibt sich beim Fälligkeitsdarlehen eine insgesamt höhere Belastung, weil hohe Zinsbeträge zu zahlen sind.
Da beim Abzahlungsdarlehen ständig Beträge getilgt werden, steht der volle Kreditbetrag nicht über die gesamte Laufzeit zur Verfügung, wie es beim Festdarlehen der Fall ist. Wurde der Kreditbetrag zur Finanzierung von Gegenständen des Anlagevermögens eingesetzt, sollten die durch die Abschreibung im Einkaufspreis einkalkulierten und durch den Verkauf der hergestellten Erzeugnisse erzielten Rückflüsse zur Darlehenstilgung verwandt werden.

(3) Annuitätendarlehen

Das Charakteristikum der Annuitätendarlehen **(Tilgungs- oder Amortisationsdarlehen, Annuitätenhypothek)** sind die **gleichbleibenden Leistungen des Kreditnehmers**. Die Annuität verändert sich während der Kreditlaufzeit nicht.

Es ergibt sich folgender Tilgungsplan (vgl. oben):

Tilgungsplan					
Jahr	Darlehens-betrag	Zinsen	Tilgung	Annuität	Restschuld am Jahresende
1	400.000,00 EUR	28.000,00 EUR	69.556,28 EUR	97.556,28 EUR	330.443,72 EUR
2	330.443.72 EUR	23.131,06 EUR	74.425,22 EUR	97.556,28 EUR	256.018,50 EUR
3	256.018,50 EUR	17.921,30 EUR	79.634,98 EUR	97.556,28 EUR	176.383,52 EUR
4	176.383,52 EUR	12.346,85 EUR	85.209,43 EUR	97.556,28 EUR	91.174,09 EUR
5	97.174,09 EUR	6.382,19 EUR	91.174,09 EUR	97.556,28 EUR	0 EUR
Summe		87.781,40 EUR	400.000,00 EUR	487.781,40 EUR	

Die Annuität wird mit Hilfe des sog. **Kapitalwiedergewinnungsfaktors (KWGF)**, der aus finanzmathematischen Tabellen zu entnehmen ist, ermittelt.

$$KWGF = \frac{i\,(1 + i)^n}{(1 + i)^n - 1} = \frac{q^n\,(q - 1)}{q^n - 1}$$

i = Zinssatz in Prozent / n = Laufzeit des Darlehens / q = (1 + i)

Der KWGF für i = 7 % und n = 5 Jahre beträgt 0,243890694. Multipliziert man diesen KWGF mit dem Barwert des Darlehensbetrages, ergibt sich die Höhe der Annuität (400.000,00 · 0,243890694 = 97.556,28 EUR). Sie ist gekennzeichnet durch sinkende Zins- und steigende Tilgungsleistungen (siehe Tabelle und Grafiken).

Darlehensverlauf aus der Sicht der Unternehmung:

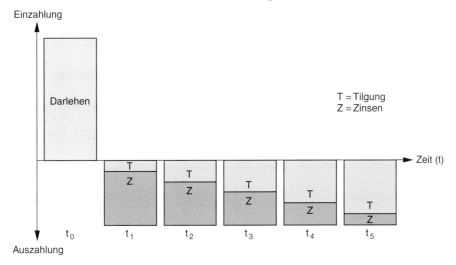

75

Bei einem mit 10 % zu verzinsenden und mit 1 % zu tilgenden Darlehen ergibt sich folgender Tilgungs- und Zinsverlauf:

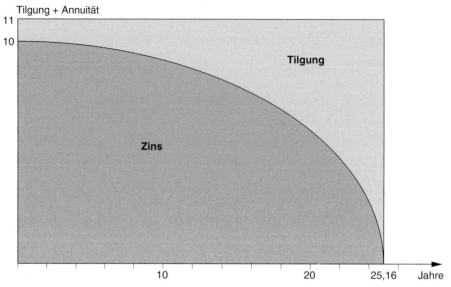

Zwar erhöht sich beim Annuitätendarlehen die Gesamtbelastung für den Kreditnehmer gegenüber dem Abzahlungsdarlehen (siehe Tabelle), doch ist diese Form des
Darlehens noch erheblich kostengünstiger als die des Fälligkeitsdarlehens. Zudem
ergibt sich durch die feste Annuität eine konstante und stetige Kalkulationsgrundlage.
Unterstellt man für ein Abzahlungs- und Annuitätendarlehen gleich hohe jährliche
Nominalzinssätze und Anfangstilgungssätze, so hat ein Kreditnehmer das Annuitätendarlehen in erheblich kürzerer Zeit getilgt als das Abzahlungsdarlehen. Bei einem Zinssatz von 8% p.a. und einem Tilgungssatz von 2% p.a. wäre ein Abzahlungsdarlehen
erst nach 50 Jahren getilgt, während ein Annuitätendarlehen nach ca. 21 Jahren
zurückgezahlt wäre, da die jährlichen Tilgungsleistungen um die ersparten Zinsen steigen. Insofern spielen Abzahlungsdarlehen in der Praxis nur eine untergeordnete Rolle.

2.3.5 Effektivverzinsung

Beispiel:

Für den von „Travel-Tours" benötigten Kredit liegen dem Unternehmen drei verschiedene Finanzierungsangebote vor.

	Angebot A	Angebot B	Angebot C
Nominalzinssatz (i_{nom}) in % p. a.	7	7	7
Damnum (d) in %	3	3	3
Laufzeit (t) in Jahren	5	5	5
Tilgung	am Ende der Laufzeit	jährlich glei-che Tilgungs-raten (Tranchen)	2 tilgungs-freie Jahre, anschließend jährlich gleiche Raten
Auszahlungskurs (K) in %	97	97	97

Um die verschiedenen Angebote miteinander vergleichen zu können, sollen die effektiven Zinssätze der einzelnen Darlehen näherungsweise bestimmt werden.

(1) Tilgung am Ende der Laufzeit

In diesem Fall steht der Darlehensbetrag bis zum Ende der Laufzeit in voller Höhe zur Verfügung (vgl. Grafik).

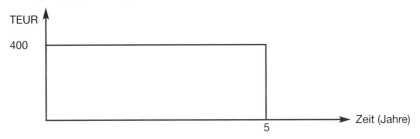

Das Damnum (Disagio) stellt eine Art Vorwegzins dar und ist auf die Laufzeit des Darlehens zu verteilen. Zudem erhält der Kreditnehmer nicht den vollen Darlehensbetrag in Höhe von 400.000,00 EUR, sondern nur den um das Damnum gekürzten Betrag, so dass für eine effektive Verzinsung dieser gekürzte Wert heranzuziehen ist. Somit ergibt sich:

$$i_{eff} = \frac{i_{nom} + \dfrac{d}{t}}{K} \cdot 100$$

i_{eff} = effektive Verzinsung in % p. a. i_{nom} = nominale Verzinsung

$$i_{eff} = \frac{7 + \dfrac{3}{5}}{97} \cdot 100 = 7,84\,\%$$

Die effektive Verzinsung dieses Angebotes liegt also bei 7,84 %.

(2) Tilgung in jährlich gleichen Raten

Das Angebot B sieht vor, das Darlehen in jährlich gleichen Raten zu tilgen. Das Darlehen wird damit jedes Jahr um eine Tranche verringert (siehe Grafik).

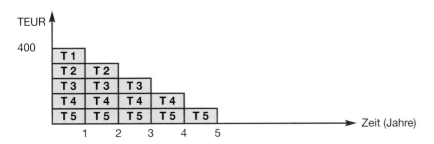

Da dem Reiseunternehmen nun die 400.000,00 EUR nicht mehr über die gesamte Laufzeit zur Verfügung stehen, ist die mittlere Laufzeit des Darlehens zu errechnen, die uns gedanklich anzeigt, für welchen Zeitraum die Unternehmung über 400.000,00 EUR verfügen kann.

Zerlegt man das Darlehen gedanklich in fünf Teilbeträge mit Festlaufzeit, so steht dem Kreditnehmer die erste Tranche T_1 nur für ein Jahr zur Verfügung, die zweite zwei Jahre, die dritte drei Jahre usw. Addiert man nun die einzelnen Laufzeiten und dividiert sie durch die Anzahl der Tranchen, erhält man die mittlere Laufzeit t_m.

$(1 + 2 + 3 + 4 + 5) = 15$
$15 : 5 = 3 = t_m$

Somit lässt sich t_m errechnen durch:

$$t_m = \frac{t + 1}{2}$$

Die mittlere Laufzeit der Tranchen beträgt 3 Jahre, d.h. der gesamte Darlehensbetrag hat eine mittlere Laufzeit von 3 Jahren. Grafisch betrachtet sind die fehlenden Tranchen der Jahre zwei und drei durch die Teilbeträge der Jahre vier und fünf zu ersetzen (vgl. Grafik).

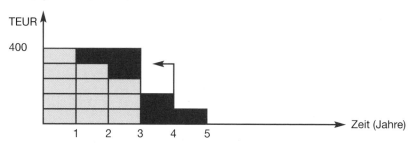

Der effektive Zinssatz des Angebotes B lässt sich nun folgendermaßen ermitteln:

$$i_{eff} = \frac{7 + \dfrac{3}{3}}{97} \cdot 100 = 8{,}25\,\%$$

Allgemein gilt:

$$i_{eff} = \frac{i_{nom} + \dfrac{d}{t_m}}{K} \cdot 100$$

(3) Berücksichtigung tilgungsfreier Jahre

Die Grafik veranschaulicht, dass das Angebot C zwei tilgungsfreie Jahre vorsieht und in den restlichen drei Jahren das Darlehen mit jeweils gleichen Beträgen am Jahresende getilgt werden soll.

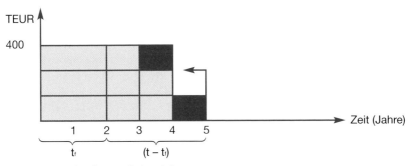

t_f = Zeitraum der tilgungsfreien Jahre

Für die Zeit $(t - t_f)$ ist die mittlere Laufzeit zu errechnen und die tilgungsfreie Zeit zu addieren.

$$t_m = t_f + \frac{(t - t_f) + 1}{2} = \frac{t_f + t + 1}{2}$$

Die mittlere Laufzeit des Darlehens beträgt jetzt:

$$t_m = \frac{2 + 5 + 1}{2} = 4 \text{ Jahre}$$

Als effektive Verzinsung ergibt sich folglich:

$$i_{eff} = \frac{7 + \frac{3}{4}}{97} = 7,99\,\%$$

Die effektive Verzinsung für das Festdarlehen liegt damit am niedrigsten, die für das Abzahlungsdarlehen ohne tilgungsfreie Zeit am höchsten. Der Grund dafür ist in der geringeren durchschnittlichen Kapitalbindung des Abzahlungsdarlehens zu sehen, so dass sich das Damnum auf eine kürzere durchschnittliche Laufzeit verteilt. Somit steigt die effektive Verzinsung bei sinkender Kapitalbindungsfrist.

Zu berücksichtigen ist allerdings, dass die absoluten Kosten beim Fälligkeitsdarlehen erheblich über denen des Abzahlungsdarlehens liegen. Für die obigen drei Angebote ergeben sich folgende über die gesamte Laufzeit entstehenden **Aufwendungen:**

	Angebot A	Angebot B	Angebot C
Zinsen	140.000,00 EUR	84.000,00 EUR	112.000,00 EUR
Damnum	12.000,00 EUR	12.000,00 EUR	12.000,00 EUR
Summe	152.000,00 EUR	96.000,00 EUR	124.000,00 EUR

Beim Abzahlungsdarlehen sinken die Zinsen durch die jeweiligen Tilgungsbeträge. Beim Festdarlehen bleiben sie über die gesamte Laufzeit gleich hoch. Während der tilgungsfreien Jahre ist ebenfalls der Gesamtkredit in Höhe von 400.000,00 EUR zu verzinsen, so dass auch hier die Zinszahlungen höher liegen als beim Abzahlungsdarlehen ohne tilgungsfreie Jahre.

Das Damnum führt in allen Fällen zu einem geringeren Auszahlungsbetrag und damit zu einem Liquiditätsverlust. Banken bieten deshalb sog. **Tilgungsstreckungsdarlehen** an. In diesem Fall wird das Damnum als zusätzliches Darlehen gewährt und ist in den ersten Jahren je nach Vereinbarung zu tilgen (vgl. Tabelle). Danach setzt die Tilgung des Hauptkredites ein, wodurch die Gesamtlaufzeit des Kredites verlängert wird. Der Tilgungsplan könnte in einem solchen Fall folgendes Aussehen haben (Darlehensbetrag 400.000,00 EUR; Damnum 3 %; Zinssatz 7 %; Tilgungsstreckung: 2 Jahre):

Tilgungsplan				
Jahr	Darlehens-betrag (EUR)	Zinsen (EUR)	Tilgung (EUR)	Annuität (EUR)	Restschuld am Jahresende (EUR)
1	412.000,00	28.840,00	6.000,00	34.840,00	406.000,00
2	406.000,00	28.420,00	6.000,00	34.840,00	400.000,00
3	400.000,00	28.000,00	80.000,00	108.000.00	320.000,00
4	320.000,00	22.400,00	80.000,00	102.400,00	240.000,00
5	240.000,00	...	...	...	...
6	...	...	...	...	...

Sollen neben den Zinsen und dem Damnum **weitere Kosten** der Darlehensaufnahme berücksichtigt werden, so sind sie in die obigen Formeln einzubeziehen. Für ein Abzahlungsdarlehen ergibt sich dadurch folgende Formel:

$$i_{eff} = \frac{i_{nom} + k_w + \dfrac{d + k_e}{t_m}}{K} \cdot 100$$

k_e = einmalige Kosten in % des nominellen Darlehensbetrages
k_w = wiederkehrende Kosten in % des nominellen Darlehensbetrages
K = Auszahlungskurs unter Berücksichtigung des Damnums und der einmaligen Kosten $(100 - d - k_e)$.

Mit dieser Größe lassen sich Darlehen mit unterschiedlichen Konditionen vergleichen.

2.4 Personalkredite

Kredite, die ausschließlich aufgrund der Kreditwürdigkeit des Schuldners gewährt werden, können als sog. Personal- oder auch **Blankokredite** gekennzeichnet werden. Zwar wird auch hier vielfach die Kreditwürdigkeit des Kreditnehmers anhand von Bilanzen oder Auskünften geprüft, für die Vergabe des Kredites stellt der Kreditnehmer in der Regel jedoch keine weiteren Sicherheiten zur Verfügung.

Zu diesen Kreditarten können der **Kontokorrentkredit**, der **Lieferantenkredit** oder auch **Kundenanzahlungen** gezählt werden. Da der Kontokorrentkredit bereits an anderer Stelle ausführlich beschrieben worden ist, sollen hier nur die beiden letztgenannten Kreditarten untersucht werden.

2.4.1 Lieferantenkredite

(1) Wesen

„Zahlbar sofort unter Abzug von 2 % Skonto, innerhalb von 30 Tagen netto Kasse". So oder ähnlich sehen die **Zahlungsbedingungen** in vielen Kaufverträgen aus. Ziel des Lieferers ist es, dem Kunden durch Gewährung von Skonto einen Anreiz zum vorzeitigen Zahlen zu geben. Zahlt er nicht sofort, kauft er die Ware auf Ziel, d. h. auf Kredit, so ist der Preis für diesen Kredit die Höhe des Skontobetrages. In diesem Fall kann der Kunde oft die bezogenen Waren aus den Verkaufserlösen der von ihm selbst verkauften Ware bezahlen. Insofern dienen Lieferantenkredite auch als absatzpolitisches Instrument. Sie bieten Kaufanreize und erhöhen damit den Umsatz.

(2) Kosten

Für Lieferantenkredite werden grundsätzlich **keine Zinsen** gezahlt. Allerdings sollte der Kunde berücksichtigen, dass er bei Zahlung innerhalb der Skontofrist den Skontobetrag einspart. Diese Ersparnis entgeht ihm, wenn er das Zahlungsziel ausnutzt. Es handelt sich also um Kosten, die durch den Ertragsverlust (= Opportunitätskosten) entstehen.

Beispiel:

Für die o. g. Zahlungsbedingung gilt, dass sich für einen Zeitraum von 30 Tagen eine Ersparnis von 2 % ergibt. Folglich errechnet sich für ein Jahr (= 360 Tage) eine Zinsersparnis von 24 %, d. h. der effektive Skontosatz beträgt 24 %.

$$r = \frac{2 \cdot 360}{30} = 24\,\%$$

$$r = \frac{S}{t} \cdot 360$$

r = Jahresprozentsatz
S = Skontoertrag in %

Ändert sich die Zahlungsbedingung dahin gehend, dass Skonto innerhalb von 10 Tagen abgezogen werden kann und nach 30 Tagen netto Kasse zu zahlen ist, verkürzt sich die Kreditlaufzeit auf 20 Tage.

Zielzeitraum 30 Tage

1   Skontozeitraum   10   30
       10 Tage   Kreditzeitraum 20 Tage

Die ersten 10 Tage des Zielzeitraumes verursachen keine Kosten bzw. keinen Ertragsverlust. Dieser ergibt sich erst dann, wenn die Zahlung 20 Tage später als zum letztmöglichen Zeitpunkt, an dem Skonto in Anspruch genommen werden kann, erfolgt.

$$r = \frac{2 \cdot 360}{20} = 36\%$$

Der Kreditzeitraum (t) errechnet sich aus der Differenz zwischen dem Zahlungszeitraum (zz) und der Skontofrist (s). Insofern gilt:

$$r = \frac{p}{zz - s} \cdot 360$$

wobei zz − s = t

Ist bisher der effektive Zinssatz näherungsweise bestimmt worden, soll das folgende Beispiel die Berechnung noch ein wenig präzisieren.[1]

Beispiel:

Rechnungsbetrag: 10.000,00 EUR.
Zahlungsbedingung: 2 % Skonto innerhalb von 10 Tagen, 30 Tage netto Kasse.

$$\textbf{Mit Hilfe der Zinsformel} \quad z = \frac{K \cdot p \cdot t}{100 \cdot 360} \quad \textbf{ergibt sich:} \quad p = \frac{z \cdot 100 \cdot 360}{K \cdot t}$$

Der eingesparte Skontobetrag entspricht hierbei der Verzinsung (z), die auf eine Kapitalhöhe von 9.800,00 EUR (10.000,00 EUR abzüglich Skontobetrag) zu beziehen ist, da bei Skontoziehung nur dieser Betrag beglichen werden muss.

$$p = \frac{200 \cdot 100 \cdot 360}{9.800 \cdot 20} = \underline{\underline{36,73\% = r}}$$

Muss für die Inanspruchnahme des Skontos ein Kontokorrentkredit aufgenommen werden, für den 14% Kreditkosten anfallen, so lässt sich bereits anhand eines Vergleiches der Zinssätze erkennen, dass die Skontoziehung finanziell vorteilhaft für den Kunden ist. Rechnerisch ergibt sich folgender Finanzierungsgewinn:

Skontoertrag	200,00 EUR
– Kreditkosten (14 % / 20 Tage / 9.800,00 EUR)..................................	76,22 EUR
Finanzierungsgewinn	123,78 EUR

---

[1] Allerdings bleibt die Unterjährigkeit der Zahlungsströme unberücksichtigt.

(3) Bedeutung

Wie das vorherige Beispiel gezeigt hat, ist die Zahlung unter **Abzug von Skonto** im Allgemeinen **wirtschaftlicher als die Aufnahme eines kurzfristigen Bankkredites.** Umgekehrt bedeutet das, dass durch die Ausnutzung des Zahlungszieles ein recht teurer Lieferantenkredit in Anspruch genommen wird. Allerdings hat der Kreditnehmer selbst für diesen Kredit keine Sicherheiten zu stellen und erhält ihn schnell, bequem und unbürokratisch.

Der Betrieb kann auch bei geringer Kapitalausstattung und Liquidität und trotz Ausschöpfung der Kreditlinie bei seiner Hausbank Lieferantenkredite nutzen. Aufgrund der hohen Kosten wäre jedoch zu prüfen, ob die Liquidität seines Unternehmens nicht durch andere betriebswirtschaftliche Maßnahmen (z. B. Factoring) erhöht werden könnte.

Lieferantenkredite bieten dem Kunden weiterhin die Möglichkeit, eigene Lagerbestände zu finanzieren, wenn der Geldrückfluss von seinen Kunden vor Ablauf des Zielzeitraumes erfolgt, den der Lieferer ihm einräumt. Aus diesem Grund verspricht die **Lieferung auf Ziel** dem Lieferanten steigende Umsätze und kann damit als **absatzpolitisches Instrument** genutzt werden. Andererseits wird durch die Möglichkeit der **Skontoziehung** ein **Anreiz zur frühzeitigen Zahlung** gegeben, so dass der Lieferant den Vorteil hat, dass die Kaufverträge zügig abgewickelt werden und das Kapital schnell zurückfließt.

Generell behält sich der Lieferant bei Gewährung eines Zahlungszieles das Eigentum an den gelieferten Waren vor (Eigentumsvorbehalt). Dieser erlischt aber bei Weiterverarbeitung oder Weiterveräußerung der Waren. Deshalb dürfte der Lieferantenkredit durch den Eigentumsvorbehalt unzureichend abgesichert sein, so dass sich ergänzend eine Absicherung durch Wechsel anbieten würde.

Wie stark sich die Vor- und Nachteile für die Vertragspartner auswirken, hängt auch ab von der jeweiligen Marktstellung. Gelingt es dem Abnehmer, den Zahlungszeitpunkt zu verzögern, so verringert sich der effektive Zinssatz. Geht man von der Zahlungsbedingung „2 % Skonto bei sofortiger Zahlung, 30 Tage netto Kasse" aus und unterstellt, dass der Kunde erst nach 60 Tagen zahlt, verringert sich der effektive Zinssatz von 24 % p. a. auf 12 % p. a. Bei entsprechend starker Marktposition des Abnehmers und Abhängigkeit des Lieferanten dürfte dieser darauf verzichten, seinen Kunden bei Überschreitung des Zahlungszieles in Verzug zu setzen und für entstehende Schäden haftbar zu machen.

2.4.2 Kundenanzahlungen

In vielen Branchen ist es üblich, vom Kunden eine **Vorauszahlung auf die zu erbringende Leistung** zu verlangen. Das gilt insbesondere in den Zweigen, in denen zwischen Planung und Erstellung der Leistung eine längere Zeitspanne vergeht, wie z. B. im Großanlagenbau, im Baugewerbe oder im Schiffbau.

Derartige Anzahlungen werden auch als **Kundenkredite** oder **Vorauszahlungskredite** bezeichnet. Sie verbessern die Liquiditätslage des Herstellers und binden zugleich den Kunden an seinen Auftrag. Das ist vor allem bei der Herstellung von Sonderanfertigungen vorteilhaft, weil sie nur schwer anderweitig veräußert werden können. Leistet der Kunde eine Anzahlung, geht er allerdings das Risiko ein, dass der Hersteller seinen Verpflichtungen nicht nachkommt oder nachkommen kann. Eine Bankbürgschaft kann diese Gefahr abdecken.

Die bei Vorauszahlungen **entgangenen Zinserträge** stellen die Kosten eines Kundenkredites für den Auftraggeber dar. Denkbar ist auch, dass der Preis im Falle einer Anzahlung niedriger liegt als bei Zahlung nach Fertigstellung. Ursache dafür sind die kalkulatorisch zu berücksichtigenden Zinsen, die in geringerem Umfang einkalkuliert werden, wenn die Zahlung früher erfolgt.

2.5 Verstärkte Personalkredite

Verstärkte Personalkredite sind solche Kredite, bei denen sich der Gläubiger nicht alleine auf die Kreditwürdigkeit des Hauptschuldners verlässt, sondern bei denen weitere Personen für die Erfüllung der Kreditverpflichtung haften.

2.5.1 Bürgschaft

Wesen

Die Bürgschaft wird im § 765 BGB als Vertrag definiert, durch den sich der **Bürge** gegenüber dem Gläubiger eines Dritten verpflichtet, für die Erfüllung der Verbindlichkeiten des Dritten einzustehen.

Es handelt sich also um eine Form der Kreditsicherung, bei der außer dem Kreditnehmer mindestens eine weitere Person für die pünktliche Erfüllung der Kreditverpflichtung haftet.

Eine Bürgschaft setzt das Bestehen einer Hauptschuld voraus (Akzessorietät der Bürgschaft). Ohne Hauptschuld ist die Bürgschaft wirkungslos.

Die Bürgschaftserklärung muss zwischen Privatpersonen durch einen schriftlichen Vertrag erfolgen. Der Gesetzgeber hat die Schriftform verbindlich festgelegt, um mögliche Bürgen vor übereilten Schritten zu warnen bzw. um im Streitfall über den genauen Umfang der Bürgschaft die Beweisführung zu erleichtern. Als Mindestinhalt muss die **Bürgschaftsurkunde** deshalb als wesentliche **Vertragsteile** enthalten:

▶ Person des Bürgen,
▶ Person des Gläubigers,
▶ Schuld, die gesichert werden soll,
▶ Wille, für die Schuld einzustehen (Verbürgungswille).

Die Annahme dieses Vertrages durch den Gläubiger kann formlos und stillschweigend, z. B. durch Entgegennahme der unterzeichneten Urkunde geschehen.
Vollkaufleute können Bürgschaftserklärungen auch in mündlicher Form rechtsverbindlich abgeben (§ 350 HGB)..

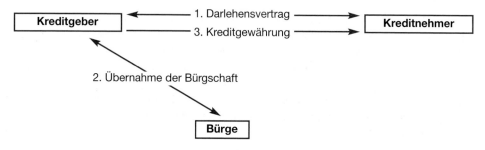

Der Bürge schließt mit dem Gläubiger (z. B. mit einer Bank) einen **schriftlichen Vertrag,** in dem er sich zur Kreditrückzahlung verpflichtet, falls der Kreditnehmer nicht zahlen kann oder will. Die Bürgschaft hängt in ihrer Höhe von der Hauptforderung ab. Erhöht sich diese z. B. durch fällige Zinsen, so erhöht sich auch die Verbindlichkeit des Bürgen. Verringert sich hingegen die Hauptschuld, so verringern sich auch die Bürgschaftsverpflichtungen.

Wird die Bürgschaft zwecks Risikominimierung des Bürgen auf einen Höchstbetrag begrenzt, so spricht man von einer **Höchstbetragsbürgschaft**. Meist bevorzugen Banken und sonstige Gläubiger betraglich unbegrenzte Bürgschaften, weil dann der Bürge auch für zukünftig entstehende Forderungen aus dem abgeschlossenen Geschäft eintreten muss. Aber gerade bei wechselnden Kreditverbindlichkeiten bietet sich aus Sicherheitsgründen für den Bürgen die Festlegung eines Höchstbetrages an, bis zu dem der Bürge einstehen will.

Kommt der Hauptschuldner seiner Verbindlichkeit nicht rechtzeitig nach, so kann sich der Gläubiger an den Bürgen wenden. Diesem stehen jedoch sämtliche Einreden zu, die auch der Hauptschuldner geltend machen kann, z. B. Stundung der Forderung, Anfechtbarkeit des Vertrages, Einrede der Vorausklage.

Die Bürgschaft erlischt, sobald der Schuldner seine Verbindlichkeit erfüllt, wenn also der Kreditnehmer den Kredit zurückgezahlt hat.

Arten der Bürgschaft sind:

▶ die Ausfallbürgschaft und
▶ die selbstschuldnerische Bürgschaft.

Ausfallbürgschaft

Zahlt der Schuldner trotz Fälligkeit der Schuld nicht, so wird der Gläubiger versuchen, sein Geld vom Bürgen zu erlangen. Einer Zahlung kann sich der Bürge dadurch entziehen, dass er die **Einrede der Vorausklage** geltend macht, d.h. der Gläubiger muss zunächst im Wege der Zwangsversteigerung versuchen, an sein Geld zu gelangen. Erst wenn dieser Versuch fehlschlägt und der Gläubiger den Kreditausfall nachweisen kann, darf er sich an den Bürgen wenden. Da diese Form der Bürgschaft für Kreditgeber oft mit Unannehmlichkeiten verbunden ist, schließen sie diese Art der Bürgschaft meist vertraglich aus, indem der Bürge auf die Einrede der Vorausklage verzichtet.

Selbstschuldnerische Bürgschaft

Hat der Bürge auf die Einrede der Vorausklage verzichtet oder ist der Bürge ein Vollkaufmann, so kann er vom Gläubiger direkt in Anspruch genommen werden, sobald die Forderung fällig ist. Zahlt der Bürge an den Gläubiger, so geht die Forderung des Gläubigers gegenüber dem Schuldner auf den Bürgen über, d. h. der Bürge muss nun versuchen, sein Geld vom Schuldner wiederzubekommen.

Die Absicherung des Gläubigers kann dadurch verstärkt werden, dass mehrere Bürgen vorhanden sind. Je nach deren Beziehung untereinander können drei Bürgschaftsformen unterschieden werden:

1. Mitbürgschaft: Hier haften die Bürgen gegenüber dem Gläubiger als Gesamtschuldner, selbst wenn die Bürgschaft nicht gemeinschaftlich übernommen wurde. Der Gläubiger kann also nach seiner Wahl jeden Bürgen ganz oder teilweise in Anspruch nehmen.

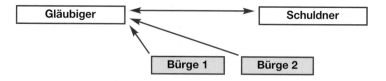

2. Nachbürgschaft: Der Gläubiger kann den Nachbürgen erst dann in Anspruch nehmen, wenn der Hauptbürge nicht zahlen konnte. Hier haftet der Nachbürge dem Gläubiger dafür, dass der Hauptbürge im Zahlungsfall seinen Verpflichtungen nachkommt.

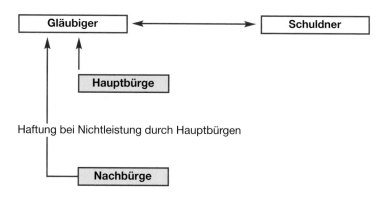

3. Rückbürgschaft: Der Rückbürge haftet dem Hauptbürgen dafür, dass der Ersatzanspruch des Hauptbürgen gegenüber dem Schuldner erfüllt wird, falls der Hauptbürge an den Gläubiger zahlen musste.

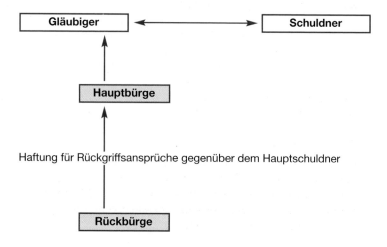

2.5.2 Zessionskredit

Ein Kredit kann auch durch die Überlassung von eigenen Forderungen des Kreditnehmers gegenüber Dritten, z. B. seinen Kunden **(= Abtretung, Zession von Forderungen),** gesichert werden.

Voraussetzung ist der Abschluss eines formfreien **Zessionsvertrages** zwischen dem Kreditnehmer (= **Zedent**) und dem Kreditgeber (= **Zessionar**), z. B. einer Bank, wodurch die Bank Gläubigerin der Forderungen gegenüber den Kunden des Kreditnehmers wird.

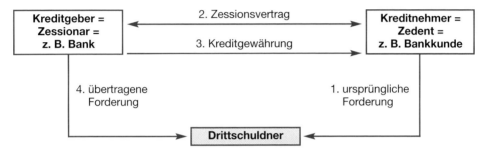

Arten der Zession sind:

▶ **Stille Zession**

Mit Abschluss eines Zessionsvertrages tritt der Kreditgeber als neuer Gläubiger an die Stelle des bisherigen Gläubigers (= Kreditnehmer). Der **Schuldner braucht nicht über diese Abtretung informiert zu werden**. In diesem Falle spricht man von einer stillen Zession. Der Vorteil des Kreditnehmers liegt darin, dass sein Kunde nichts von der Kreditaufnahme erfährt. Diese Art der Zession birgt jedoch verschiedene Risiken für den Kreditgeber.

Der Schuldner kann mit befreiender Wirkung auch an den bisherigen Gläubiger zahlen, der den Betrag dann an den Zessionar weiterleiten muss. Somit ist keine absolute Sicherheit gegeben, dass der Kreditgeber sein Geld auch tatsächlich erhält. Daher lassen sich Kreditinstitute meist Blankobenachrichtigungsschreiben (Abtretungsanzeigen) vom Kreditnehmer zur Unterrichtung des Schuldners unterschreiben, wenn dies zur Sicherheit ihrer Rechte notwendig erscheint.

Die überlassene Forderung könnte bereits an einen anderen Zessionar abgetreten worden sein bzw. eine Abtretung könnte vertraglich vom Drittschuldner ausgeschlossen worden sein, so dass diese unwirksam ist. Forderungen können zweifelhaft oder uneinbringlich werden. Daher lassen sich die Zessionare meist Forderungen in einem um 30 bis 40 % höherem Umfang abtreten, als es der eigentlichen Vertragssumme entspricht, bzw. Banken beleihen einen Forderungsbestand mit etwa 60 bis 70 % ihres Wertes.

▶ **Offene Zession**

Bei der offenen Zession wird der **Drittschuldner über die Abtretung der Forderungen** (z. B. an die Bank) **informiert**. Der Drittschuldner kann nun nur noch an den Zessionar mit befreiender Wirkung zahlen. Die offene Zession beeinträchtigt meist das Ansehen des Zedenten im Geschäftsverkehr, daher ist in der Praxis die stille Abtretung von Forderungen üblich.

Je nach **Umfang der abgetretenen Forderungen** unterscheidet man zwischen Einzel-, Mantel- und Globalzession.

1. Einzelzession	Wie der Begriff bereits nahelegt, wird hier eine bestimmte Einzelforderung als Sicherheit abgetreten. Diese Art der Abtretung spielt im Geschäftsleben nur eine untergeordnete Rolle, da eine Einzelforderung selten zur Risikoabdeckung genügt. Im privaten Kundenverkehr könnte sich eine Bank z. B. eine Lebensversicherungspolice abtreten lassen, um die Darlehensforderung ihres Kunden abzusichern.
2. Mantelzession	In einem Mantelvertrag verpflichtet sich der Kreditnehmer, bestehende Forderungen in einer bestimmten Gesamthöhe abzutreten. Eingegangene Forderungen müssen hierbei ständig durch neue Forderungen ersetzt werden. Um dem Kreditgeber eine Überprüfung zu ermöglichen, müssen ihm in gewissen Zeitabständen die aktualisierten Debitorenlisten sowie Rechnungskopien vorgelegt werden.
3. Globalzession	Bei einer Globalzession werden Gruppen bestehender und zukünftiger Forderungen gegen einen bestimmten Kundenkreis (z. B. alle Kunden mit den Anfangsbuchstaben A – L) oder regional (z. B. alle Kunden in Niedersachsen) abgetreten. Die Forderungen gehen zum Zeitpunkt des Entstehens ohne gesonderte Vereinbarung vom Kreditnehmer auf den Kreditgeber über. Debitorenlisten oder Rechnungskopien sind daher hier als Nachweis nicht nötig.

2.5.3 Diskontkredit

Wesen

Beim Diskontkredit **kaufen Kreditinstitute noch nicht fällige Wechsel** vom Kreditnehmer an und **stellen den Barwert** (= Wechselsumme abzüglich des Diskont und der Bankspesen) des Wechsels somit **als Kredit zur Verfügung**.

Voraussetzungen: Grundlage ist ein „guter Handelswechsel", d.h. dem Wechsel liegt ein Gütergeschäft zugrunde, und der Wechsel muss die Unterschrift von 3 zahlungskräftigen Partnern aufweisen. Dies sind i. d. R. der Lieferant, der Abnehmer und ein Kreditinstitut. Die Restlaufzeit des Wechsels darf maximal 90 Tage betragen und er muss an einem Bankplatz zahlbar sein. Somit kommt diese Kreditform nur für kurzfristige Finanzierungen in Frage.

Normalerweise räumt das Kreditinstitut seinem Kunden eine Höchstgrenze ein, bis zu der es Wechsel ankauft. Ob und in welcher Höhe es die Wechsel ankauft, hängt vor allem von der Kreditwürdigkeit des Kunden ab.

Bei Fälligkeit legt die Landeszentralbank den Wechsel dann der benannten Zahlstelle zur Einlösung vor. Die Zahlstelle präsentiert den Wechsel daraufhin dem Bezogenen, der ihn einlösen muss.

Ablauf der Diskontkreditgewährung

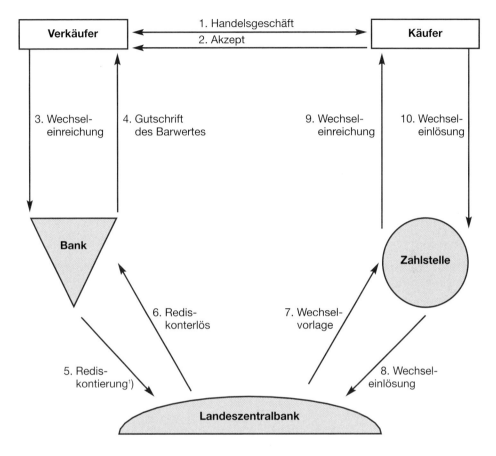

Wirtschaftliche Bedeutung

Die **Wechselziehung** ist in vielen Branchen der Industrie ein gängiges **Instrument der Kreditgewährung** an langjährige Geschäftspartner. Aufgrund des strengen Wechselrechts sind weitergehende Sicherungen meist nicht erforderlich. Der Wechselinhaber kann erst später fällig werdende Wechselforderungen direkt in Bankguthaben umwandeln und so im Rahmen seiner Diskontlinie nach seinen Bedürfnissen frei disponieren. Der mit der Hausbank vereinbarte Diskontsatz liegt in aller Regel unter dem Zins für Kontokorrentkredite, so dass die Kreditkosten niedriger sind als bei anderen kurzfristigen Krediten.

Für den Wechselnehmer ist das Kreditrisiko einschätzbar, da meist mehrere Personen für die eingegangenen Wechselverbindlichkeiten haften. Für Kreditinstitute hat diese Art der Kreditgewährung den Vorteil, dass mit kurzfristigem Kreditrückfluss zu festgelegten Terminen gerechnet werden kann. Mit Abschaffung der Diskontpolitik als Refinanzierungsinstrument der Banken hat die Lukrativität der Wechselfinanzierung Einbußen erlitten. Wechsel können jedoch weiterhin als Sicherheiten verwendet werden.

---

[1]) Seit Abschaffung der Diskontpolitik nicht mehr praktiziert, s. u.

2.5.4 Akzeptkredit

Wesen

Beim Akzeptkredit **zieht der Kunde des Kreditinstituts einen Wechsel auf das Kreditinstitut,** das den Wechsel annimmt (akzeptiert). Zum Zeitpunkt der Fälligkeit muss der Kunde den entsprechenden Wechselbetrag auf seinem Kontokorrentkonto bereitstellen, so dass das Kreditinstitut den Betrag zu Lasten des Kunden einlösen kann.

Hier findet meist keine Kreditgewährung im eigentlichen Sinne statt. Das Kreditinstitut stellt vielmehr seine eigene Kreditwürdigkeit zur Verfügung (= Kreditleihe), denn die Laufzeit des Bankakzepts entspricht in der Praxis meist dem Zahlungsziel des zugrundeliegenden Warengeschäfts, so dass der Wechsel aus den eingehenden Verkaufserlösen der finanzierten Güter eingelöst werden kann (= Handelswechsel). Auf diese Weise finanzieren Kreditinstitute i. d. R. kurzfristige Warengeschäfte größeren Umfangs von Kunden erster Bonität.

Die Wechsel können zahlungshalber an Lieferanten weitergegeben werden oder beim akzeptierenden bzw. einem anderen Kreditinstitut zur Diskontierung eingereicht werden. Normalerweise sehen Akzeptkreditverträge vor, dass sie vom akzeptgebenden Institut selbst diskontiert werden, was dann einer zusätzlichen Barkreditgewährung (= Diskontkredit) entspricht.

Wirtschaftliche Bedeutung des Akzeptkredites

Wie beim Diskontkredit liegen die **Vorteile** für den Kreditnehmer darin, dass er im Allgemeinen **keine Sicherheiten** stellen muss und die **Kosten** dieser Kreditform **niedriger** sind als die eines Kontokorrent- oder Diskontkredites.

Für das Kreditinstitut ist das Kreditrisiko sehr gering, da Kredite diese Art nur an Kunden unzweifelhafter Bonität gewährt werden. Neben seinen Erträgen (Akzeptprovision bei Kreditleihe, Diskont bei Barkreditgewährung) hat das Kreditinstitut bei Refinanzierungsgeschäften die Möglichkeit, Wechsel als Sicherheiten zu verpfänden.

2.5.5 Avalkredit

Wesen

Wie der Akzeptkredit zählt auch der Avalkredit zu den **Kreditleihgeschäften,** d.h. die Bank stellt nicht unmittelbar flüssige Mittel zur Verfügung, sondern gibt gegenüber dem Gläubiger ihres Kunden (Kreditnehmer) ein **bedingtes Zahlungsversprechen** in Form einer Bürgschaft oder einer Garantie. Durch diese besondere Sicherheit aufgrund der erstklassigen Bonität von Kreditinstituten kann sich nun der Bankkunde beim Gläubiger Kredite verschaffen.

Mit Übernahme der Bürgschaft verpflichtet sich das Kreditinstitut, einem Dritten gegenüber für die Verbindlichkeiten des Kreditnehmers einzustehen. Für das Kreditinstitut entsteht eine echte Verbindlichkeit, wenn der Bankkunde (Hauptschuldner) seinen Zahlungsverpflichtungen nicht nachkommt. Für den Gläubiger besteht eine besondere Sicherheit darin, dass Banken bei Übernahme von Bürgschaften stets selbstschuldnerisch haften, weil es sich für sie um Handelsgeschäfte handelt. Eine Ausfallbürgschaft müsste ausdrücklich vereinbart werden.

Bürgschaften werden z. B. im Rahmen der Bauzwischenfinanzierung gegenüber anderen Kreditgebern übernommen. Hier verpflichtet sich z. B. ein Kreditinstitut gegenüber dem Kreditgeber (z. B. eine Bausparkasse, die die Vorfinanzierung eines noch nicht zugeteilten Bausparvertrages übernimmt) für dessen Ansprüche einzustehen. Aufgrund einer Prozessbürgschaft für den Beklagten kann z. B. eine Zwangsvollstreckung durch Stellung dieser Sicherheit abgewendet werden. Bei einem Lieferungs- oder Leistungsaval garantiert das Kreditinstitut, dass sein Kunde die vereinbarten Lieferungen oder Leistungen erbringt oder dass es selbst anderenfalls die vereinbarte Bürgschafts- bzw. Garantiesumme bezahlt.

Stellt das Kreditinstitut eine Garantie, so verpflichtet es sich dem Dritten gegenüber, für einen bestimmten zukünftigen Erfolg einzustehen oder einen potenziellen zukünftigen Schaden zu übernehmen (z. B. Anzahlungs- oder Gewährleistungsgarantien). Durch eine Anzahlungsgarantie wird sichergestellt, dass der Käufer die erbrachten Leistungen zurückerhält, falls der Lieferer nicht oder nicht rechtzeitig liefert. Bei Gewährleistungsgarantien wird zur Durchsetzung von Gewährleistungsansprüchen eine bestimmte Summe (z. B. Konventionalstrafe) festgesetzt, bis zu deren Höhe das Kreditinstitut in Anspruch genommen werden kann.

Abwicklung des Avalkredites

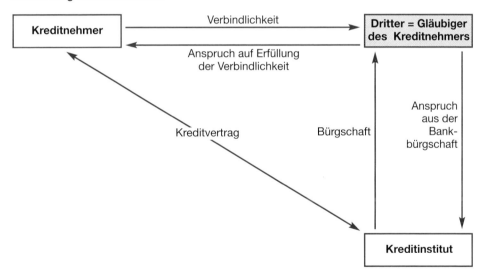

Wirtschaftliche Bedeutung des Avalkredits

Aufgrund eines Avalkredites ergeben sich mehrere **Vorteile für den begünstigten Dritten**. Eine eigene Kreditwürdigkeitsprüfung wird überflüssig, da er kein Kreditrisiko übernehmen muss. So kann er bedenkenlos Kredite einräumen z. B. Verbindlichkeiten stunden, ohne fürchten zu müssen, dass die Zahlung eventuell ausbleibt. Der Kreditnehmer braucht im Allgemeinen keine weiteren Sicherheiten zu stellen. Da keine liquiden Mittel eingesetzt werden (z. B. aufgrund der Stundung von Zahlungen) zahlt er neben einer Avalprovision keine Kreditzinsen. Das Kreditinstitut geht nur eine Eventualverbindlichkeit ein und muss daher erst liquide Mittel bereitstellen, wenn es aus der Bürgschaft oder Garantie in Anspruch genommen wird.

2.6 Realkredite

Realkredite sind Kredite, die **durch Sachen (Dinge) gesichert** sind (dingliche Sicherung).

Beispiel: **(Ausgangssituation):**

Ein Busunternehmer möchte seinen Betrieb „Travel-Tours" erweitern, weil die Nachfrage nach seinen Reiseveranstaltungen ständig steigt. Da er größere Geldbeträge fest in Wertpapieren angelegt hat, muss er zur Betriebserweiterung einen Kredit aufnehmen. Die Bank will sicher gehen, dass sie ihr Geld zurückerhält.

2.6.1 Pfandrecht

Das Pfandrecht ist ein dingliches Recht an fremden beweglichen Sachen zur Sicherung einer Forderung. Der Gläubiger gelangt in den Besitz der Sache und darf sie veräußern, wenn der Schuldner nicht zahlt. Der durch Faustpfand gesicherte Kredit heißt **Lombardkredit.**

Voraussetzungen für die Entstehung des Pfandrechts

▶ Das Pfandrecht kann nur bestellt werden, wenn eine berechtigte Forderung des Kreditgebers gegenüber dem Kreditnehmer besteht.

▶ Pfandnehmer und Pfandgeber einigen sich, dass dem Gläubiger das Pfandrecht an einer beweglichen Sache des Schuldners zustehen soll.

▶ Gemäß dem Faustpfandprinzip muss der Pfandgegenstand dem Pfandnehmer übergeben werden.

Entstehung des Pfandrechts

Analog zur Übertragung des Eigentums sind drei Möglichkeiten der Entstehung des Pfandrechts zu unterscheiden:

1. Besitzt der Verpfänder den Pfandgegenstand selbst, so erfolgt die Verpfändung nach § 1205 I,1 BGB durch Einigung und Übergabe.

2. Nach § 1205 I,2 BGB genügt die Einigung alleine, wenn der Pfandnehmer bereits im Besitz der Sache ist, z. B. der Schuldner verpfändet der Bank Wertpapiere, die er bereits dort deponiert hat.

3. Befindet sich das Pfand im Besitz eines Dritten, so kann die Übergabe dadurch ersetzt werden, dass der Eigentümer dem Pfandgläubiger durch Abtretung des Herausgabeanspruchs den mittelbaren Besitz einräumt. Diese Abtretung ist dem unmittelbaren Besitzer mitzuteilen (§ 1205 II BGB). Dadurch ist die Offenkundigkeit des Pfandrechts gewährleistet, die im Grundsatz „Kein Pfandrecht ohne Besitz" ihren Ausdruck findet.

Die rechtliche Konstruktion des Besitzkonstituts als Übergabeersatz ist wegen mangelnder Publizität für das Pfandrecht ungeeignet. Die sofortige Übergabe der Sache ist beim Besitzmittlungsverhältnis von Anfang an nicht beabsichtigt.

Voraussetzungen für die Pfandverwertung

Der Gläubiger darf die Pfandsache veräußern, wenn der Schuldner seinen Zahlungsverpflichtungen nicht nachkommt. Das Gesetz knüpft den Pfandverkauf an drei Bedingungen:

1. Ist die Forderung fällig, so liegt die Voraussetzung der Pfandreife vor.

2. Der Verkauf des Pfandes muss dem Eigentümer vorher angedroht werden.

3. Erst nach Ablauf einer Wartefrist darf eine öffentliche Versteigerung des Pfandes erfolgen.

Das Pfandrecht erlischt mit Tilgung der Schuld oder wenn der Pfandnehmer das Pfand zurückgibt. Um ein Risiko des Wertverlustes von Pfandgegenständen auszuschalten, werden diese oft nur zu einem bestimmten prozentualen Wert beliehen, z. B. Waren nur bis zu 50 % ihres Wertes, Wertpapiere bis zu 70 % des Marktwertes.

(Zur Konstruktion des Pfandrechts siehe grafische Darstellung auf S. 95. Zu den Vor- und Nachteilen der Verpfändung siehe tabellarischen Vergleich mit Sicherungsübereignung auf Seite 95.)

2.6.2 Sicherungsübereignung

Wesen

Die **rechtliche Konstruktion** der Sicherungsübereignung hat sich aus den Bedürfnissen des Wirtschaftslebens als Ergänzung zum Pfandrecht entwickelt. Obwohl sie nicht ausdrücklich im Gesetz geregelt ist, wurde sie von der Rechtsprechung anerkannt und stellt somit ein Beispiel für **Gewohnheitsrecht** dar.

Im Falle der Sicherungsübereignung wird der Sicherungsnehmer bedingter Eigentümer einer beweglichen Sache des Kreditnehmers; d. h. er darf diese erst verwerten, wenn der Schuldner seinen Verpflichtungen nicht nachkommt. Im Unterschied zum Pfandrecht bleibt hier die Sache im unmittelbaren Besitz des Kreditnehmers (= Schuldners), so dass er die Sache weiterhin wirtschaftlich nutzen kann.

Beispiel:

Einem Busunternehmer, der seine Busse verpfänden müsste, würde die wirtschaftliche Grundlage und somit die Möglichkeit zum Geldverdienen und Abbezahlen seiner Schuld genommen. Der Kreditgeber erwirbt nur den mittelbaren Besitz durch Vereinbarung eines Besitzkonstituts.

Um die Gefahr einer doppelten Übereignung zu verringern, müssen die zu übereignenden Gegenstände genau erfasst und gekennzeichnet werden, z. B. bei Fahrzeugen durch Angabe von Marke, Typ, amtlichem Kennzeichen und Fahrgestellnummer.

Gläubiger und Schuldner treffen eine Sicherungsabrede, d. h. nach Rückzahlung des Kredites muss das Eigentum zurückübertragen werden. Eine eventuelle Veräußerung des Sicherungsgutes ist nicht an die strengen Voraussetzungen des Pfandrechts gebunden; sie kann von den Parteien frei vereinbart werden.

Der **Sicherungsübereignungsvertrag** kann sich beziehen auf eine:

▶ Übereignung einer konkreten Sache (Einzelübereignung),

▶ Übereignung von Sachen, die sich an einem bestimmten Ort befinden (Raumübereignung). Für Sachen, die bereits unter Eigentumsvorbehalt stehen, kann ein Anwartschaftsrecht auf Eigentum vereinbart werden.

(Zur Konstruktion der Sicherungsübereignung siehe grafische Darstellung auf Seite 95.)

Vergleich von Verpfändung und Sicherungsübereignung hinsichtlich ihrer Vor- und Nachteile

Die Verpfändung bietet dem Gläubiger eine starke Sicherheit, da er in den Besitz der Sache gelangt. Andererseits muss er die Sache lagern, ein Nachteil, der dem Gläubiger bei Sicherungsübereignung erspart bleibt.

Beispiel:

Bezogen auf das Ausgangsbeispiel bedeutet dies, dass die Bank im Falle der Verpfändung z. B. eine Unterstellmöglichkeit für den Bus bereitstellen müsste, während der Unternehmer auf den Einsatz seines Busses verzichten müsste. Dadurch würde ihm jedoch die Möglichkeit genommen, seinen Lebensunterhalt zu verdienen bzw. das nötige Kapital für die Kreditrückzahlung zu erwirtschaften.

Mit der Eigentumsübertragung erhält der Gläubiger eine Sicherheit trotz rechtlich unkomplizierterer Handhabung als beim Pfandrecht. Diesem Vorteil stehen jedoch gravierende Nachteile gegenüber. Der Kreditgeber ist in starkem Maße von der Ehrlichkeit des Kreditnehmers abhängig. Verkauft dieser z. B. den übereigneten Gegenstand an einen gutgläubigen Dritten, so verliert der Sicherungsnehmer, z. B. eine Bank, den Anspruch auf Herausgabe der Sache. Da der Schuldner den Gegenstand weiter nutzen darf, besteht außerdem die Gefahr der Wertminderung oder sogar des Unterganges der Sache.

Beispiel:

Ein übereigneter Bus (siehe Einstiegsbeispiel) könnte bei einer Fahrt in einen Unfall verwickelt werden und teilweise oder völlig beschädigt werden.

Neben der weiteren Nutzung der Sache, die für den Schuldner bei der Verpfändung der Sache entfällt, hat der Kreditnehmer bei der Sicherungsübereignung den Vorteil, dass die Übereignung nach außen nicht erkennbar ist und somit seine Kreditwürdigkeit bei Lieferanten weiterhin gewährleistet bleibt. Andererseits kann er solange keine rechtswirksamen Verfügungen über das Sicherungsgut treffen bis die Schuld beglichen ist.

Insgesamt kommt der Sicherungsübereignung trotz ihrer Nachteile für den Kreditgeber die größere wirtschaftliche Bedeutung zu. Die einfache rechtliche Handhabung wurde von der Praxis vorrangig gewertet.

	Vorteile	Nachteile
Verpfändung	für den Gläubiger	
	starke Sicherheit durch Besitz der Sache	Bereitstellen eines Lagerplatzes erforderlich
	für den Schuldner	
	Grundlage für Kreditbeschaffung	keine weitere Nutzung der Sache möglich
Sicherungs-übereignung	für den Gläubiger	
	▶ kein Lagerplatz erforderlich ▶ rechtlich einfache Handhabung, trotzdem Sicherheit	▶ von der Ehrlichkeit des Sicherungsgebers abhängig ▶ kein Herausgabeanspruch bei gutgläubigem Erwerb ▶ Wertminderung oder Untergang der Sache möglich
	für den Schuldner	
	▶ weitere Nutzung der Sache möglich ▶ Übereignung nach außen nicht erkennbar	keine freie Verfügung über die übereigneten Gegenstände

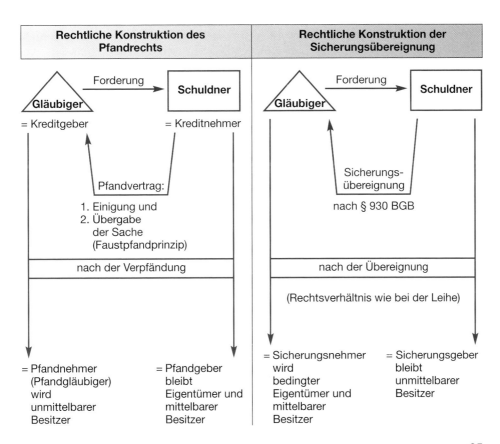

95

2.6.3 Eigentumsvorbehalt

Lieferungs- und Zahlungsbedingungen oder die Allgemeinen Geschäftsbedingungen sehen heute in der Regel eine Klausel vor, mittels derer sich der Verkäufer das Eigentum an den veräußerten Waren bis zur endgültigen Zahlung des Verkaufspreises vorbehält. Es handelt sich also um eine zusätzliche Absprache neben dem Kaufvertrag, durch die der Erwerber einer Sache zunächst nur unmittelbarer Besitzer, nicht aber Eigentümer der Sache wird. Durch die aufschiebende Bedingung der endgültigen Zahlung wird zunächst nur das Recht auf die Erlangung des vollständigen Eigentums übertragen.

Für die Wirksamkeit des Eigentumsvorbehaltes sind übereinstimmende Willenserklärungen nötig d. h. die einseitige Erklärung des Verkäufers alleine genügt nicht. Da diese Klausel in der Praxis jedoch meist Gegenstand der AGB ist und diese Vertragsbestandteil werden, liegt eine rechtswirksame Vereinbarung des Eigentumsvorbehaltes in der Regel vor. Grundsätzlich kann diese Vereinbarung in jeder Form getroffen werden: mündlich, fernmündlich, stillschweigend oder durch schlüssiges Handeln.

Als **Mittel der Kreditsicherung** soll der Eigentumsvorbehalt vor allem den Anspruch des Verkäufers auf ordnungsgemäße Zahlung der gelieferten Waren sichern. Falls der Käufer seinen Verpflichtungen nicht nachkommt, sichert der Eigentumsvorbehalt dem Verkäufer einen Rückforderungsanspruch.

Als **Mittel der Kreditsicherung** ist der Eigentumsvorbehalt jedoch auch mit gewissen Risiken verbunden. Er kann z. B. erlöschen, wenn

▶ die Ware an Dritte weiterveräußert wurde,

▶ gelieferte Waren eingebaut und somit zum festen Bestandteil einer Sache wurden (z. B. Verbindung mit einem Grundstück) oder untrennbar mit anderen vermischt wurden (Flüssigkeiten, Kaffeesorten unterschiedlicher Herkunft usw.),

▶ die Vorbehaltsware verarbeitet wird und so eine neue Sache entsteht (z. B. ein Bildhauer schnitzt aus geliefertem Holz Figuren),

▶ die Waren vernichtet werden (z. B. durch Brand, Wasserschäden, Unfall).

Regulär erlischt der Eigentumsvorbehalt, wenn

▶ der Verkäufer einseitig auf den Eigentumsvorbehalt verzichtet,

▶ der Käufer den Kaufpreis zahlt,

▶ der Verkäufer bei Zahlungsverzug vom Vertrag zurücktritt und die Kaufsache zurückverlangt.

Arten des Eigentumsvorbehalts

Der oben beschriebene einfache Eigentumsvorbehalt reicht in der wirtschaftlichen Praxis in der Regel als Sicherheit nicht aus, weil die unter Eigentumsvorbehalt gelieferten Waren normalerweise zur Weiterveräußerung, Verarbeitung oder Vermischung bestimmt sind. Somit ginge die Sicherheit für den Verkäufer verloren. Daher gibt es zwei weitere Varianten des Eigentumsvorbehaltes, die die Sicherheit für den Veräußerer erhöhen:

1. Verlängerter Eigentumsvorbehalt

Einerseits besteht die Möglichkeit, dass die Forderungen, die durch den Weiterverkauf der Vorbehaltsware entstehen, bereits im Voraus an den Lieferer abgetreten werden (Vorausabtretung laut §§ 398 ff BGB), andererseits können die aus der Vorbehaltsware hergestellten neuen Sachen zur Sicherung an den Lieferer übereignet werden.

2. Erweiterter Eigentumsvorbehalt

Hier geht das Eigentum an der gelieferten Ware erst dann auf den Erwerber über, wenn er sämtliche Verpflichtungen gegenüber dem Verkäufer der Vorbehaltsware erfüllt hat, d. h. die gesamten Kaufpreisforderungen müssen beglichen sein.

2.6.4   Grundpfandrechte

Grundpfandrechte sind Kreditsicherheiten, die aufgrund der **Verpfändung von Immobilien** (unbeweglichen Sachen) entstehen. Sie dienen vorzugsweise der Sicherung langfristiger Kredite.

Grundpfandrechte **entstehen mit der Eintragung in das Grundbuch** eines Amtsgerichts (= Verzeichnis aller Grundstücke eines Amtsgerichtsbezirks).

Das **Grundbuch** gliedert sich in **fünf Teile**, die folgende **Inhalte** ausweisen:

▶ Aufschrift: Amtsgerichtsbezirk, Grundbuchbezirk, Nummern des Bandes des Grundbuchblattes.

▶ Bestandsverzeichnis: beschreibt Lage, Art und Größe des Grundstückes sowie Rechte, die damit verbunden sind, z. B. Wegerechte, Kanalleitungs- und Wasserrechte.

▶ Erste Abteilung: Namen der Eigentümer, Rechtsgrund und Zeitpunkt des Grundstückserwerbs.

▶ Zweite Abteilung: Lasten und Beschränkungen des Eigentums, z. B. Wohn- und Wegerechte, Erbbau- oder Vorkaufsrechte.

▶ Dritte Abteilung: Grundpfandrechte mit Änderungen und Löschungen.

Diese Eintragungen genießen öffentlichen Glauben, d. h. jeder darf sich auf diese eingetragenen Inhalte verlassen, selbst wenn die Eintragung nicht mit den objektiven Verhältnissen übereinstimmt. Jeder, der ein berechtigtes Interesse nachweisen kann, darf Einsicht in das Grundbuch verlangen.

Grundstücke sind oftmals mit mehreren, nicht gleichwertigen Rechten belastet. Dies kommt insbesondere dann zum Tragen, wenn bei einer Zwangsversteigerung der Versteigerungserlös nicht ausreicht, um alle bestehenden Forderungen zu befriedigen. Die Befriedigung erfolgt dann nach dem **Rang der Rechte**.

Sind die Rechte in derselben Abteilung eingetragen, so bestimmt sich ihr Rangverhältnis nach der **Reihenfolge der Eintragungen.**

Für Rechte, die in verschiedenen Abteilungen eingetragen sind, ergibt sich das **Rangverhältnis nach dem Datum der Eintragung.**

Grundpfandrechte zur Sicherung von Krediten sind

▶ Hypothek,
▶ Grundschuld.

2.6.4.1 Hypothek

Wesen

Unter einer Hypothek versteht man das Pfandrecht an einem Grundstück, das zur Sicherung einer Forderung bestellt wurde.

Kommt der Schuldner seinen Verpflichtungen nicht nach, so kann der Begünstigte verlangen, dass eine bestimmte Geldsumme zur Befriedigung seiner Forderung aus dem Grundstück gezahlt wird. Die Eintreibung der Geldsumme erfolgt dann meist im Wege der Zwangsversteigerung.

Aus § 1113 BGB ergibt sich die Akzessorietät der Hypothek, d.h. sie ist vom Bestehen und der Höhe der entsprechenden Forderung abhängig. Wenn ein Kreditgeber die Eintragung einer Hypothek zur Sicherung eines Darlehns verlangt, so haftet ihm der Schuldner persönlich und das Grundstück für die Rückzahlung des Kredites einschließlich der Nebenkosten (persönliche und dingliche Sicherheit).

Eine Hypothek entsteht durch die Einigung zwischen dem Grundstückseigentümer und dem Hypothekengläubiger sowie die Eintragung ins Grundbuch.

Die **Grundbucheintragung** muss enthalten:

▶ Namen des Gläubigers,

▶ Geldbetrag der Forderung,

▶ Zinssatz (bei verzinslichen Forderungen),

▶ Geldbetrag von Nebenleistungen (z. B. Vertragsstrafen).

Je nach Ausgestaltung unterscheidet man **verschiedene Arten von Hypotheken:**

1. Verkehrshypothek	Sie ist die normale Form der Hypothek, bei der der Gläubiger die Höhe seiner Forderung nicht nachweisen muss, sondern sich auf Grundbuch oder Hypothekenbrief berufen kann, wenn er sein Pfandrecht geltend machen will. Bei ihrer Bestellung wird meist bereits eine Zwangsvollstreckungsklausel eingetragen, d.h. Gläubiger und Grundstückseigentümer vereinbaren, dass der Gläubiger den Gerichtsvollzieher lediglich noch mit der Durchführung der Zwangsvollstreckung beauftragen muss, um eine lange und umständliche Klage zu vermeiden.
2. Sicherungshypothek	Hier trägt der Gläubiger bei Ausübung seines Pfandrechts die Beweislast hinsichtlich der Höhe seiner Forderung. Obwohl die Sicherungshypothek als solche ins Grundbuch eingetragen ist, kann sich der Gläubiger nicht nur auf diesen Eintrag berufen.
3. Höchstbetragshypothek	Wird ein Höchstbetrag festgelegt, bis zu dem das Grundstück haften soll und nicht die tatsächliche Höhe der Forderung eingetragen, so liegt eine Höchstbetragshypothek vor. Sie gilt als Sicherungshypothek und kann daher nur in Form der Buchhypothek erteilt werden.

Hinsichtlich der Form ihrer Bestellung unterscheidet man:

▶ **Buchhypothek:** Sie entsteht durch Einigung der betroffenen Parteien darüber, dass eine Hypothek bestehen soll und die Eintragung der Hypothek ins Grundbuch. Sicherungshypotheken werden ausschließlich in dieser Form bestellt.

▶ **Briefhypothek:** Zusätzlich zu Einigung und Eintragung wird hier ein Hypothekenbrief vom Grundbuchamt ausgestellt, eine öffentliche Urkunde, die zu Erwerb, Übertragung und Geltendmachung der Briefhypothek erforderlich ist. Die Briefhypothek wird erst mit Übergabe des Briefes erworben.

Übertragung einer Hypothek

Eine Hypothek kann nur zusammen mit der gesicherten Forderung auf einen Dritten übertragen werden.

Zur Übertragung einer Buchhypothek ist neben der Einigung über den Forderungsübergang auch die Eintragung im Grundbuch erforderlich.

Zur Abtretung einer Briefhypothek ist neben der schriftlichen Abtretungserklärung des Zedenten die Übergabe des Hypothekenbriefes nötig. Für die Eintragung ins Grundbuch muss die Abtretungserklärung notariell beglaubigt sein.

Erlöschen der Hypothek

Mit Rückzahlung der Schuld entsteht eine Eigentümergrundschuld. Zur Aufhebung der Hypothek ist die Aufgabeerklärung (= Löschungsbewilligung) des bisherigen Hypothekengläubigers und der Löschungsantrag des Grundeigentümers erforderlich.

Der Eigentümer kann die unechte Eigentümergrundschuld stehen lassen und sie im Bedarfsfalle wieder zur Sicherung einer Forderung verwenden. Er kann sie jedoch auch in eine echte Eigentümergrundschuld umschreiben lassen, so dass er die freiwerdende Rangstelle der Grundpfandrechte für sich nutzen kann.

2.6.4.2 Grundschuld

Wie die Hypothek so stellt auch die Grundschuld eine **Belastung eines Grundstückes** dar, aufgrund derer ein Begünstigter die Zahlung einer bestimmten Geldsumme aus dem Grundstück verlangen kann. Im Unterschied zur Hypothek ist eine Grundschuld jedoch eine abstrakte Schuld, d.h. sie ist nicht an eine Forderung gebunden. Somit ist hier die persönliche Haftung des Schuldners aus einer Forderung ausgeschlossen; ausschließlich das Grundstück haftet.

Ist die Grundschuld fällig (6 Monate nach Kündigung) und zahlt der Eigentümer trotz Aufforderung nicht, so kann die Zwangsvollstreckung eingeleitet werden.

Im wesentlichen gelten für die Grundschuld die gleichen Vorschriften wie für Hypotheken, sofern sich nicht aus der Tatsache etwas anderes ergibt, dass keine Forderung bestehen muss.

Die Grundschuld kann als **Buch- und Briefgrundschuld** bestellt werden (analog zur Hypothek durch Einigung und Eintragung ins Grundbuch bzw. durch zusätzliche Erstellung eines Grundschuldbriefes). Dieser enthält alle wesentlichen Angaben der Grundschuld. Mittels dieses Briefes kann die Grundschuld auf einen neuen Gläubiger übertragen werden, ohne dass dieser im Grundbuch eingetragen werden muss.

Je nachdem, wer Grundschuldberechtigter ist, unterscheidet man zwischen:

► **Fremdgrundschuld:**

Berechtigter ist hier nicht der Grundstückseigentümer, sondern ein Dritter, z. B. der Kreditgeber. Sind die Ansprüche des Gläubigers gegenüber dem Grundstückseigentümer erloschen, so steht diesem Recht auf Rückübertragung und Löschung der Grundschuld zu. Oft wird in einer Sicherungsvereinbarung zwischen Grundstückseigentümer und Grundschuldgläubiger festgelegt, für welche Zwecke der Gläubiger Rechte aus der Grundschuld ausüben darf.

► **Eigentümergrundschuld:**

Die Rechte aus der Grundschuld stehen dem Eigentümer selbst zu. Bei einer Briefgrundschuld kann der Eigentümer sich bei Bedarf durch Zession oder Verpfändung einfach und schnell Geld beschaffen.

Die Eigentümergrundschuld besteht auch, wenn in Verbindung mit einer Hypothek das Darlehen noch nicht ausgezahlt ist. Sie entfällt erst nach voller Auszahlung des Darlehens. Ebenso fällt nach völliger Rückzahlung des Darlehens die Hypothek weg und es entsteht eine Eigentümergrundschuld in Höhe des im Grundbuch eingetragenen Pfandrechts.

Für Bestellung, Übertragung, Verpfändung und Löschung gelten im Wesentlichen die gleichen Gesetzesbestimmungen wie bei einer Hypothek.

	Hypothek	**Grundschuld**
Haftung	Pfandrecht an einem Grundstück, wobei der Schuldner und das Grundstück haften (persönliche und dingliche Sicherung)	Pfandrecht an einem Grundstück, bei dem nur das belastete Grundstück haftet (dingliche Haftung)
Beziehung zu Forderungen	Akzessorietät, d. h. die Eintragung setzt das Bestehen einer Forderung voraus.	Eine Forderung muss nicht bestehen.

2.7 Aufgaben zur Wiederholung und Vertiefung

1. Aufgabe

Das Unternehmen „Sunshine-Tours" unterhält bei seiner Hausbank ein Kontokorrentkonto, das vierteljährlich abgerechnet wird und für das folgende Konditionen gelten:

– Sollzinsen .... 12 % p. a.
– Kreditprovision vom zugesagten Kredit 150.000,00 EUR,
  soweit er nicht in Anspruch genommen wurde.................................. 3 % p. a.
– Überziehungsprovision.. 1,5 % p. a.
– Umsatzprovision vom in Anspruch genommenen Kredit.................... 1,5 % p. a.

Das Konto weist für das erste Vierteljahr nachstehende Kontostände auf:

31. Dez.	Soll	30.000,00 EUR
15. Feb.	Soll	70.000,00 EUR
18. Feb.	Soll	40.000,00 EUR
14. März	Soll	60.000,00 EUR
24. März	Soll	65.000,00 EUR
28. März	Soll	190.000,00 EUR

1. Berechnen Sie zum 30. März die Gesamtkosten für das Kontokorrentkonto.

2. Wie hoch war der durchschnittlich aufgenommene Kreditbetrag?

3. Ermitteln Sie den Nominalzinssatz dieses Kredites.

4. Berechnen Sie den effektiven Zinssatz.

2. Aufgabe

Weisen Sie nach, dass die Gesamtkosten für das Kontokorrentkonto (siehe 1. Aufgabe) gleich hoch sind, wenn folgende Konditionen gelten:

– Sollzinsen .... 9 % p. a.
– Kreditprovision vom zugesagten Kredit 150.000,00 EUR .... 3 % p. a.
– Überziehungsprovision.. 4,5 % p. a.
– Umsatzprovision vom in Anspruch genommenen Kredit.................... 1,5 % p. a.

3. Aufgabe

Zeigen Sie die Gründe auf, warum die Bank die einzelnen Kostenbestandteile des Kontokorrentkredites erhebt.

4. Aufgabe

Die Mobilia GmbH benötigt ein Darlehen über 500.000,00 EUR. Ihr liegen von drei Kreditinstituten Angebote vor.

	Bank A	Bank B	Bank C
Nominalzinssatz in %	9	8,5	8,5
Damnum in %	2	3	4
Tilgungsvereinbarung	in gleichen jährlichen Raten	ein tilgungs- freies Jahr, danach in gleichen jährlichen Raten	am Ende der Laufzeit (8 Jahre)
Tilgungsrate in %	12,5	20	–

1. Ermitteln Sie die effektive Verzinsung für jedes Angebot.

2. Welchen Einfluss haben die tilgungsfreien Jahre auf den effektiven Zinssatz?

3. Erstellen Sie für alle drei Angebote einen Tilgungsplan.

4. Wägen Sie unter verschiedenen Gesichtspunkten ab, für welches Angebot sich die Mobilia GmbH entscheiden sollte.

5. Aufgabe

Die Mobilia GmbH (siehe Aufgabe 4) erhält alternativ von der Bank A das Angebot, das Darlehen in 8 jährlich gleichen Annuitäten zu tilgen. Erstellen Sie für dieses Angebot einen Tilgungsplan (Kapitalwiedergewinnungsfaktor = 0,180674) und bewerten Sie dieses Angebot.

6. Aufgabe

Für die Aufnahme eines Darlehens gelten folgende Daten:

– Nominalzinssatz .... 8,25 %
– Auszahlungskurs .... 98,00 %
– Laufzeit............................... 10 Jahre
– Bürgschaftsgebühr............... 1,75 % jährlich vom nominellen Darlehensbetrag
– Bearbeitungsgebühr............. 0,5 % des nominellen Darlehensbetrages
– Tilgung am Ende der Laufzeit

Berechnen Sie den effektiven Zinssatz.

7. Aufgabe

Unter welchen Bedingungen vergrößert sich der effektive Zinssatz bei Skontoziehung?

8. Aufgabe

Die Markos KG hat mit drei verschiedenen Zulieferern für die jeweiligen Rechnungsbeträge folgende Zahlungsbedingungen ausgehandelt:

Lieferant A:	Rechnungsbetrag: 25.000,00 EUR; 20 Tage mit 2 % Skonto, 80 Tage netto Kasse
Lieferant B:	Rechnungsbetrag: 42.000,00 EUR; 10 Tage mit 3 % Skonto, 45 Tage netto Kasse
Lieferant C:	Rechnungsbetrag: 17.500 EUR; 30 Tage mit 1 % Skonto, 3 Monate netto Kasse

Zum Ausgleich der Rechnungen ist die Überziehung des Kontokorrentkontos erforderlich. Die Kreditkosten hierfür belaufen sich auf 12,25 % p. a.

1. Ermitteln Sie die Skontoabzüge in EUR und die Höhe der Überweisungsbeträge.

2. Berechnen Sie die Jahresprozentsätze des Skontoabzuges (Überschlagsrechnung und mathematisch genauer).

3. Wie hoch sind die effektiven Kreditkosten und der Finanzierungserfolg?

4. Begründen Sie, wie sich die Markos KG gegenüber ihren Zulieferern verhalten sollte.

5. Weisen Sie nach, ob es sich für die Markos KG lohnt, das Zahlungsziel gegenüber dem Lieferer B auf 90 Tage auszudehnen. Unterstellen Sie, dass von B keine Kosten für den Verzug in Rechnung gestellt werden.

9. Aufgabe

Gegenüber einem Lieferanten gelten folgende Daten:

Rechnungsbetrag........... 134.500,00 EUR
Zahlungsbedingung .... 2 % Skonto innerhalb von 10 Tagen, 30 Tage netto Kasse
Kreditkosten .... 12 %

Berechnen Sie, um wie viel Tage der Kunde das Lieferantenziel mindestens überschreiten müsste, um aus der Skontoziehung keinen finanziellen Vorteil zu erlangen. Unterstellen Sie die Notwendigkeit der Kreditaufnahme.

10. Aufgabe

Die „Zweirad GmbH & Co. KG", vertreten durch ihren Geschäftsführer Wilhelm Brause, benötigt zur Finanzierung der Lagereinrichtung einen Kredit in Höhe von 100.000,00 EUR. Die „Krösus-Bank AG" bietet ihm ein Annuitätendarlehen an, um für Brause die Belastung aus Zins und Tilgung während der Laufzeit gleichzuhalten. In der Bank wird ihm als Zinssatz für das Darlehen 8 % genannt. Es soll in 5 Jahren getilgt sein. Am Ende jeden Jahres ist eine Annuität fällig.

1. Welchen Betrag hat die „Zweirad-GmbH & Co. KG" jährlich zu zahlen?
2. Wie viel EUR wurden insgesamt nach 5 Jahren an Zinsen und Tilgung gezahlt?
3. Errechnen Sie für das erste und zweite Jahr in Form einer Tabelle, wie viel EUR der Annuität auf Zins und wie viel auf Tilgung entfallen.
4. Wie hoch ist die Effektivverzinsung bei dieser Tilgungsform?
5. Als gewissenhafter Kaufmann vergleicht Wilhelm Brause das Angebot der „Krösus-Bank AG" mit den Darlehensbedingungen zweier weiterer Banken:

	„Keusche Bank AG"	„Kohle und Schotter AG"
Darlehens-betrag	100.000,00 EUR	100.000,00 EUR
Zinssatz	7,5 %	7,0 %
Damnum	2,0 %	4,0 %
Laufzeit	5 Jahre	6 Jahre
Tilgung	jährlich in gleichen Raten	3 tilgungsfreie Jahre, anschließend jährlich in gleichen Raten

Ermitteln Sie die Effektivverzinsung dieser beiden Alternativangebote.

6. Wägen Sie unter verschiedenen Gesichtspunkten ab, für welches der beiden unter 5. genannten Angebote sich die „Zweirad GmbH & Co. KG" entscheiden sollte.
7. Wie hoch würde der effektive Zinssatz bei den unter 5. genannten Banken jeweils sein, wenn die Darlehen erst mit Ende der Laufzeit getilgt würden?

8. Brause entscheidet sich für das Angebot der „Keusche Bank AG". Für die Sicherung dieses Kredites bietet die „Zweirad GmbH & Co. KG" der Bank wahlweise an:

a) eine stille Mantelzession über 150.000,00 EUR

b) eine Sicherungsübereignung von maschinellen Anlagen (Anschaffungswert 400.000,00 EUR, Nutzungsdauer 8 Jahre, linear abgeschrieben, 6 Jahre im Betrieb),

c) Lombardierung von 1000 Stück Aktien der Metallbau AG, Stückpreis 190,00 EUR, Beleihungshöhe 50 %.

Erklären Sie kurz die angebotenen Sicherheiten, und erläutern Sie jeweils 3 Gefahren der unter a) und b) genannten Sicherungsarten.

9. Weisen Sie nach, inwieweit die einzelnen Sicherungsarten (Aufgabenteil 8) jede für sich zur Sicherung des Kredites ausreichen. In den Fällen b) und c) ist u. a. ein rechnerischer Nachweis erforderlich.

10. Die „Zweirad GmbH & Co. KG" hat an den Zweiradgroßhandel Klingel folgende Waren unter Eigentumsvorbehalt geliefert:

A	100	Herren-Sportfahrräder	Wert 25.000,00 EUR	bezahlt	auf Lager
B	100	Damen-Fahrräder	Wert 20.000,00 EUR	nicht bezahlt	verkauft
C	80	Kinder-Fahrräder	Wert 10.000,00 EUR	bezahlt	verkauft
D	12	Herren-Rennräder	Wert 5.000,00 EUR	nicht bezahlt	auf Lager

a) Wie hoch ist der Herausgabeanspruch bei Vereinbarung eines einfachen Eigentumsvorbehaltes? Um welche Warensendung(en) (A – D) handelt es sich? Begründen Sie Ihre Meinung.

b) Berechnen Sie, ob die offenstehenden Rechnungen durch einen erweiterten Eigentumsvorbehalt abgedeckt wären. Begründen Sie Ihre Meinung.

11. Wilhelm Brause hat von seinem Lieferanten „Glanzlack" eine Rechnung über 15.000,00 EUR erhalten. Die vereinbarten Zahlungsbedingungen lauten: Zahlung innerhalb von 8 Tagen mit 2 % Skonto oder innerhalb von 30 Tagen netto Kasse.

a) Wie viel EUR beträgt der Skontobetrag?

b) Berechnen Sie den Jahresprozentsatz des Skontoabzugs nach kaufmännischer Überschlagsrechnung und mathematisch genau.

c) Lohnt sich die Aufnahme eines Bankdarlehens zur Ausnutzung von Skonto, wenn die Bank 12 % Zinsen und 1,5 % Bearbeitungsgebühr berechnet? Ermitteln Sie den Finanzierungserfolg.

E Innenfinanzierung

Zur Innenfinanzierung gehören:

▶ Finanzierung aus einbehaltenen Gewinnen (Selbstfinanzierung),

▶ Finanzierung aus Abschreibungsrückflüssen,

▶ Finanzierung aus Rückstellungen.

1 Selbstfinanzierung

Der Finanzierungseffekt liegt darin, dass Gewinne aus dem Umsatzprozess zurückbehalten werden. Je nachdem, ob der Gewinnausweise in der Bilanz offen ausgewiesen wird oder versteckt wird, wird von **offener** bzw. **stiller** Selbstfinanzierung gesprochen.

1.1 Offene Selbstfinanzierung

Die offene Selbstfinanzierung erfolgt dadurch, dass ausgewiesene Gewinne im Unternehmen einbehalten werden:

▶ bei Personengesellschaften durch Gutschrift auf den Kapitalkonten der vollhaftenden Gesellschafter und Verzicht auf zumindest teilweise Gewinnentnahme,

▶ bei Kapitalgesellschaften durch Einstellung in die Gewinnrücklagen. Man kann bei der **Aktiengesellschaft zwei Fälle der offenen Selbstfinanzierung** unterscheiden:

  – **Selbstfinanzierung aufgrund gesetzlicher Vorschriften.** Gemäß § 150 Abs. 1 u. 2 AktG sind Aktiengesellschaften verpflichtet, 5 % des um einen eventuellen Verlustvortrag des Vorjahres geminderten Jahresüberschusses in die **gesetzliche Rücklage** einzustellen, bis diese zusammen mit der Kapitalrücklage 10 % des Grundkapitals oder einen von der Satzung festgelegten höheren Prozentsatz erreicht hat.

  – **Freiwillig veranlasste Selbstfinanzierung**

    Stellen Vorstand und Aufsichtsrat den Jahresabschluss einer AG fest (Regelfall), dann können sie bis zu 50 % des um einen eventuellen Verlustvortrag des Vorjahres und um die Einstellung in die gesetzliche Rücklage verminderten Jahresüberschusses in die **anderen Gewinnrücklagen** einstellen (§ 58 Abs. 2 S. 1 AktG).

    Vorstand und Aufsichtsrat können ohne Zustimmung der Aktionäre diese Entscheidung immer treffen. Die Satzung kann den Vorstand und Aufsichtsrat darüber hinaus ermächtigen, mehr als 50 % des um einen Verlustvortrag des Vorjahres und die Pflichtdotierung der gesetzlichen Rücklage verminderten Jahresüberschusses in die **anderen Gewinnrücklagen** einzustellen (§ 58 Abs. 2 S. 2 AktG). Diese zusätzliche Ermächtigung des Aktiengesetzes erlischt, wenn die anderen Gewinnrücklagen 50 % des Grundkapitals übersteigen.

    Stellt die Hauptversammlung den Jahresabschluss fest (seltener Fall), kann die Satzung bestimmen, dass bis zur Hälfte des um einen Verlustvortrag und die Pflichtdotierung der gesetzlichen Rücklage verminderten Jahresüberschusses in die **anderen Gewinnrücklagen** eingestellt wird.

Darüber hinaus kann die Hauptversammlung einen weiteren Teil des Bilanzge-
winns für weitere Zuführungen zu den **anderen Gewinnrücklagen** verwenden
(§ 58 Abs. 3 AktG). Allerdings muss die Hauptversammlung dabei berücksichtigen, dass den Aktionären eine Mindestdividende von 4 % zusteht (§ 58 Abs. 4
in Verbindung mit § 254 Abs. 1 AktG).

Beispiel:

Für eine Aktiengesellschaft ergibt sich der folgende Eigenkapitalausweis:

I. Gezeichnetes Kapital	5.000.000,00 EUR
II. Kapitalrücklage	100.000,00 EUR
III. Gewinnrücklagen	
1. Gesetzliche Rücklage	80.000,00 EUR
2. Andere Gewinnrücklagen	500.000,00 EUR
IV. Verlustvortrag (Vorjahr)	− 10.000,00 EUR
	5.670.000,00 EUR

Ferner gelten folgende Daten:

– Aufwendungen des Geschäftsjahres	8.000.000,00 EUR
– Umsatzerlöse und andere Erträge	10.200.000,00 EUR
– Steuern vom Einkommen und Ertrag:	1.300.000,00 EUR

Vorstand und Aufsichtsrat weisen nach der Dotierung der gesetzlichen Rücklage den
anderen Gewinnrücklagen den gesetzlich maximal möglichen Betrag des Jahresüberschusses zu.

Vorstand und Aufsichtsrat schlagen auf der Hauptversammlung vor, eine Dividende
von 8 % je 50,00-EUR-Aktie auszuschütten und den Restgewinn auf das neue
Geschäftsjahr vorzutragen.

1. Es sollen ermittelt werden:

a) der Jahresüberschuss vor und nach Steuern,
b) die Zuweisungen zur gesetzlichen Rücklage und zu den anderen Gewinnrücklagen,
c) der Bilanzgewinn,
d) die Dividendenausschüttung,
e) der Gewinnvortrag auf das neue Geschäftsjahr.

2. Zu berechnen sind:

a) die freiwillig veranlasste Selbstfinanzierung,
b) die gesamte (offene) Selbstfinanzierung,
c) der Selbstfinanzierungsgrad (Gewinnrücklagen und Gewinnvortrag nach erfolgter Zuweisung in % des gezeichneten Kapitals) des Unternehmens.

Lösung:

1.

Umsatzerlöse und andere Erträge	10.200.000,00 EUR
– Aufwendungen	8.000.000,00 EUR
a) **Jahresüberschuss vor Steuern**	**2.200.000,00 EUR**
– Steuern vom Einkommen und Ertrag	1.300.000,00 EUR
Jahresüberschuss nach Steuern	900.000,00 EUR
– Verlustvortrag	**10.000,00 EUR**
	890.000,00 EUR

b) – Einstellung in die gesetzliche Rücklage
   (§ 150 Abs. 2 S. 1 AktG)
   5 % von 890.000,00 EUR .... 44.500,00 EUR
   – Einstellung in die anderen Gewinnrücklagen
   (§ 58 Abs. 2 S. 1 AktG)
   $$\frac{(900.000 - 10.000 - 44.500)}{2}$$ 422.750,00 EUR

c) **Bilanzgewinn** .... **422.750,00 EUR**

d) – Dividende (8 % je 50,00 EUR = 4,00 EUR)
   5.000.000 : 50 = 100.000 Aktien
   100.000 · 4,00 EUR .... **400.000,00 EUR**

e) Gewinnvortrag .... **22.750,00 EUR**

2.
a) Zuführung zu den anderen Gewinnrücklagen .... 422.750,00 EUR
   + Gewinnvortrag .... 22.750,00 EUR
   445.500,00 EUR

b) Gesetzliche Rücklage .... 44.500,00 EUR
   + Zuführung zu den anderen Gewinnrücklagen.................... 422.750,00 EUR
   + Gewinnvortrag .... 22.750,00 EUR
   490.000,00 EUR

c) Gesetzliche Rücklage nach Zuweisung................................ 124.500,00 EUR
   + Andere Gewinnrücklagen nach Zuweisung........................... 922.750,00 EUR
   + Gewinnvortrag .... 22.750,00 EUR
   1.070.000,00 EUR

Selbstfinanzierungsgrad: $\dfrac{1.070.000 \cdot 100}{5.000.000} = \mathbf{21{,}40\,\%}$

1.2 Stille Selbstfinanzierung

Die stille Selbstfinanzierung erfolgt dadurch, dass noch nicht realisierte Gewinne oder eingetretene Wertsteigerungen einzelner Bilanzpositionen nicht ausgewiesen werden (= **stille Rücklagen**). Stille Rücklagen entstehen durch Ausnutzung von Bewertungswahlrechten bzw. durch Bilanzierungsvorschriften. Folgende Fälle einer stillen Selbstfinanzierung sind zu unterscheiden:

Unterbewertung von Vermögensgegenständen

▶ durch überhöhte direkte Abschreibungen
(insbesondere auch durch Sonderabschreibungen).

Beispiel:

Eine Maschine, deren Anschaffungskosten 100.000,00 EUR betragen und die eine betriebsgewöhnliche Nutzungsdauer von 10 Jahren hat, wird degressiv mit 20 % im Jahr der Anschaffung abgeschrieben. Wenn der tatsächliche Wertverlust pro Jahr der betriebsgewöhnlichen Nutzungsdauer entspricht und der bilanzielle Abschreibungsbetrag in Höhe von 20.000,00 EUR im Jahr der Anschaffung in die Selbstkosten einkalkuliert wird und der Verkaufspreis mindestens die kalkulierten Selbstkosten deckt, entsteht eine stille Reserve von 10.000,00 EUR im Jahr der Anschaffung der Maschine.

▶ durch einen zu niedrigen Ansatz der Herstellungskosten von unfertigen oder fertigen Erzeugnissen oder selbsterstellten Anlagen. Zum Beispiel genügt es nach Handelsrecht (vgl. § 255 Abs. 2 und 3 HGB) lediglich Materialeinzelkosten, Fertigungseinzelkosten und Sondereinzelkosten der Fertigung anzusetzen.
Für die Ermittlung der steuerrechtlichen Bewertungsuntergrenze ist es jedoch zwingend erforderlich, Material- und Fertigungsgemeinkosten sowie fertigungsbedingte Abschreibungen zu aktivieren (Abschnitt 3 Abs. 1 EStR). Hinsichtlich der übrigen Herstellungsaufwendungen – außer den Vertriebskosten – besteht ein Ansatzwahlrecht, so dass sich Bewertungsspielräume ergeben.

Für die Bewertung des Umlaufvermögens gilt handelsrechtlich das strenge Niederstwertprinzip, d. h. von 2 Wertansätzen – den Anschaffungskosten oder dem Tageswert – muss der jeweils niedrigere Wert angesetzt werden.

Beispiel:

Ein Unternehmen hat am 1. Oktober des Jahres 01 1000 Aktien der Chemie-AG zum Kurs von 200,00 EUR pro Aktie erworben. Zum 31. Dezember des Jahres 02 beträgt der Kurswert pro Aktie 300,00 EUR. Das Unternehmen darf am 31. Dezember des Jahres 02 die Aktien nur mit den (niedrigeren) Anschaffungskosten von 200,00 EUR pro Aktie (zuzüglich anteiligen Nebenkosten) aktivieren. Somit enthält diese Bilanzposition eine stille Reserve von 100.000,00 EUR (1.000 · 100,00 EUR), wenn die Nebenkosten aus Vereinfachungsgründen außer Betracht bleiben.

Überbewertung von Passiva

▶ durch zu hohen Ansatz von Rückstellungen.
Nach § 249 HGB können Rückstellungen für Verbindlichkeiten, drohende Verluste aus schwebenden Geschäften und für bestimmte Aufwendungen gebildet werden.

Beispiel:

Im Jahr 01 wird damit gerechnet, dass im Jahr 02 eine Steuernachzahlung in Höhe von 100.000,00 EUR fällig wird. In entsprechender Höhe wird eine Rückstellung gebildet. Im Jahr 02 stellt sich heraus, dass die Steuernachzahlung nur 75.000,00

EUR beträgt. Somit ist für den Zeitraum von der Rückstellungsbildung bis zur Steuerzahlung eine stille Reserve von 25.000,00 EUR gebildet worden.

Steuerrechtlich ist die Bildung von so genannten Drohverlustrückstellungen seit 1997 nicht mehr zulässig. Auch der Umfang und der Wert der steuerrechtlich zu bildenden Verbindlichkeitsrückstellungen ist seit der Verabschiedung des Steuerentlastungsgesetzes 1999/2000/2001 eingeschränkt worden

▶ durch zu hohen Ausweis von Verbindlichkeiten
Verbindlichkeiten müssen am Bilanzstichtag (vgl. § 253 Abs. 1 HGB) zum **Höchstwert** bilanziert werden. Eine Wahlmöglichkeit zwischen einem höheren und einem niedrigeren Wert besteht bei Währungsverbindlichkeiten, Hypotheken- und Anleiheschulden.

Beispiel:

Ein Unternehmen kauft in den USA am 5. Oktober des Jahres 01 Rohstoffe für 2,4 Mio. $ mit einem Zahlungsziel von 3 Monaten. Der EUR-Kurs beträgt am 5. Oktober 1 $ und am 31. Dezember des Jahres 01 1,20 $. Die Währungsverbindlichkeit muss am 31. Dezember des Jahres 01 mit 1 $/EUR (2.400.000,00 EUR) bilanziert werden, obwohl kaum damit zu rechnen ist, dass der EURO-Kurs bis zum 5. Januar des Jahres 02 um 0,20 $ fallen wird.

Steuerrechtlich gilt jedoch bei einer voraussichtlich vorübergehenden Werterhöhung ein Zuschreibungsverbot, d. h. es ist der Rückzahlungsbetrag anzusetzen.

Nichtaktivierung von Vermögensgegenständen

Beispiel:

▶ Geringwertige Wirtschaftsgüter
Geringwertige Wirtschaftsgüter (Anschaffungs- oder Herstellungskosten bis 410,00 EUR netto) können im Jahr der Anschaffung oder Herstellung wahlweise vollständig abgeschrieben werden oder über die Jahre der Nutzung abgeschrieben werden.

– Aktivierungswahlrecht für den derivativen (käuflich erworbenen) Firmenwert. Ein derivativer Firmenwert ergibt sich dadurch, dass der Kaufpreis für ein von Dritten erworbenes Unternehmen dessen Reinvermögen übersteigt. Diese Differenz (= derivativer Firmenwert) kann wahlweise sofort als Aufwand verrechnet werden oder ab dem folgenden Geschäftsjahr mit 25 % linear oder gemäß der Nutzungsdauer in der Handelsbilanz abgeschrieben werden.

Für die Steuerbilanz besteht jedoch eine Aktivierungspflicht. Anschließend muss der derivative Firmenwert über 15 Jahre linear abgeschrieben werden.

Unterlassen der Zuschreibung von Wertsteigerungen

Personengesellschaften haben die Möglichkeit, bei einer **vorübergehenden** Wertminderung des Sach- und Finanzanlagevermögens eine **außerplanmäßige Ab-**

schreibung vorzunehmen (= Wahlrecht). Bei Kapitalgesellschaften besteht diese Möglichkeit nur beim Finanzanlagevermögen. Bei einer **dauerhaften** Wertminderung besteht für Einzelkaufleute, Personen- und Kapitalgesellschaften die Pflicht, eine **außerplanmäßige Abschreibung** auf den niedrigeren Wert vorzunehmen.

Entfallen die Abschreibungsgründe für die **außerplanmäßige Abschreibung**, besteht für Einzelkaufleute und Personengesellschaften handelsrechtlich ein Wertbeibehaltungswahlrecht. Für Kapitalgesellschaften jedoch besteht handelsrechtlich ein Wertaufholungsgebot. Steuerrechtlich besteht dagegen für Einzelkaufleute, Personen- und Kapitalgesellschaften ein Wertaufholungsgebot auf den höheren Teilwert, dessen Obergrenze von den Anschaffungs- oder Herstellungskosten oder fortgeführten Anschaffungs- oder Herstellungskosten gebildet wird.

Beispiel:

Eine Fertigungsstraße (Anschaffungskosten: 2.000.000,00 EUR) hat eine betriebsgewöhnliche Nutzungsdauer von 10 Jahren. Zu Beginn des 2. Jahres muss damit gerechnet werden, dass eine technisch stark verbesserte Fertigungsstraße auf den Markt kommt. Für die in Betrieb genommene Fertigungsstraße wird nur noch ein Teilwert von 800.000,00 EUR angenommen:

Anschaffungskosten	2.000.000,00 EUR
– planmäßige Abschreibung im 1. Jahr	200.000,00 EUR
Fortgeführte Anschaffungskosten nach 1. Jahr	1.800.000,00 EUR
– außerplanmäßige Abschreibung zu Beginn des 2. Jahres	1.000.000,00 EUR
Teilwert zu Beginn des 2. Jahres	**800.000,00 EUR**

Noch im 2. Jahr stellt sich heraus, dass die neu auf dem Markt kommende Fertigungsstraße technisch völlig unausgereift ist, so dass der Teilwert der bisher eingesetzten Fertigungsstrasse am Ende des 2. Jahres 1.600.000,00 EUR beträgt. Dies würde auch den fortgeführten Anschaffungskosten bei planmäßiger linearer Abschreibung entsprechen.

Nur für Einzelkaufleute und Personengesellschaften besteht die Möglichkeit, den Wertansatz von 800.000,00 EUR beizubehalten bzw. 1.600.000,00 EUR oder einen zwischen diesen Werten liegenden Wertansatz zu wählen. Seit Verabschiedung des Steuerentlastungsgesetzes 1999/2000/2001 unterliegen alle Unternehmen dem Wertaufholungsgebot, d. h. es muss die Zuschreibung auf den höheren Teilwert (1,6 Mio. EUR) vorgenommen werden.

Der Finanzierungseffekt stiller Reserven ist wie folgt zu sehen:

Wenn die Bildung stiller Reserven auch in der Steuerbilanz anerkannt wird, so führt dies zu einem geringeren Gewinnausweis und damit zu einer geringeren Steuerbelastung in der betreffenden Periode. Bis zur Auflösung der stillen Reserven ergeben sich für Unternehmen Liquiditäts- und Zinsvorteile, weil das in den Unternehmen verbleibende Kapital zinslos zur Verfügung steht. Wenn stille Reserven aufgelöst werden, entstehen außerordentliche Erträge, die den zu versteuernden Gewinn in der Periode der Auflösung erhöhen und zu einer höheren Steuerlast führen.

1.3 Aufgaben zur Wiederholung und Vertiefung

1. Aufgabe

Für eine Aktiengesellschaft gelten folgende Daten:

Grundkapital	8.000.000,00 EUR
Kapitalrücklage	400.000,00 EUR
Gewinnrücklagen	
1. Gesetzliche Rücklage	250.000,00 EUR
2. Andere Gewinnrücklagen	1.200.000,00 EUR
Gewinnvortrag aus dem Vorjahr	50.000,00 EUR
Jahresüberschuss nach Steuern	1.800.000,00 EUR

- 5 % des Jahresüberschusses sollen gemäß § 150 AktG in die gesetzliche Rücklage eingestellt werden.
- Gemäß Satzung sollen darüber hinaus 70 % des nach Bedienung der gesetzlichen Rücklage verbleibenden Jahresüberschusses in die anderen Gewinnrücklagen eingestellt werden.
- Pro 50,00 EUR-Aktie soll eine Dividende von 6 % gezahlt werden.
- Der Restgewinn wird auf das neue Geschäftsjahr vorgetragen.

1. Ermitteln Sie die Zuweisungen zur gesetzlichen Rücklagen und zu den anderen Gewinnrücklagen, den Bilanzgewinn, die Dividendensumme und den Gewinnvortrag für das neue Geschäftsjahr.

2. Ermitteln Sie die gesamte (offene) Selbstfinanzierung des Unternehmens nach erfolgter Rechnungslegung.

2. Aufgabe

Für eine OHG gelten Anfang des Jahres 01 folgende Daten:

Im laufenden Geschäftsjahr 01 wird ein Gewinn von 300.000,00 EUR erzielt. Die Gesellschafter tätigten im Laufe des Geschäftsjahres folgende Privatentnahmen:

Gesellschafter	Kapital
Anton	200.000,00 EUR
Berbig	250.000,00 EUR
Clausen	350.000,00 EUR

Gesellschafter	Privatentnahmen	Datum
Anton	20.000,00 EUR	30. April 01
	10.000,00 EUR	30. Juni 01
Clausen	30.000,00 EUR	15. Juli 01
	5.000,00 EUR	30. November 01

Der Gewinn wird wie folgt verteilt:
- Verzinsung der Kapitaleinlagen mit 6 %,
- Restgewinn wird nach Köpfen verteilt.
  Entnommenes Kapital (Privatentnahmen) müssen die Gesellschafter mit 6 % verzinsen.

1. Wie viel EUR Gewinnanteil erhält jeder Gesellschafter?

2. Ermitteln Sie die gesamte (offene) Selbstfinanzierung der OHG.

Eine Unternehmung hat am 5. Juli des Jahres 01 1.200 Aktien der Chemie AG zum Kurs von 50 EUR/Stück zuzüglich 1,06 % Nebenkosten erworben. Am Bilanzstichtag des Jahres 02 beträgt der Kurs der Chemie AG-Aktie 60 EUR.

1. Ermitteln Sie die stillen Reserven, die am Bilanzstichtag in dieser Vermögensposition stecken.

2. Angenommen, im Jahr 03 werden die 1.200 Aktien zum Kurs von 320,00 EUR abzüglich 1,06 % Nebenkosten verkauft. Wie hoch sind die freigesetzten stillen Reserven?

In der **Metallwaren-AG** ist eine Produktionshalle selbst erstellt worden. Es sind folgende Daten bekannt:

– Materialeinzelkosten .... 800.000,00 EUR
– Fertigungslöhne .... 500.000,00 EUR
– Sondereinzelkosten der Fertigung .... 120.000,00 EUR
– Materialgemeinkosten.. 220.000,00 EUR
– Fertigungsgemeinkosten... 180.000,00 EUR
– Fertigungsbedingte Abschreibungen für die eingesetzten
   Baugeräte.. 60.000,00 EUR
– Anteilige Aufwendungen für freiwillige soziale Leistungen .... 80.000,00 EUR
– Anteilige allgemeine Verwaltungskosten................................. 110.000,00 EUR
– Zinsen für das zur Herstellung benötigte Fremdkapital .... 40.000,00 EUR

1. Ermitteln Sie die handels- und steuerrechtlichen Wertunter- und -obergrenzen.

2. Ermitteln Sie die fortgeführten Herstellungskosten unter folgenden Voraussetzungen:
   – Ermittlung der Herstellungskosten auf der Basis der handels- und steuerrechtlichen Wertobergrenze,
   – Fertigstellung und Inbetriebnahme des Gebäudes am 2. Juli 20..,
   – lineare Abschreibung gemäß § 7 Abs. 4 Nr. 1 EStG: 3 %.

2 Finanzierung aus Abschreibungsrückflüssen

Die Aufwandsposition **Abschreibungen** erfasst die Wertminderungen des abnutzbaren Anlagevermögens (z. B. Gebäude, Maschinen, Fuhrpark). Ursachen für diese Wertminderungen können sein:

▶ Verschleiß durch Nutzung,
▶ ruhender Verschleiß,
▶ technischer Fortschritt,
▶ sonstige Ursachen (Katastrophen, Bedarfsverschiebungen usw.)

Dabei haben die Abschreibungen die Aufgabe, die Anschaffungs- oder Herstellungskosten von Vermögensgegenständen mit einer mehrjährigen Nutzungsdauer auf die Jahre der Nutzung zu verteilen. Dies geschieht in der Gewinn- und Verlustrechnung nach Maßgabe steuerrechtlicher Vorschriften (bilanzielle Abschreibung).

In der Kostenrechnung dagegen orientieren sich die Abschreibungen am **Prinzip der Substanzerhaltung**. Man geht also davon aus, dass das nach erfolgter Abschreibung wieder zu ersetzende Anlagegut im Regelfall teurer ist. Deshalb schreibt man in der Kostenrechnung von den erwarteten Wiederbeschaffungskosten ab (kalkulatorische Abschreibung). In der Finanzbuchhaltung darf man dagegen nur von den Anschaffungs- oder Herstellungskosten abschreiben **(Nominalwertprinzip)**. Insofern entsprechen die bilanziellen Abschreibungen nicht unbedingt den kalkulatorischen Abschreibungen. Zunächst wird aber unterstellt, dass die kalkulatorischen Abschreibungen den bilanziellen Abschreibungen entsprechen.

2.1 Kapitalfreisetzungseffekt

Beispiel:

Beträgt die Nutzungsdauer einer Maschine (Anschaffungskosten: 100.000,00 EUR) 5 Jahre, werden bei linearer Abschreibung 5 Jahre je 20.000,00 EUR über den Umsatzprozess freigesetzt, sofern die Abschreibungsbeträge in die Verkaufspreise einkalkuliert worden sind. Die jeweiligen Abschreibungsrückflüsse in Höhe von 20.000,00 EUR p. a. werden zunächst nicht für den Ersatz der Maschine benötigt (= **Kapitalfreisetzungseffekt**). Die freigesetzten Mittel stehen für Finanzierungszwecke zur Verfügung. Der vollständige **Finanzierungseffekt** aus Abschreibungsrückflüssen ist an folgende **Voraussetzungen** geknüpft:

▶ Die kalkulatorisch verrechneten Abschreibungen entsprechen mindestens dem produktionsbedingten Werteverzehr des eingesetzten abnutzbaren Anlagevermögens.

▶ Am Markt werden Verkaufspreise erzielt, die die kalkulatorischen Abschreibungen voll enthalten.

▶ Die Abschreibungsgegenwerte fließen dem Unternehmen in liquider Form (Einzahlungen) zu. Dies bedeutet, dass alle Forderungen zu Geld (Kasse, Bankguthaben) geworden sind.

▶ In der Gewinn- und Verlustrechnung werden entsprechende bilanzielle Abschreibungen als Aufwand verrechnet, damit die über die Umsatzerlöse verdienten Abschreibungen im Unternehmen verbleiben und nicht als Gewinn ausgewiesen werden. (Sonst: Kapitalentzug durch Gewinnausschüttung und/oder Steuerzahlungen.)

2.2 Kapazitätserweiterungseffekt

2.2.1 Erweiterung der Periodenkapazität

Der Kapitalfreisetzungseffekt kann zu einem Kapazitätserweiterungseffekt werden, wenn die freigesetzten Mittel für Neuinvestitionen verwandt werden **(Ruchti-Effekt)**. Wenn man unterstellt, dass sich das abnutzbare Anlagevermögen eines Unternehmens je nach Alter und Nutzungsdauer unterscheidet, muss jährlich nur ein Teil der Abschreibungsrückflüsse für Ersatzinvestitionen verwendet werden. Die nicht benötigten Abschreibungsrückflüsse stehen für zusätzliche Investitionen (Nettoinvestitionen) zur Verfügung.

Beispiel:

Ein Unternehmen kauft in 5 aufeinanderfolgenden Jahren je eine Maschine im Wert von 50.000,00 EUR (Finanzierung durch Beteiligung von Gesellschaftern). Die Nutzungsdauer einer Maschine beträgt 5 Jahre. Jede Maschine wird jährlich mit 20 %

linear abgeschrieben. Unterstellt wird dabei, dass die Abschreibung genau dem Wertverzehr einer Maschine entspricht und über die Verkaufserlöse in liquider Form in das Unternehmen zurückfließt. Am Ende der Nutzungsdauer ergibt sich kein Restwert. Die sich am Ende jeder Periode ergebenden Abschreibungsgegenwerte sollen sobald wie möglich in Maschinen gleicher Art investiert werden. Die jährliche Leistungsmenge pro Maschine beträgt 40.000 Drehteile. Die jährliche Abschreibung pro Maschine beträgt 50.000,00 EUR : 5 Jahre = 10.000,00 EUR p. a.

Abschreibungsverlauf (Zahlen in Tausend EUR):

Maschine / Jahr (Ende)	1	2	3	4	5	6	7	8	9	10
1	10	10	10	10	10	10*	10*	10*	10*	10*
2		10	10	10	10	10	10*	10*	10*	10*
3			10	10	10	10	10	10*	10*	10*
4				10	10	10	10	10	10*	10*
5					10	10	10	10	10	10*
Jährliche Abschreibungsrückflüsse	10	20	30	40	50	50	50	50	50	50
Liquide Mittel Σ – Reinvestition	10	30	60	100	150 50	150 50	150 50	150 50	150 50	150 50
Kapitalfreisetzung	10	30	60	100	100	100	100	100	100	100

* Abschreibung auf reinvestierte Maschinen

Erläuterung der Tabelle

In den ersten Jahren ergibt sich für die geplante Neuanschaffung einer Maschine ein Kapitalbedarf von jeweils 50.000,00 EUR p. a. (Beteiligungsfinanzierung). Ab dem 6. Jahr muss die im 1. Jahr angeschaffte Maschine ersetzt werden. Der Betrag in Höhe von 50.000,00 EUR wird durch die jährlichen Abschreibungsrückflüsse gedeckt. Die Abschreibungsbeträge des 1.–4. Jahres in Höhe von insgesamt 100.000,00 EUR werden für die **Ersatzinvestition** nicht benötigt. Sie können für Erweiterungsinvestitionen verwendet werden. Mithin könnten zwei neue Maschinen gekauft werden (3. und 4. Jahr). Dadurch würde sich die Periodenkapazität erhöhen:

▶ Bei 5 Maschinen ergibt sich eine Periodenkapazität
  von 5 · 40.000 Drehteilen = 200.000 Drehteile.

▶ Bei 7 Maschinen ergibt sich eine Periodenkapazität
  von 7 · 40.000 Drehteilen = 280.000 Drehteile.

Auch die Anschaffungskosten dieser beiden neuen Maschinen werden in Zukunft über den Abschreibungsprozess freigesetzt, so dass auch deren Abschreibungsrückflüsse für die Kapazitätserweiterung zur Verfügung stehen.
Unterstellt man, dass die lineare Abschreibung dem Wertverlust der Maschinen genau entspricht und dass die Abschreibungsbeträge kontinuierlich zurückfließen, ist das zu Beginn investierte Kapital genau zur Hälfte gebunden:

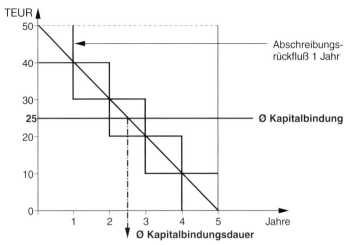

Mit Hilfe des Kapazitätserweiterungsfaktors lässt sich berechnen, wie sich die Periodenkapazität bei permanenter Reinvestition zurückfließender Abschreibungsbeträge verändert. Man teilt die Gesamtzeit (Nutzungsdauer) durch die durchschnittliche Kapitalbindungsdauer $\frac{n}{2}$:

$$\textbf{Kapazitätserweiterungsfaktor} = n : \frac{n}{2}$$
$$= 5 : \frac{5}{2} = 2$$

Mathematisch gesehen kann die maschinelle Erstausstattung verdoppelt werden. Wenn am Anfang 50.000,00 EUR eingesetzt werden, kann bei einer durchschnittlichen Kapitalbindung von 50 % des eingesetzten Kapitals die andere Hälfte für Erweiterungsinvestitionen eingesetzt werden. Die Rückflüsse der jeweils wieder investierten Beträge können für erneute Investitionen eingesetzt werden usw. Es handelt sich dabei um eine unendlich fallende geometrische Reihe:

$$S = \frac{Ko}{1 - \frac{1}{2}} \qquad \begin{aligned} S &= \text{Summe} \\ Ko &= \text{Anfangskapital} \end{aligned}$$

Die **Voraussetzungen** für diesen theoretischen Grenzfall sind:

▶ Die Abschreibungen werden durch die erzielten Erlöse verdient.

▶ Die Abschreibungen werden sofort in gleichartige Maschinen investiert. Dabei wird unterstellt, dass die Maschinen beliebig teilbar sind, so dass jeder Rückfluss in Maschinen investiert werden kann.

▶ Die Wiederbeschaffungskosten und der technische Stand der neuen Maschinen entsprechen jeweils den alten Maschinen.

▶ Die auf den zusätzlichen Maschinen gefertigten Erzeugnisse sind am Markt absetzbar.

▶ Die Finanzierung des durch die Kapazitätserweiterung hervorgerufenen Mehrbedarfs an Umlaufvermögen (Roh-, Hilfs- und Betriebsstoffe usw.) ist anderweitig sichergestellt.

▶ Die Abschreibungsrückflüsse erfolgen kontinuierlich. Wenn z. B. die lineare Abschreibung am Jahresende erfolgt (diskontinuierlicher Kapitalrückfluss), kann die Investition immer nur am Jahresende durchgeführt werden. Dadurch erhöht sich die durchschnittliche Kapitalbindung um $\frac{1}{2}$ Jahr. Sie beträgt dann $\frac{n+1}{2}$.

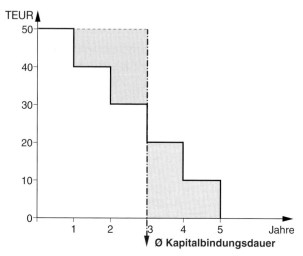

Somit ändert sich der Kapazitätserweiterungsfaktor wir folgt:

$$\text{Kapazitätserweiterungsfaktor} = n : \frac{n+1}{2}$$

Wenn beispielsweise am Anfang der Investitionskette gleichzeitig Maschinen mit einer 5jährigen Nutzungsdauer gekauft werden, kann bei linearer Abschreibung bereits nach 1 Jahr eine 6. Maschine gekauft werden. Besteht die Erstausstattung aus 10 Maschinen, kann bereits nach einem halben Jahr eine neue Maschine gekauft werden. Der Kapazitätserweiterungsfaktor erhöht sich entsprechend:

Maschinelle Erstausstattung	5 Maschinen	10 Maschinen	20 Maschinen
Reinvestitionsperiode = Nutzungsdauer: Maschinenzahl	1	0,5	0,25
Zahl der möglichen Reinvestitionsperioden (n) = Nutzungsdauer: Reinvestitionsperiode	5	10	20
Kapazitätserweiterungsfaktor $n : \frac{n+1}{2} = 2\frac{n}{n+1}$	1,66	1,81	1,90

Im Regelfall sind Investitionsobjekte nicht beliebig teilbar. Aus diesem Grunde können Erweiterungsinvestitionen nur dann durchgeführt werden, wenn entsprechende Abschreibungsrückflüsse aufgelaufen sind, die für die Reinvestition einer (nicht teilbaren) Anlage reichen. Hierbei bestimmt die Zahl der anfangs vorhandenen Maschinen und die jeweilige Nutzungsdauer einer Maschine den Zeitraum des Rückflusses der Abschreibungen.

Beispiel:

Ein Betrieb beschafft sich zunächst 5 Maschinen zu Anschaffungskosten von je 50.000,00 EUR als Erstausstattung. Die Nutzungsdauer beträgt 5 Jahre, die lineare Abschreibung dementsprechend 20 % p.a. Die Abschreibungsrückflüsse werden – soweit dies möglich ist – sofort reinvestiert.

Jahr	Anzahl der Maschinen	Anschaff-ungs-kosten (EUR)	Buch-wert (EUR)	Abschrei-bung des Vorjahres (EUR)	Investition wert-mäßig (EUR)	Investition-mengen mäßig	∑ Ab-schreib-rest (EUR)	Zahl der ausschei-denden Machinen
1	5	250.000	250.000	–	250.000	5	–	–
2	6	300.000	250.000	50.000	50.000	1	–	–
3	7	350.000	240.000	60.000	50.000	1	10.000	–
4	8	400.000	220.000	70.000	50.000	1	30.000	–
5	10	500.000	240.000	80.000	100.000	2	10.000	5
6	7	350.000	240.000	100.000	100.000	2	10.000	1
7	7	350.000	220.000	70.000	50.000	1	30.000	1
8	8	400.000	250.000	70.000	100.000	2	–	1
9	8	400.000	220.000	80.000	50.000	1	30.000	2
10	8	400.000	240.000	80.000	100.000	2	10.000	2
11	7	350.000	210.000	80.000	50.000	1	40.000	1
12	8	400.000	240.000	70.000	100.000	2	10.000	2
13	7	350.000	210.000	80.000	50.000	1	40.000	1
14	8	400.000	240.000	70.000	100.000	2	10.000	2

Nach der obigen Formel müsste sich der anfängliche Maschinenbestand von 5 Maschinen um das 1,66fache erhöhen. Tatsächlich beträgt er jedoch im Durchschnitt 7–8 Maschinen. Dies liegt daran, dass Abschreibungsreste auf die neue Periode wegen der mangelnden Teilbarkeit der Maschinen vorgetragen werden müssen.

2.2.2 Erweiterung der Gesamtkapazität

Beispiel:

Die Gesamtkapazität einer Maschine beträgt bei einer 5jährigen Nutzungsdauer und gleichbleibender jährlicher Leistung 200.000 Werkstücke. Bei linearer Abschreibung bleibt die Gesamtkapazität im Unterschied zur Periodenkapazität gleich, da die Abschreibung eines Jahres gleichbedeutend ist mit dem Verlust von 40.000 Drehteilen Gesamtkapazität. Würden z. B. 5 Maschinen gleichzeitig als Erstausstattung erworben, erfasst die Gesamtabschreibung des 1. Jahres einen Verlust der Gesamt-kapazität von 200.000 Drehteilen. Eine am Ende des 1. Jahres erworbene neue Maschine repräsentiert exakt ein Nutzungspotenzial von 200.000 Drehteilen, so dass die Gesamtkapazität unverändert bleibt.

Nur für den Fall, dass die Abschreibungen höher als die Wertminderungen sind (bei degressiver Abschreibung), wird bei einer Reinvestition auch die Gesamtkapazität erhöht. Dies setzt allerdings voraus, dass die Wiederbeschaffungskosten und der technische Stand der Maschinen unverändert bleiben.

2.3 Aufgaben zur Wiederholung und Vertiefung

1. Aufgabe

In einem Industriebetrieb werden zu Beginn des Jahres 01 10 Revolverdrehbänke zu je 100.000,00 EUR angeschafft. Die betriebsgewöhnliche Nutzungsdauer beträgt 4 Jahre, die bilanzielle Abschreibung (25 %) entspricht der kalkulatorischen Abschreibung. Aus den Abschreibungsrückflüssen eines jeden Jahres werden neue Revolverdrehbänke zum Preis von 100.000,00 EUR je Maschine gekauft.

1. Wie viel Revolverdrehbänke können bis zu Beginn des Jahres **05** bei linearer Abschreibung reinvestiert werden? (Stellen Sie die Entwicklung in einer Tabelle dar.)

2. Angenommen, die Preise der Revolverdrehbänke steigen zu Beginn des Jahres **02** um 20 % und zu Beginn des Jahres **03** um 10 %. Die Abschreibung erfolgt weiter-hin von den jeweiligen Anschaffungskosten. Wie viele Maschinen können bis zu Beginn des Jahres **05** reinvestiert werden?

2. Aufgabe

Ein Betrieb hat 10 gleichartige Maschinen zu je 10.000,00 EUR angeschafft, mit denen er jährlich je Maschine 100 Leistungseinheiten herstellt. Bei linearer Abschreibung wird eine Nutzungsdauer von 5 Jahren angenommen. Die Abschreibungsrück-flüsse werden zu Beginn des auf die Abschreibung folgenden Jahres soweit wie möglich ausschließlich reinvestiert. Die verbleibenden flüssigen Mittel werden gespeichert, bis sich eine neue Maschine kaufen lässt.

1. Stellen Sie tabellarisch dar, wie sich der Maschinenbestand wert- und mengen-mäßig im Laufe von 8 Jahren bei linearer Abschreibung (bilanzielle und kalkulato-rische Abschreibung sind gleich) entwickelt.

2. Wie hoch ist der Abschreibungsrückfluss bei einer linearen Abschreibung von 20 % p. a. am Ende der Nutzungsdauer des ersten Maschinensatzes? Unterstellt wird dabei, dass alle liquiden Mittel am Jahresanfang jeweils reinvestiert werden können, d. h., dass alle Maschinen vollständig teilbar sind.

3. Wie hoch ist die Nettoinvestition (Zusatzinvestition) **nach** Ablauf der Nutzungsdauer und Ausscheiden des ersten Maschinensatzes bei 20 % linearer Abschreibung?

4. Wie hoch wäre der Abschreibungsrückfluss bei einer linearen Abschreibung von 25 % (Nutzungsdauer = 4 Jahre) am Ende der Nutzungsdauer des ersten Maschinenparks, wenn völlige Teilbarkeit der Maschinen unterstellt wird?

5. Erläutern Sie anhand der von Ihnen unter 1. angefertigten Tabelle, wie sich Perioden- und Gesamtkapazität entwickeln.

6. Der Kapazitätserweiterungseffekt (Ruchti-Effekt bzw. Lohman-Ruchti-Effekt) ist an eine Reihe von Voraussetzungen gebunden. U.a. wird unterstellt:
   – konstantes Preisniveau und gleiche Technik der neuangeschafften Anlagen (kein technischer Fortschritt),
   – beliebige Teilbarkeit der Gesamtanlage,
   – Absetzbarkeit der auf den zusätzlichen Aggregaten gefertigten Produkte am Markt.

   a) Erläutern Sie weitere Prämissen, die dem Ruchti-Effekt zugrundeliegen.
   b) Welche Auswirkungen hätte ein steigendes Preisniveau auf den so genannten Kapazitätserweiterungsfaktor?
   c) Warum ist die Unterstellung der beliebigen Teilbarkeit - und damit der sofortigen Reinvestition freier Liquidität - für einen Betrieb nicht realistisch?
   d) Angenommen, im Jahr der Anschaffung des 1. Maschinensatzes werden insgesamt 1.000 Leistungseinheiten hergestellt. Der Materialeinsatz je Leistungseinheit beträgt 5.000,00 EUR. Die Umschlagshäufigkeit beträgt 5. Welche Auswirkungen hätte ein sich nach einigen Jahren ergebender Kapazitätserweiterungsfaktor von 1,5 auf die Finanzierung des Umlaufvermögens?

3   Finanzierung aus Rückstellungen

Ebenso wie die Kreditfinanzierung kann man auch die Finanzierung aus Rückstellungen als Form der **Fremdfinanzierung** betrachten. Anders als bei der Kreditfinanzierung fließt das Kapital nicht von **außen** zu, sondern wird von den Unternehmen selbst erwirtschaftet **(Innenfinanzierung)**. Rückstellungen sind für Verbindlichkeiten zu bilden, deren Höhe und Fälligkeit noch nicht bekannt sind, die aber wirtschaftlich dem abzuschließenden Geschäftsjahr zuzurechnen sind.

Rückstellungen werden als Aufwand (d.h. gewinnmindernd) gebucht. Der Finanzierungseffekt liegt darin, dass die Rückstellungen erst zu einem **späteren Zeitpunkt** zu Auszahlungen führen. Zwischen Bildung und Auszahlung verbleiben die Rückstellungen als liquide Mittel im Unternehmen.

Nach § 249 HGB können folgende **Gruppen von Rückstellungen** gebildet werden:

▶ Verbindlichkeitsrückstellungen,
▶ Rückstellungen für drohende Verluste aus schwebenden Geschäften,
▶ Aufwandsrückstellungen.

Für **Verbindlichkeitsrückstellungen** besteht eine **Ansatzpflicht** gemäß § 249 Abs. 1 HGB.

Zu den Verbindlichkeitsrückstellungen gehören u. a.

▶ Prozesskosten, wenn der Verlust eines Prozesses erwartet wird,
▶ erwartete Steuernachzahlungen,
▶ Pensionszusagen nach dem 31. Dezember 1986 und deren Erhöhungen (für Pensionszusagen, die vor diesem Zeitpunkt erfolgten, besteht ein Ansatzwahlrecht),
▶ Garantiezusagen,
▶ Gewährleistungen, ohne dass eine rechtliche Verpflichtung besteht (Kulanz).

Ebenso besteht eine **Ansatzpflicht für drohende Verluste aus schwebenden Geschäften.**

Beispiel:

Ein Chemie-Unternehmen kauft am 1. November des Jahres 01 10.000 Barrel Öl zu einem Gesamtpreis von 1.200.000,00 EUR. Die Lieferung soll am 1. Februar des Jahres 02 erfolgen. Am Bilanzstichtag (31. Dezember 01) beträgt der Marktpreis für das noch zu liefernde Öl 1.000.000,00 EUR. Nach § 249 Abs. 2 HGB besteht die Pflicht, den drohenden Verlust (200.000,00 EUR) zu passivieren. Nach Steuerrecht ist der Ansatz für drohende Verluste als Rückstellungen verboten. Auch der Ansatz für Verbindlichkeitsrückstellungen ist teilweise eingeschränkt.

Für **Aufwandsrückstellungen** gilt:

Art der Aufwandsrückstellung	Gesetzliche Vorschrift
Unterlassene Instandhaltung – Nachholung innerhalb von 3 Monaten nach Abschlussstichtag	Ansatzpflicht § 249 (1) HGB
Unterlassene Instandhaltung – Nachholung innerhalb von 4–12 Monaten nach Abschlussstichtag	Ansatzwahlrecht § 249 (2) HGB
Unterlassene Abraumbeseitigung, die im folgenden Geschäftsjahr nachgeholt wird	Ansatzpflicht § 249 (1) HGB
Andere Rückstellungen, z. B. Großreparaturen, Betriebsverlegung	Ansatzwahlrecht § 249 (2) HGB

In der Bilanz werden Rückstellungen in den folgenden drei Positionen ausgewiesen:

▶ Pensionsrückstellungen,
▶ Steuerrückstellungen,
▶ Sonstige Rückstellungen

F Sonderformen der Finanzierung

1 Leasing

1.1 Begriff des Leasing

Unter Leasing (engl.: to lease = mieten oder vermieten) versteht man die **miet- oder pachtweise Überlassung von Wirtschaftsgütern** durch die Hersteller dieser Güter oder durch besondere Leasing-Gesellschaften an einen Leasing-Nehmer. Bei den geleasten Wirtschaftsgütern kann es sich z. B. um Gebäude, Maschinen, Schiffe, PKW oder Fernseher handeln.

Leasing ist ein schillernder Begriff, da weder in der wirtschaftswissenschaftlichen noch in der juristischen Literatur eine eindeutige und abschließende Begriffsdefinition vorliegt. Um die typischen Merkmale einzelner Leasingformen (-verträge) zu erfassen, ist es sinnvoll, eine Systematisierung nach verschiedenen Kriterien vorzunehmen:

Systematisierungskriterien	Leasingformen	Merkmale
Nach Art des Leasing-Gegenstandes	▶ **Konsumgüter-Leasing** ▶ **Investitionsgüter-Leasing (Mobilien, Immobilien)** ▶ **Spezial-Leasing**	▶ Konsumgüter mit relativ langer Lebensdauer (Fernseher) ▶ Bewegliche und unbewegliche Güter des Anlagevermögens (Gebäude, Maschinen) ▶ Speziell auf die Bedürfnisse des Leasing-Nehmers zugeschnitten (Spezialmaschinen)
Nach der wirtschaftlichen Stellung des Leasing-Gebers	▶ **direktes Leasing** ▶ **indirektes Leasing**	▶ Produzent des Leasing-Gutes ist der Leasing-Geber ▶ Leasing durch Dritte (Leasing-Gesellschaft)
Nach der Anzahl der Objekte	▶ **Equipment-Leasing** ▶ **Plant-Leasing**	▶ Geleast wird ein einzelnes bewegliches Wirtschaftsgut ▶ Geleast wird eine ganze Betriebsanlage, die aus beweglichen und unbeweglichen Wirtschaftsgütern bestehen kann.
Nach dem Verpflichtungscharakter des Leasing-Vertrages	▶ **Operate-Leasing** ▶ **Finance-Leasing** 1. Vollamortisationsverträge 2. Teilamortisationsverträge	▶ Normale Mietverträge im Sinne des BGB (mit kurzfristiger Kündigungsmöglichkeit) ▶ Mittel- und langfristige Verträge (während der Grundmietzeit nicht kündbar) Leasing-Raten decken Anschaffungskosten, Nebenkosten, Finanzierungskosten und Gewinnzuschlag des Leasing-Gebers. Während der Grundmietzeit werden die Gesamtkosten des Leasing-Gebers nicht ganz gedeckt.

1.2 Operate-Leasing

Beim Operate-Leasing handelt es sich um **normale Mietverträge** im Sinne des BGB, die jederzeit von beiden Vertragspartnern (Leasing-Nehmer und Leasing-Geber) gekündigt werden können. Aus diesem Grunde kommen für solche Verträge nur Wirtschaftsgüter in Betracht, die bei einer Kündigung vor dem Ende der Nutzungsdauer ohne Probleme weitervermietet werden können (z. B. Spezialbaumaschinen zum Teeren von Straßen).

Üblicherweise wird eine von der Laufzeit unabhängige Miete vereinbart, so dass eine Amortisation des Investitionsobjekts für den Leasing-Geber nur dann realisiert wird, wenn das Investitionsobjekt mehrmals vermietet wird. Der Leasing-Geber übernimmt neben dem Investitionsrisiko im Regelfall die Reparatur-, Wartungs- und Versicherungskosten für das Leasinggut. Er bilanziert auch das Leasinggut und schreibt es ab. Der Leasing-Nehmer verrechnet die Leasing-Raten in seiner Gewinn- und Verlustrechnung als Aufwand.

1.3 Finance-Leasing

Finance-Leasing (Finanzierungs-Leasing) ist **Leasing im engeren Sinne**. Das Finance-Leasing weist folgende **Merkmale** auf:

▶ Innerhalb der **Grundmietzeit** (sie beträgt im Regelfall 50–75% der betriebsgewöhnlichen Nutzungsdauer) ist der Leasing-Vertrag nicht kündbar.

▶ Die Leasing-Raten werden so kalkuliert, dass sich der Leasing-Gegenstand in der **Grundmietzeit** voll amortisiert (Deckung der Anschaffungs- oder Herstellungskosten, Nebenkosten, Finanzierungskosten und Gewinn).

▶ Der Leasing-Nehmer trägt das volle Investitionsrisiko (z. B. Gefahr der technischen Veralterung während der Grundmietzeit).

▶ Der Leasing-Geber beschafft das Kapital und trägt das Kreditrisiko.

▶ Dem Leasing-Nehmer wird häufig nach Ablauf der **Grundmietzeit** ein Kaufoptionsrecht oder ein Mietverlängerungsoptionsrecht eingeräumt.

Man unterscheidet folgende Vollamortisationsverträge:

▶ **Finanzierungs-Leasing ohne Option**

Bei Verträgen ohne Kauf- oder Mietverlängerungsoptionsrecht handelt es sich um normale Mietverträge. Die vertraglichen Vereinbarungen zwischen Leasing-Geber und Leasing-Nehmer beziehen sich nur auf die Grundmietzeit. Nach Ablauf der Grundmietzeit wird das Leasinggut zurückgegeben.

▶ **Finanzierungs-Leasing mit Mietverlängerungsoptionsrecht**

Der Leasing-Nehmer hat das Recht, das Mietverhältnis nach Ablauf der Grundmietzeit zu verlängern. Die Folgemiete beträgt in der Regel nur einen geringen Prozentsatz der Grundmiete.

▶ **Finanzierungs-Leasing mit Kaufoptionsrecht**

Dem Leasing-Nehmer wird das Recht eingeräumt, den Leasing-Gegenstand nach Ablauf der Grundmietzeit käuflich zu erwerben.

Steuerliche Behandlung von Vollamortisationsverträgen

Je nachdem, wem der Leasing-Gegenstand steuerrechtlich zuzuordnen ist, ergeben sich daraus Auswirkungen auf die Ermittlung der Einkommen-, Körperschaft-, Vermögen- und Gewerbesteuer. Insgesamt gesehen ist die Bilanzierung des Leasing-Gegenstandes beim Leasing-Geber für den Leasing-Nehmer im Regelfall vorteilhaft, weil er die **Leasingraten** als **Betriebsausgaben** steuerlich absetzen kann.

Sofern die Bilanzierung des Leasing-Gegenstandes beim Leasing-Nehmer erfolgt, kann er die Anschaffungs- oder Herstellungskosten des Leasinggutes über die betriebsgewöhnliche Nutzungsdauer abschreiben. Ferner kann er den Zins- und Kostenanteil der Leasingraten als Betriebsausgaben steuerlich absetzen.

Die Zuordnung des Leasing-Gegenstandes beim Leasing-Geber ist für den Leasing-Nehmer steuerlich vorteilhafter, weil bei einer kurzen Grundmietzeit – im Verhältnis zur betriebsgewöhnlichen Nutzungsdauer – die steuerlich als Betriebsausgaben abzugsfähigen Leasingraten deutlich über den steuerlich zulässigen Abschreibungsbeträgen liegen. Dies hat zur Konsequenz, dass sich einerseits Zinsgewinne durch Verschiebung der Steuerzahlung auf spätere Termine ergeben, andererseits aber auch echte Steuerersparnisse, wenn der Steuerpflichtige dadurch in eine niedrigere Progressionszone gerät. (In späteren Jahren kann sich jedoch auch die gegenteilige Wirkung einstellen.)

Im so genannten **Leasing-Erlass von 1972** ist die steuerliche Zurechnung der Leasing-Objekte geregelt:

	Bilanzierung des Leasing-Gegenstandes beim Leasing Geber	Bilanzierung des Leasing-Gegenstandes beim Leasing-Nehmer
Finanzierungs-Leasing ohne Option	Die Grundmietzeit beträgt mindestens 40 % und höchstens 90 % der betriebsgewöhnlichen Nutzungsdauer des Leasinggutes.	Die Grundmietzeit beträgt weniger als 40% oder mehr als 90% der betriebsgewöhnlichen Nutzungsdauer des Leasinggutes.
Finanzierungs-Leasing mit Mietverlängerungsoptionsrecht	Die Grundmietzeit beträgt mindestens 40 % und höchstens 90 % der betriebsgewöhnlichen Nutzungsdauer des Leasinggutes *und* die Summe der Anschlussmieten ist mindestens so groß wie die sich sonst für den Zeitraum der Anschlussmieten ergebenden Abschreibungsbeträge (bei linearer Abschreibung).	Die Grundmietzeit beträgt weniger als 40 % oder mehr als 90% der betriebsgewöhnlichen Nutzungsdauer des Leasinggutes *und* die Summe der Anschlussmieten ist niedriger als die sich sonst für den Zeitraum der Anschluss-mieten ergebenden Abschrei-bungsbeträge (bei linearer Abschreibung).
Finanzierungs-Leasing mit Kaufoptionsrecht	Die Grundmietzeit beträgt mindestens 40 % und höchstens 90% der betriebsgewöhnlichen Nutzungsdauer des Leasinggutes *und* der Kaufpreis bei Ausübung der Option entspricht mindestens dem sich bei linearer Abschreibung ergebenden Rest-buchwert des Anlagegutes.	Die Grundmietzeit beträgt weniger als 40 % oder mehr als 90 % der betriebsgewöhnlichen Nutzungsdauer des Leasinggutes *und* Kaufpreis bei Ausübung der Option ist niedriger als der bei linearer Abschreibung sich ergebende Restbuchwert des Anlagegutes.

Liquiditätswirkung beim Leasing

Das folgende Beispiel soll die Liquiditätswirkung des Leasing verdeutlichen. Verglichen werden dabei die Alternativen Kreditkauf und Leasing. (Steuerliche Auswirkungen bleiben unberücksichtigt.)

Beispiel:

Kreditkauf

Anschaffungskosten einer Maschine	200.000,00 EUR
Betriebsgewöhnliche Nutzungsdauer	10 Jahre
Lineare Abschreibung.......................................	10 % p. a.
Darlehen (Auszahlung: 100 %)...........................	200.000,00 EUR
Kreditlaufzeit..	5 Jahre
Kredittilgung	5 gleiche Jahresraten
Zinssatz	10 % auf die jeweilige Restschuld

Leasing

Grundmietzeit..	5 Jahre
Mietverlängerungsoption..................................	5 Jahre
Leasingrate während der Grundmietzeit	25 % p. a.
Leasingrate nach der Grundmietzeit	4 % p. a.

Vergleichsrechnung:

Kreditkauf						Leasing
Jahr **EUR**	**Tilgung** **EUR**	**Zinsen** **EUR**	**Annuität** **EUR**	**Abschreibung** **EUR**	**Aufwand** **EUR**	**Jährliche Ratenzahlung** **EUR**
1	40.000,00	20.000,00	60.000,00	20.000,00	40.000,00	50.000,00
2	40.000,00	16.000,00	56.000,00	20.000,00	36.000,00	50.000,00
3	40.000,00	12.000,00	52.000,00	20.000,00	32.000,00	50.000,00
4	40.000,00	8.000,00	48.000,00	20.000,00	28.000,00	50.000,00
5	40.000,00	4.000,00	44.000,00	20.000,00	24.000,00	50.000,00
6	–	–	–	20.000,00	20.000,00	8.000,00
7	–	–	–	20.000,00	20.000,00	8.000,00
8	–	–	–	20.000,00	20.000,00	8.000,00
9	–	–	–	20.000,00	20.000,00	8.000,00
10	–	–	–	20.000,00	20.000,00	8.000,00
Summe	**200.000,00**	**60.000,00**	**260.000,00**	**200.000,00**	**260.000,00**	**290.000,00**

Unterschied Leasing – Kreditkauf		
Jahr	Auszahlungsdifferenz Annuität – Leasingrate	Aufwands-differenz
1	– 10.000,00	+ 10.000,00
2	– 6.000,00	+ 14.000,00
3	– 2.000,00	+ 18.000,00
4	+ 2.000,00	+ 22.000,00
5	+ 6.000,00	+ 26.000,00
6	+ 8.000,00	– 12.000,00
7	+ 8.000,00	– 12.000,00
8	+ 8.000,00	– 12.000,00
9	+ 8.000,00	– 12.000,00
10	+ 8.000,00	– 12.000,00
Summe	+ 30.000,00	+ 30.000,00

Die finanzielle Belastung ist bei **Leasing** um 30.000,00 EUR höher. Abgesehen von den ersten beiden Jahren sind die Auszahlungen beim Leasing gegenüber dem **Kreditkauf** stets höher.

Der Aufwand ist ebenfalls gegenüber dem **Kreditkauf** um insgesamt 30.000,00 EUR höher, wobei der Aufwand beim **Leasing** in den ersten 5 Jahren höher und in den Jahren 6–10 jeweils niedriger als beim **Kreditkauf** ist.

2 Factoring

2.1 Wesen

Unternehmen sind einerseits bestrebt, eigene Lieferantenverbindlichkeiten unter Abzug von Skonto zu begleichen, andererseits unter marketingpolitischen Gesichtspunkten ihren Kunden Zahlungsziele zwischen 30 und 90 Tagen einzuräumen. Ist der Kreditrahmen bei ihrer Hausbank jedoch relativ eng, werden die liquiden Mittel schnell knapp, so dass das Geld fehlt, um eingehende Rechnungen innerhalb der Skontofrist zu bezahlen. Somit können die finanziell lukrativen Skonti nicht mehr im gewünschten Umfang abgezogen werden.

In diesem Fall bietet sich die Möglichkeit, durch den **Verkauf von Forderungen** an eine so genannte **Factoringgesellschaft** finanzielle Mittel zu beschaffen. Grundlage ist ein langfristiger Vertrag zwischen einem Factor (Factoringgesellschaft) und ihrem Kunden (= Klient oder Anschlusskunde). Der Factor verpflichtet sich darin, laufend Forderungen aus Warenlieferungen und Leistungen anzukaufen und den Rechnungsbetrag unter Abzug eines bestimmten Sperrbetrages von 10–20 % zur Verfügung zu stellen.

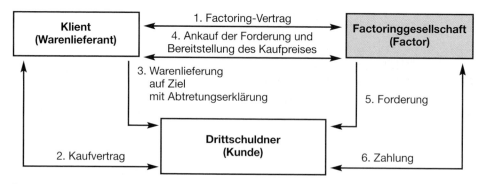

Durch diesen Forderungsverkauf des Klienten wird die Factoringgesellschaft neuer Gläubiger der Forderung. Am Fälligkeitstag zahlt der Drittschuldner mit schuldbefreiender Wirkung an den Factor.

2.2 Funktionen

Durch den Factoringvertrag übernimmt der Factor drei bedeutsame Funktionen:

▶ Finanzierungsfunktion,   ▶ Delkrederefunktion,   ▶ Dienstleistungsfunktion.

(1) Finanzierungsfunktion

Der **Factor kauft die Forderung** seines Klienten an und **zahlt** wenige Tage später den **Gegenwert unter Abzug eines Sperrbetrages aus.**[1]) Für den zur Verfügung gestellten Betrag werden die für Kontokorrentkredite üblichen Zinsen berechnet. Der Sperrbetrag dient dazu, Kürzungen von Rechnungsbeträgen, z. B. durch Skontoabzüge oder Preisnachlässe aufgrund von Mängelrügen durch den Drittschuldner verrechnen zu können. Der nicht benötigte Sperrbetrag wird am Ende der Forderungslaufzeit dem Klienten gutgeschrieben.

Durch Factoring erlöschen die Forderungen aus Lieferungen und Leistungen in der Bilanz. Die Beträge schlagen sich in anderen Konten, z. B. dem Bankkonto, nieder, so dass sich ein Aktivtausch ergibt. Der Betrag des Sperrkontos wird als sonstige Forderung ausgewiesen.

(2) Delkrederefunktion

Durch die Delkrederefunktion **übernimmt der Factor das Risiko des Forderungsausfalls**. Um das Risiko zu streuen, wird er zum einen keine Einzelforderungen, sondern nur alle Forderungen oder Gruppen von Forderungen ankaufen. Zum anderen prüft der Factor selbstverständlich laufend die Bonität seines Klienten, aber auch die der Drittschuldner.

Diese Kreditwürdigkeitsprüfung wirft allerdings Probleme auf, da sich der Factor hierbei auf eigene Beobachtungen oder Fremdauskünfte verlassen muss. Um das Forderungsrisiko weiter zu verringern, wird für jeden Drittschuldner des Klienten in der Regel ein **Höchstbetrag für den Forderungsankauf** festgesetzt.

Die für die Delkrederefunktion berechneten Gebühren betragen zwischen 0,2 und 1,2 % des Forderungsbetrages. Sie hängen in erster Linie ab von der Bonität der Schuldner, der Laufzeit der Forderungen und von der Branche.

---

[1]) Denkbar ist auch eine Variante, bei der zum durchschnittlichen Fälligkeitstag der eingereichten Forderungen der Gegenwert ausgezahlt wird.

(3) Dienstleistungsfunktion (Debitorenmanagement)

Der **Factor** führt die **Debitorenbuchhaltung** und betreibt das **Mahn- und Inkasso-wesen.** Daneben können als weitere Dienstleistungen das Anfertigen von Statistiken oder Betriebsberatungen treten.

Für die Dienstleistungen erhebt der Factor im Allgemeinen eine Gebühr von 0,5–2,5 % des Forderungsumsatzes. Die Höhe hängt vor allem ab von dem durchschnittlichen Betrag der Rechnungen, der Höhe des Forderungsankaufs, der Anzahl der Drittschuldner, der Laufzeit der Forderungen und der Art und dem Umfang sonstiger Dienstleistungen.

2.3 Formen des Factoring

Die folgende Skizze soll die wesentlichen Formen und Vertragsarten des Factoring verdeutlichen:

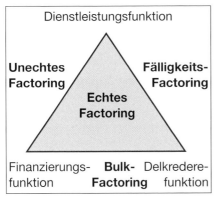

Übernimmt der Factor alle drei Funktionen, so spricht man vom **echten Factoring**, auch Standardfactoring oder Full-Service-Factoring genannt. Diese Variante ist in der Praxis das gebräuchlichste Verfahren. Beim **unechten Factoring** haftet der Klient weiterhin für den Ausfall der Forderungen. Der Factor nimmt also die Delkrederefunktion nicht wahr.

Nutzt der Kunde die Vorteile der vollständigen Risikoabsicherung und der Entlastung beim Debitorenmanagement, verzichtet aber auf die sofortige Regulierung des Kaufpreises, spricht man vom **Fälligkeits-Factoring.**

Nach Beendigung der Laufzeit eines Factoringvertrages muss der Factoringkunde organisatorische und personelle Vorkehrungen treffen, um das Debitorenmanagement wieder selbst durchführen zu können. Um derartige Anpassungsschwierigkeiten auszuschließen, können Unternehmen die Finanzierungsfunktion und Risikoabsicherung durch den Factor nutzen, aber auf weitergehende Dienstleistungen verzichten. Der Factoringkunde führt bei diesem sog. **Bulk-Factoring** (Inhouse-Factoring, Eigenservice-Factoring) die Debitorenbuchhaltung – treuhänderisch für den Factor – selbst durch.

Hinsichtlich der Erkennbarkeit des Forderungsverkaufs lassen sich offenes, halboffenes und stilles Factoring unterscheiden. In der Praxis ist es üblich, den Zahlungspflichtigen in der Rechnung auf die Abtretung hinzuweisen oder dem Drittschuldner mitzuteilen, dass die Forderungen des Lieferanten an den Factor abgetreten sind. In diesem Fall spricht man vom **offenen oder notifizierten Factoring.**

Beim **stillen (nicht notifizierten) Factoringverfahren** wird die Abtretung nicht offengelegt. Der Drittschuldner zahlt mit schuldbefreiender Wirkung an seinen Lieferanten, der die Zahlung an den Factor weiterleitet. Da der Schriftwechsel hier über den Klienten läuft, kann er Mahnschreiben für bestimmte Kunden zurückhalten, wenn es ihm zweckmäßig erscheint. Aufgrund des größeren Risikos für die Factoringgesellschaft hat diese Variante nur eine geringe Praxisrelevanz.

Das halboffene Verfahren ist dadurch gekennzeichnet, dass der Klient zwar die Zusammenarbeit mit dem Factor anzeigt, es dem Zahlungspflichtigen jedoch freigestellt bleibt, an wen er zahlt.

Sonderformen des Factorings stellen das **Export- und Importfactoring** dar. Die Factoringgesellschaften prüfen die Kreditwürdigkeit potenzieller ausländischer Geschäftspartner und übernehmen das Delkredererisiko. Sie ziehen die Forderungen ein, wickeln das Mahnwesen ab und führen die Korrespondenz in ausländischer Sprache. Dadurch helfen sie beim Aufbau solider Geschäftsbeziehungen mit ausländischen Partnern. Das **Honorarfactoring** ist insbesondere bei Freiberuflern (z. B. Ärzten und Zahnärzten) bedeutungsvoll.

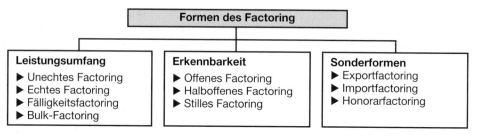

2.4 Bedeutung

Factoring erfreut sich seit vielen Jahren in der Bundesrepublik Deutschland wachsender Beliebtheit. Die Umsätze der im Deutschen Factoring-Verband e. V. zusammengeschlossenen Factoringinstitute stiegen von 1999 bis 2003 um über 75 % von 19,99 Mrd. EUR auf 35,08 Mrd. EUR. Im Jahre 2004 wurde ein Umsatz von 45,31 Mrd. EUR erzielt, wovon 35,40 Mrd. EUR im Inland und 9,91 Mrd. EUR international erwirtschaftet wurden.[1]

Factoring wird überwiegend von mittelständischen Betrieben aus Industrie, Großhandel und Dienstleistungen genutzt. Insbesondere folgende Branchen finanzieren sich durch Factoring: Metallverarbeitung, Automobilzulieferung, Textilien, Lebensmittel, elektrische Geräte, Chemie- und Kunststoffindustrie, EDV-Hardware, Maschinenbau, Möbel- und Holzindustrie, Papier- und Druckindustrie.

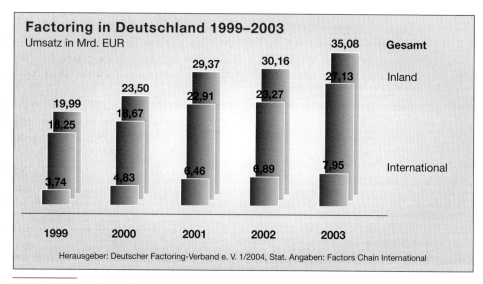

[1] vgl. www.factoring.de/index.php?id=1118 vom 5. Juni 2005

Unternehmen, die das Factoringverfahren anwenden, sind in der Lage, ihren Kunden Zahlungsziele einzuräumen, ohne die eigene Liquidität zu belasten. Andererseits können sie mit diesen freien liquiden Mitteln Verbindlichkeiten gegenüber Zulieferern innerhalb der Skontofrist begleichen und damit vorteilhaft einkaufen. Werden Verbindlichkeiten unmittelbar beglichen, verbessern sich die Bilanzrelationen und die Eigenkapitalquote erhöht sich durch die Bilanzverkürzung.

Beispiel:

Angenommen, 90 % des ausgewiesenen Forderungsbestandes werden bevorschusst und der Gegenwert dem Bankkonto gutgeschrieben. 10 % der Forderungen werden als sonstige Forderungen ausgewiesen. In einem zweiten Schritt sollen schließlich die kurzfristigen Verbindlichkeiten durch Banküberweisung getilgt werden.

Aktiva	Bilanz in Tausend EUR		Passiva
Versch. Aktiva	10.000	Eigenkapital	5.000
Ford. aus Liefe-		langfr. Fremdkap.	6.000
rungen und Lei-		kurzfr. Fremdkap.	4.000
stungen	4.000		
Bankguthaben	1.000		
	15.000		15.000

Aktiva	Bilanz in Tausend EUR		Passiva
Versch. Aktiva	10.000	Eigenkapital	5.000
Ford. aus Liefe-		langfr. Fremdkap.	6.000
rungen und Lei-		kurzfr. Fremdkap.	4.000
stungen	400		
Bankguthaben	4.600		
	15.000		15.000

Aktiva	Bilanz in Tausend EUR		Passiva
Versch. Aktiva	10.000	Eigenkapital	5.000
Ford. aus Liefe-		langfr. Fremdkap.	6.000
rungen und Lei-			
stungen	400		
Bankguthaben	600		
	11.000		11.000

Eigenkapitalquote vorher: 5.000 : 15.000 = 33 $\frac{1}{3}$ %
Eigenkapitalquote nacher: 5.000 : 11.000 = 45,45 %

Der Factor prüft die Kreditwürdigkeit der Drittschuldner und das Risiko des Forderungsausfalls wird auf die Factoringgesellschaft übertragen. Im Factoringvertrag ist die dafür zu zahlende Vergütung, die **Delkredereprovision**, festgeschrieben. Insofern lassen sich für den Klienten die Kosten für den Forderungsausfall leicht kalkulieren.

Kostenersparnisse ergeben sich für den Klienten dadurch, dass der Factor die Debitorenbuchhaltung übernimmt. Sie äußern sich in geringeren Personalkosten. Die Investitionen im Verwaltungsbereich können gesenkt werden. Kosten für Büromaterialien, Mieten und Zinsen für Kontokorrentkredite lassen sich einsparen.

Dem stehen selbstverständlich die entsprechenden **Kosten für die Nutzung des Factoring** gegenüber. Sie umfassen die Gebühr für die Ausübung der Verwaltungsfunktion, die Delkrederegebühr und die Zinsen für die Bevorschussung der Forderung. Zu berücksichtigen ist außerdem, dass sich der Klient durch die Auslagerung der Dienstleistungsfunktion in eine starke Abhängigkeit zur Factoringgesellschaft begibt. Eine mögliche spätere Auflösung des Factoringvertrages führt zu erheblichen Anpassungsproblemen organisatorischer und personeller Art, da in diesem Fall die bisher vom Factor übernommenen Aufgaben wieder vom Klienten wahrgenommen werden müssen.

Denkbar ist auch, dass die Drittschuldner die Abtretungsanzeigen als Zeichen wirtschaftlicher Schwäche werten oder bei schematischem Abwickeln des Mahnwesens durch den Factor verärgert und unzufrieden sind.

3 Franchising

Eine wichtige Sonderform des Absatzes ist das **Franchising-Vertriebssystem**, kurz Franchise genannt. Der Gründer des Franchise, der Franchise-Geber (meist ein Hersteller eines Produktes bzw. einer Dienstleistung), gewährt seinem Geschäftspartner, dem Franchise-Nehmer (oft Handelsunternehmen), per Lizenz gegen eine meist umsatzbezogene Gebühr die Berechtigung, eine bestimmte Ware oder Dienstleistung anzubieten. Im Gegenzug verpflichtet sich der Franchise-Nehmer, keine Konkurrenzprodukte anzubieten.

Ursprungsland dieses Vertriebssystems sind die USA, wo sich das System nach den Fastfood-Ketten wie McDonald's, Burger King, Wendy's and Kentucky Fried Chicken auch bei Coca Cola, im gesamten Gaststätten- und Hotelbereich (Holiday Inn und Ramada Inn) ausbreitete. Danach setzte es sich auch rasch in anderen Ländern durch und erfasste neben dem Dienstleistungssektor Branchen wie die Modebranche, Tankstellen, Möbel-, KFZ- und den Kosmetiksektor.

Top-20-Tabelle der führenden Franchise-Systeme in Deutschland (nach Zahl der Franchise-Nehmer, Stand April 2004)

Rang	System	Branche	Anzahl der Franchise-Nehmer
1	TUI/First	Reisebüro	1350
2	McDonalds	Fast Food	1248
3	Foto Quelle	Fotohandel	1139
4	Kamps Bakeries	Bäckereien	1055
5	Studienkreis	Nachhilfe	1000
6	Schülerhilfe	Nachhilfe	932
7	Ad-Auto Dienst	Autoreparatur	600
8	Essanelle	Friseursalons	577

Rang	System	Branche	Anzahl der Franchise-Nehmer
9	Musikschule Fröhlich	Musikpädagogik	538
10	SUNPOINT	Sonnenstudios	535
11	Datac	Buchhaltung	474
12	Fressnapf	Tiernahrung	466
13	Holiday Land	Reisebüros	465
14	Quick-Schuh	Schuhhandel	421
15	AYK Beauty	Sonnenstudios	437
16	Burger King	Fast Food	404
17	Avis Rent a Car	Autovermietung	362
18	NBB	Einzelhandel	352
19	Minit	Schuh- und Schlüsseldienst	350
20	OBI	Heimwerkermärkte	342

Quelle: http://www.hannover.ihk.de/gruender/franchis/040414_10100_lgm_franchising.htm
(5. Juni 2005)

Der Vorteil des Franchise-Nehmers ist es, dass er auf die technischen und betriebs-wirtschaftlichen Erfahrungen großer Hersteller und auf Schulung durch diese zurück-greifen und eingeführte Produkte mit gutem Ruf vertreiben kann. Auf diese Weise minimiert er sein Geschäftsrisiko, das er als rechtlich und wirtschaftlich selbständi-ger Unternehmer tragen muss, obwohl seine Absatzpolitik nach vertraglich festge-legten Bedingungen vom Franchise-Geber beeinflusst und kontrolliert wird. Viele Systeme sind jedoch auf eine Betreuung des Franchise-Nehmers nicht oder nur mangelhaft vorbereitet.

Geschäftsausstattung und Aufmachung der Produkte werden vom Franchise-Geber vorgeschrieben.

Beispiel: McDonald's

- Alle Fast-food-Restaurants sind gleich ausgestattet und verkaufen unter dem werbewirksamen Emblem des Herstellers.
- In allen Läden werden die gleichen Waren mit gleicher Qualität und zu nahezu ein-heitlichen Preisen angeboten:
- Produktentwicklung, Namensgebung, Aufmachung, Verpackung und Werbung für das Produkt werden vom Franchise-Geber übernommen und finanziert.

Ein Nachteil für den Franchise-Nehmer sind die oft beträchtlichen Gebühren, insbe-sondere bei bekannten Franchise-Unternehmen, die dem Franchise-Nehmer eher eine begrenzte Gewinnentwicklung ermöglichen. **Diese Gebühren** hängen u. a. ab von:

▶ Investitionsvolumen,
▶ Jahresumsatz,
▶ Einkommenserwartung.

Weitere Einflussfaktoren sind:

▶ Gebühren ähnlicher Franchise-Unternehmen,
▶ Bekanntheitsgrad des Systems,
▶ Image des Systems,
▶ Leistungspaket des Franchise-Gebers.

Durch die oft strikten Kontrollen bleibt dem Franchise-Nehmer kaum unternehmerische Freiheit für die Umsetzung eigener Ideen. Auch die Übernahme der Geschäftsausstattung - finanziell vom Franchise-Nehmer zu tragen - ist oft teuer und könnte lokal möglicherweise günstiger erstanden werden. Eine Auszahlung des Franchise-Nehmers zum Vertragsende liegt oft erheblich unter dem bis dahin gewonnenen Wert des Geschäfts. Erfüllt der Franchise-Nehmer hingegen nicht die in ihn gesetzten Erwartungen, so kann er bei Vertragskündigung seinen Kapitaleinsatz verlieren. Dem steht jedoch die Kostenminimierung gegenüber, da nicht mühsam erst ein Name erworben werden muss, Marketingmaßnahmen durch den Franchise-Geber getragen werden und dieser ihn in einem bestimmten Bezirk exclusiv beliefert, so dass der Franchise-Nehmer einen gewissen Konkurrenzschutz genießt. Häufig werden durch Vermittlung des Franchise-Gebers auch günstige Kreditkonditionen erzielt.

Vorteil für den Franchise-Nehmer ist die Sicherung von Absatzkanälen, die ihm nicht von Konkurrenten streitig gemacht werden können.

Insgesamt erweist sich Franchising insbesondere für Jungunternehmer oder Unternehmen, die expandieren wollen, als äußerst attraktiv, da nationale und sogar internationale Märkte erschlossen werden können.

4 Aufgaben zur Wiederholung und Vertiefung

1. Aufgabe

Wodurch versucht der Factor, das Risiko des Forderungsausfalls zu verringern?

2. Aufgabe

Zeigen Sie wesentliche Unterschiede auf zwischen dem Factoring und dem Zessionskredit.

3. Aufgabe

Unterscheiden Sie die Vertragsarten des Factoring hinsichtlich des Leistungsumfangs.

Die „Job-Dress GmbH", Hersteller von Arbeitskleidung, prüft, ob es sich zukünftig lohnt, die Forderungen gegenüber ihren Kunden durch ein Factoringinstitut einziehen zu lassen. Sie geht von folgenden Daten aus:

jährl. Durchschnittsumsatz der letzten Jahre....................	20,0 Mio. EUR
jährl. Durchschnittsbetrag der Außenstände	2,0 Mio. EUR
Sperrbetrag..	10 %

Kosteneinsparungen
– Personalbereich
- 4 Mitarbeiter, 13 Monatsgehälter,
  Monatslohn brutto .... 2.300,00 EUR
- Lohnnebenkosten pro Jahr pro
  festangestelltem Mitarbeiter .... 3.600,00 EUR
- Stundenweise Aushilfen, Jahresvergütung................ 7.000,00 EUR
– Raumkosten pro Jahr.. 6.000,00 EUR
– Verringerung des Kontokorrentkredites .... 10,5 % von 1 Mio. EUR
– Forderungsausfall.. 0,5 % des Umsatzes
– Skontoabzug beim Wareneinkauf .... 3 % von 8 Mio. EUR
Factoringgebühren
– Dienstleistungsgebühr .... 1,5 % des Umsatzes
– Delkrederegebühr... 0,6 % des Umsatzes
– Finanzierungsgebühr.. 10 % auf den Durchschnittsbetrag der Außenstände

Prüfen Sie, ob sich in diesem Fall echtes und offenes Factoring rechnerisch lohnt, und beraten Sie die Job-Dress GmbH.

G Investitionsrechnungen

In Deutschland betrugen die Bruttoanlageinvestitionen im Jahre 2004 rund 380 Mrd. EUR. Es liegt somit auf der Hand, dass diese Gelder sinnvoll, planmäßig und rationell angelegt und disponiert werden müssen. Diesem Zweck dienen Investitionsrechnungen.

Sie zeigen, ob ein Investitionsobjekt unter rechnerischen Gesichtspunkten vorteilhaft ist und bilden damit eine **rationale Grundlage für betrieblich lohnende Investitionsentscheidungen.** Finanzielle Mittel optimal einzusetzen bedeutet für die einzelne Unternehmung, dass sie auch weiterhin in der Lage ist, wettbewerbsfähig am Markt bestehen und die Gewinn- und Überlebenschancen verbessern zu können.

Grundsätzlich lassen sich statische und dynamische Investitionsrechnungen unterscheiden. Die **statischen Verfahren** wie die Kosten-, Gewinn-, Rentabilitäts- oder Amortisationsvergleichsrechnung beziehen sich nur auf eine ausgewählte Periode. Sie versuchen, die Vorteilhaftigkeit einer Investition zu ermitteln, indem sie die erwarteten Aufwände und Erträge bzw. Kosten und Leistungen des Investitionsobjektes bestimmen und auswerten.

Die **dynamischen Investitionsrechnungsverfahren** hingegen beziehen sich auf alle Nutzungsperioden und basieren auf Einzahlungs- und Auszahlungsströmen. Zudem berücksichtigen sie den zeitlichen Anfall des einzelnen Zahlungsstroms durch entsprechendes Auf- oder Abzinsen, da ein Geldbetrag, der heute in der Kasse ist, mehr Wert ist als ein Geldbetrag in gleicher Höhe, der erst zu einem späteren Zeitpunkt eingeht. Die wichtigsten dynamischen Methoden sind die Kapitalwertmethode, die interne Zinsfussmethode und die Annuitätenmethode.

1 Statische Investitionsrechnungen

Folgende statische **Investitionsrechenverfahren** lassen sich unterscheiden:

▶ Kostenvergleichsrechnung,   ▶ Rentabilitätsvergleichsrechnung,
▶ Gewinnvergleichsrechnung,   ▶ Amortisationsvergleichsrechnung.

Sie beschränken sich alle auf eine Nutzungsperiode. Dieses kann die Anfangs-, eine Durchschnitts- oder eine Repräsentativperiode sein. Die Wahl der Anfangsperiode als Grundlage für die Investitionsentscheidung erscheint wenig sinnvoll, da viele Kosten und Leistungen nicht als repräsentativ für die übrigen Nutzungsperioden angesehen werden können. Insofern dürfte die Wahl einer Durchschnitts- oder Repräsentativperiode eher geeignet sein.

1.1 Kostenvergleichsrechnung

Wie die Bezeichnung schon verdeutlicht, werden mit Hilfe der Kosten*vergleichsrechnung* die Kosten verschiedener alternativer Investitionsobjekte miteinander *verglichen* und die kostengünstigste Anlage gewählt.

1.1.1 Alternativenvergleich durch Kostenvergleich pro Periode

Bei den weiteren Ausführungen sei von einem vereinfachten Beispiel ausgegangen, um die rechnerische Vorgehensweise bei der Kostenvergleichsrechnung zu verdeutlichen.

Beispiel:

Das Reiseunternehmen „Travel-Tours" plant die Anschaffung eines neuen Euroliner-Luxusreisebusses. Zwei Alternativen stehen zur Wahl, für die folgende Daten gelten sollen:

	Alternative I	Alternative II
Anschaffungskosten in EUR	640.000,00	720.000,00
Nutzungsdauer in Jahren...	8	8
Jährliche Kilometerleistung...	200.000	200.000
Kalkulationszinssatz in %	10	10
Variable Kosten pro Kilometer in EUR	1,75	1,70
Sonstige fixe Kosten in EUR pro Jahr.................................	90.000,00	80.000,00

Grundsätzlich lassen sich die Kosten für ein Investitionsobjekt in Kapitalkosten und Betriebskosten einteilen. Während die kalkulatorischen Zinsen und kalkulatorischen Abschreibungen die **Kapitalkosten** (auch als **Kapitaldienst** bezeichnet) darstellen, werden die übrigen Kostenarten als **Betriebskosten** gekennzeichnet. Als Betriebskosten lassen sich vor allem folgende Kosten unterscheiden:

▶ Personalkosten (Löhne und Gehälter einschließlich der Sozialleistungen),

▶ Materialkosten (Roh-, Hilfs-, Betriebsstoffe, Fertigmaterialien),

▶ Instandhaltungskosten (Wartungs-, Reparatur-, Inspektionskosten),

▶ Raumkosten (Miete, Pacht, Abschreibungen für Räume, Energiekosten usw.),

▶ Betriebssteuern und Versicherungen (Kfz-Steuer, Kfz-Versicherungsprämien).

Im o. g. Fall seien die Betriebskosten in den variablen und sonstigen fixen Kosten enthalten. Daher ist es vorab erforderlich, die Kapitalkosten bzw. den Kapitaldienst der beiden Investitionsalternativen zu ermitteln, wobei zunächst von zwei Voraussetzungen ausgegangen wird:

1. Es besteht kein Restwert, d. h. die Busse sind in 8 Jahren auf 0 EUR abzuschreiben.

2. Die Abschreibungsbeträge fließen kontinuierlich durch die in den Reisepreis einkalkulierten Abschreibungsanteile in die Unternehmung zurück (kontinuierlicher Kapitalrückfluss).

1.1.1.1 Berechnung des Kapitaldienstes

(1) Abschreibungen

Im Rahmen der kalkulatorischen Abschreibung ist der Wiederbeschaffungswert gleichmäßig auf die Nutzungsdauer (n) des Investitionsobjektes zu verteilen. Aus Gründen der Vereinfachung sei davon ausgegangen, dass der Anschaffungswert (AW) dem Wiederbeschaffungswert entspricht. Somit ergibt sich folgende Formel zur Ermittlung des **Abschreibungsbetrages** (a):

$$a = \frac{AW}{n}$$

Bezogen auf da o.g. Beispiel erhält man:

$$a_I = \frac{640.000}{8} = 80.000,00 \text{ EUR} \qquad a_{II} = \frac{720.000}{8} = 90.000,00 \text{ EUR}$$

(2) Zinsen

Da der zum Zeitpunkt der Investition eingesetzte Kapitalbetrag bis zum Ende des 8. Jahres kontinuierlich in die Unternehmung zurückfließt, ist der durchschnittlich im Unternehmen gebundene Kapitalbetrag (DGK) nur halb so hoch wie der Anschaffungswert der Reisebusse. Folgende Grafik soll den Zusammenhang veranschaulichen:

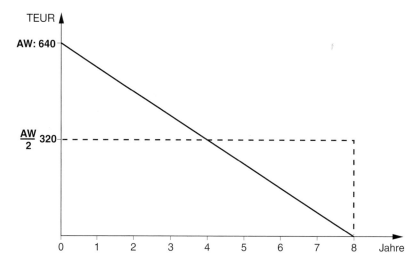

In den ersten Jahren der Nutzung ist der im Unternehmen gebundene Kapitalbetrag höher als der Durchschnitt, in den Jahren 5 - 8 liegt er jedoch unter dem Durchschnitt. Insofern ist diese Situation vergleichbar mit dem Fall, dass die Hälfte des Anschaffungswertes die gesamten 8 Jahre gebunden wäre.

Die durchschnittlichen jährlichen Zinsen lassen sich nun ermitteln, indem das durchschnittlich gebundene Kapital mit dem Zinssatz (i) multipliziert wird.

$$z = \frac{AW}{2} \cdot i$$

Im obigen Fall gilt mithin:

$$z_I = \frac{640.000}{2} \cdot 0,1 = 32.000,00 \text{ EUR} \qquad z_{II} = \frac{720.000}{2} \cdot 0,1 = 36.000,00 \text{ EUR}$$

1.1.1.2 Tabellarischer Kostenvergleich

Beispiel:

Der tabellarische Kostenvergleich lässt sich wie folgt darstellen:

	Alternative I	Alternative II
Anschaffungskosten in EUR	640.000,00	720.000,00
Nutzungsdauer in Jahren....................................	8	8
Jährliche Kilometerleistung	200.000	200.000
Kalkulationszinssatz in %	10	10
Variable Kosten pro Kilometer in EUR..................	1,75	1,70
Sonstige fixe Kosten in EUR pro Jahr	90.000,00	80.000,00
Abschreibungen in EUR	80.000.00	90.000,00
Zinsen in EUR...	32.000,00	36.000,00
Sonstige fixe Kosten in EUR	90.000,00	80.000,00
Fixe Kosten insgesamt in EUR...........................	202.000,00	206.000,00
Variable Kosten		
200.000 · 1,75 EUR..	350.000,00	
200.000 · 1,70 EUR..		340.000,00
Variable Kosten insges. in EUR..........................	350.000,00	340.000,00
Gesamtkosten in EUR	552.000,00	546.000,00
Kostendifferenz in EUR		6.000,00

Die Investitionsentscheidung fiele bei der hier zugrundegelegten Kilometerleistung zugunsten der Investitionsalternative II aus, da dieser Reisebus jährlich 6.000,00 EUR weniger Kosten verursacht als der Bus I ($K_I > K_{II}$).

1.1.1.3 Kritische Auslastung

Die hier unterstellte Kilometerleistung stellt nur einen Schätzwert dar. Insofern ist es für den Unternehmer bedeutsam zu erfahren, ab welcher Kilometerzahl die Investitionsalternative II kostengünstiger wird als die Alternative I oder anders ausgedrückt, bei welcher Kilometerleistung beide Busse die gleichen Kosten verursachen. Dazu sind die Kosten beider Investitionsalternativen gleichzusetzen, wobei die Kilometerleistung als Variable (X) anzusehen ist.

$$K_I = K_{II}$$
$$K_{f;I} + K_{v;I} = K_{f;II} + K_{v;II}$$
$$K_{f;I} + k_{v;I} \cdot X = K_{f;II} + k_{v;II} \cdot X$$

$$202.000 + 1,75\,X = 206.000 + 1,70\,X$$
$$0,05\,X = 4.000$$
$$X = 80.000$$

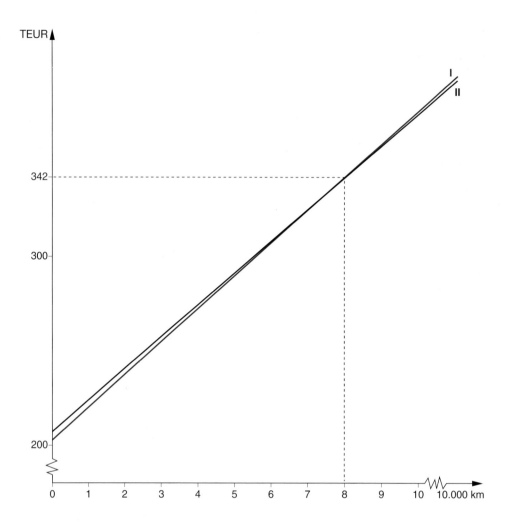

Bei 80.000 Kilometern pro Jahr sind die Kosten beider Busse mit 342.000 EUR gleich hoch. Der Bus I verursacht bei Kilometerleistungen unter 80.000 km wegen geringerer Fixkosten niedrigere Kosten als der Bus II. Liegt die jährliche Fahrleistung über 80.000 km, ist der Reisebus II vorzuziehen, da seine variablen Kostenvorteile die Fixkostennachteile überkompensieren.

1.1.2 Kostenvergleich unter Berücksichtigung eines Restwertes (RW)

Beispiel:

Die bisherigen Ausführungen erfolgten unter der Prämisse, dass für die Busse nach Ablauf der Nutzungsdauer kein Resterlös (Liquidationserlös) mehr zu erzielen war. In diesem Kapitel soll nun diese Voraussetzung aufgehoben werden. Der Bus I erbringe nach Ablauf der 8 Jahre einen Erlös von 160.000,00 EUR, der Bus II von 200.000,00 EUR. Weiterhin wird von einem kontinuierlichen Kapitalrückfluss ausgegangen.

1.1.2.1 Berechnung des Kapitaldienstes

(1) Abschreibungen

Beispiel:

In den 8 Jahren Nutzungsdauer ist jetzt nicht auf 0 EUR, sondern auf einen Betrag von 160.000,00 EUR bzw. 200.000,00 EUR abzuschreiben, um die Wertminderungen entsprechend unserer Kalkulation exakt zu erfassen. Somit sind die jeweiligen Restwerte von den Anschaffungswerten zu subtrahieren und die Differenz auf die Nutzungsdauer zu verteilen.

$$a = \frac{AW - RW}{n}$$

$$a_I = \frac{640.000 - 160.000}{8} = 60.000,00 \text{ EUR} \quad a_{II} = \frac{720.000 - 200.000}{8} = 65.000,00 \text{ EUR}$$

(2) Zinsen

Für die Berechnung der Zinsen ist der durchschnittlich im Unternehmen gebundene Kapitalbetrag (DGK) bedeutsam.

Beispiel:

Vom Zeitpunkt der Investition bis zum Ende des 8. Jahres fließen für den Bus I durch die Abschreibungen insgesamt 480.000,00 EUR kontinuierlich in die Unternehmung zurück. Von diesem Betrag sind durchschnittlich 240.000,00 EUR im Unternehmen gebunden (siehe nachfolgende Abbildung). Da der Restwert erst am Ende des 8. Jahres in die Unternehmung zurückfließt, ist dieser Betrag in Höhe von 160.000,00 EUR während der gesamten Nutzungsdauer gebunden. Somit ergibt sich ein durchschnittlich im Unternehmen gebundener Kapitalbetrag von 400.000,00 EUR.

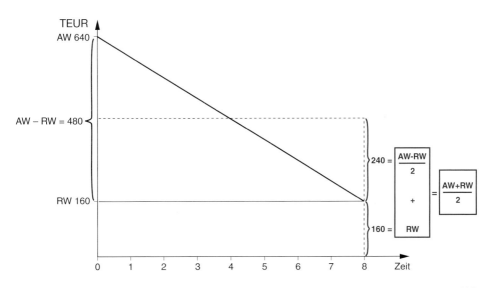

$$DGK = \frac{AW - RW}{2} + RW \quad \text{oder:} \quad DGK = \frac{AW + RW}{2}$$

$$DGK_I = \frac{640.000 + 160.000}{2} = 400.000,00 \text{ EUR}$$

$$DGK_{II} = \frac{720.000 + 200.000}{2} = 460.000,00 \text{ EUR}$$

Der durchschnittlich gebundene Kapitalbetrag ist jeweils zu verzinsen.

$$z = \frac{(AW + RW)}{2} \cdot i$$

$$z_I = \frac{(640.000 + 160.000)}{2} \cdot 0,1 = 40.000,00 \text{ EUR}$$

$$z_{II} = \frac{(720.000 + 200.000)}{2} \cdot 0,1 = 46.000,00 \text{ EUR}$$

1.1.2.2 Tabellarischer Kostenvergleich

Beispiel:

	Alternative I	Alternative II
Anschaffungskosten in EUR	640.000,00	720.000,00
Nutzungsdauer in Jahren	8	8
Restwert (RW) am Ende der Nutzungsdauer in EUR	160.000,00	200.000,00
Jährliche Kilometerleistung	200.000	200.000
Kalkulationszinssatz in %	10	10
Variable Kosten pro Kilometer in EUR (kv)	1,75	1,70
Sonstige fixe Kosten in EUR pro Jahr	90.000,00	80.000,00
Abschreibungen in EUR	60.000,00	65.000,00
Zinsen in EUR	40.000,00	46.000,00
Sonstige fixe Kosten in EUR	90.000,00	80.000,00
Fixe Kosten insgeamt in EUR	190.000,00	191.000,00
Variable Kosten		
200.000 · 1,75 EUR	350.000,00	
200.000 · 1,70 EUR		340.000,00
Variable Kosten insges. in EUR	350.000,00	340.000,00
Gesamtkosten in EUR	540.000,00	531.000,00
Kostendifferenz in EUR		9.000,00

Wie der tabellarische Kostenvergleich zeigt, ist weiterhin das Investitionsobjekt II dem Investitionsobjekt I vorzuziehen. Die Kostendifferenz hat sich im Vergleich zur Betrachtung ohne Restwert sogar noch erhöht. Zwar hat sich die Zinsdifferenz der beiden Investitionsobjekte um 2.000,00 EUR erhöht, allerdings ist die Kostendifferenz bei den Abschreibungen um 5.000,00 EUR geringer ausgefallen, so dass sich der Kostenvorsprung des Busses II um 3.000,00 EUR erhöht hat.

1.1.2.3 Kritische Auslastung

Beispiel:

$$190.000 + 1{,}75\,X = 191.000 + 1{,}70\,X$$
$$X = 20.000$$

Bereits bei einer Fahrleistung von 20.000 km verursachen die beiden Busse gleich hohe Kosten. Bus I ist bei einer Fahrleistung unter 20.000 km vorzuziehen, Bus II bei Kilometerleistungen oberhalb von 20.000 km.

1.1.3 Kostenvergleich bei diskontinuierlichem Kapitalrückfluss

In den weiteren Ausführungen wird die Prämisse des kontinuierlichen Kapitalrückflusses aufgehoben und davon ausgegangen, dass erst am Ende einer jeweiligen Periode das Kapital in die Unternehmung zurückfließt. Damit ändern sich jedoch sowohl die durchschnittliche Kapitalbindungsdauer als auch die Zinsen.

Beispiel:

Die folgende Grafik soll den Zusammenhang verdeutlichen, wobei zunächst von einem Restwert von 0 ausgegangen wird:

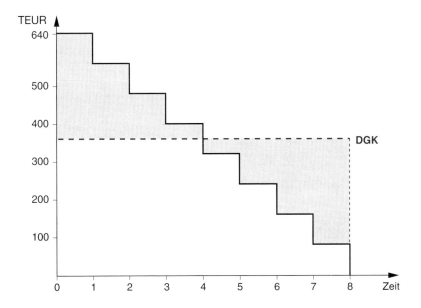

Im ersten Nutzungsjahr sind für den Bus I 640.000,00 EUR im Unternehmen gebunden, im 2. Jahr noch 560.000,00 EUR, im 3. Jahr 480.000,00 EUR usw. Errechnet man nun den durchschnittlich gebundenen Kapitalbetrag, so sind die einzelnen Beträge zu addieren und durch die Dauer der Nutzung zu dividieren (Angaben in Tausend EUR).

$$\frac{640 + 560 + 480 + 400 + 320 + 240 + 160 + 80}{8} = 360$$

Das durchschnittlich im Unternehmen gebundene Kapital beträgt also 360.000,00 EUR. Für den Bus II ergibt sich auf diese Weise ein durchschnittlich gebundenes Kapital von 405.000,00 EUR.

In der Grafik ist dieser Zusammenhang dadurch erkennbar, dass die über dem durchschnittlich gebundenen Kapitalbetrag liegende schraffiert gekennzeichnete Fläche exakt der Fläche entspricht, die unterhalb des durchschnittlich gebundenen Kapitals schraffiert gezeichnet ist. Insofern ist erkennbar, dass in unserem Fall des diskontinuierlichen Kapitalrückflusses genausoviel Kapital gebunden ist, als ob 360.000,00 EUR 8 Jahre lang im Unternehmen gebunden wären.

Mathematisch lässt sich das durchschnittlich gebundene Kapital mit Hilfe folgender Formel bestimmen:

$$DGK = AW \cdot \frac{(n + 1)}{2\,n}$$

Um die Zinsen zu errechnen, ist dieses durchschnittlich gebundene Kapital noch mit dem Zinssatz zu multiplizieren.

$$z = DGK \cdot i = AW \cdot \frac{(n + 1)}{2\,n} \cdot i$$

Für den Bus I ergibt sich somit

$$z_I = 640.000 \cdot \frac{8 + 1}{16} \cdot 0{,}1 = 36.000{,}00 \text{ EUR}$$

Für den Bus II fallen durchschnittlich 40.500,00 EUR Zinsen pro Periode an.

Unterstellt man für den Bus I einen **Restwert** von 160.000,00 EUR, fließen in den 8 Jahren nur 480.000,00 EUR in die Unternehmung zurück, d. h. jährlich 60.000,00 EUR. In diesem Fall sind im 1. Jahr der Nutzung 640.000,00 EUR gebunden, im 2. Jahr 580.000,00 EUR, im 3. Jahr 520.000,00 EUR usw. (siehe Grafik). Im letzten Jahr der Nutzung sind noch 220.000,00 EUR im Unternehmen gebunden (160.000,00 EUR Restwert und 60.000,00 EUR als letzte Rate).

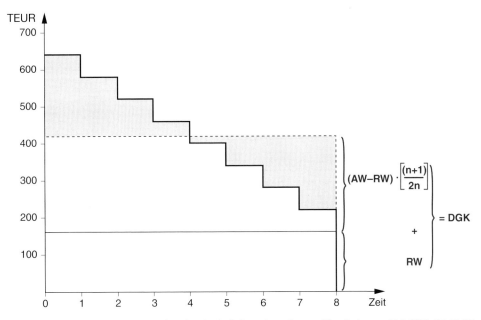

Die Berechnung ergibt ein durchschnittlich gebundenes Kapital von 430.000,00 EUR.

$$DGK = \frac{640 + 580 + 520 + 460 + 400 + 340 + 280 + 220}{8} = 430$$

Das durchschnittlich gebundene Kapital lässt sich auch dadurch ermitteln, dass zunächst der durchschnittlich gebundene Kapitalbetrag für 480.000,00 EUR berechnet wird, der in 8 gleichen Raten in die Unternehmung zurückfließt und anschließend der Restwert, der die gesamte Nutzungsdauer im Unternehmen gebunden ist, addiert wird.

$$DGK = \frac{480 + 420 + 360 + 300 + 240 + 180 + 120 + 60}{8} + 160 = 430$$

Setzt man diese Kenntnis um in die oben angegebene mathematische Formel, so lässt sich festhalten:

$$DGK = (AW - RW) \cdot \frac{(n + 1)}{2\,n} + RW$$

Für den Bus I ergibt sich somit:

$$DGK = (640.000 - 160.000) \cdot \frac{(8 + 1)}{16} + 160.000 = 430.000,00\ EUR$$

Auch hier ist der durchschnittlich gebundene Kapitalbetrag noch mit dem Zinssatz zu multiplizieren, um die Zinsen zu ermitteln.

$$DGK \cdot i = [(AW - RW) \cdot \frac{(n + 1)}{2\,n} + RW] \cdot i$$

Für den Bus I erhält man 43.000,00 EUR Zinsen, für den Bus II 49.250,00 EUR.

Abschließend sollen tabellarisch die Kosten unter Einbeziehung der Restwerte bei diskontinuierlichem Kapitalrückfluss verglichen werden.

	Alternative I	Alternative II
Anschaffungskosten in EUR	640.000,00	720.000,00
Nutzungsdauer in Jahren	8	8
Restwert (RW) am Ende der Nutzungsdauer in EUR	160.000,00	200.000,00
Jährliche Kilometerleistung	200.000	200.000
Kalkulationszinssatz in %	10	10
Variable Kosten pro Kilometer in EUR (kv)	1,75	1,70
Sonstige fixe Kosten in EUR pro Jahr	90.000,00	80.000,00
Abschreibungen in EUR	60.000,00	65.000,00
Zinsen in EUR	43.000,00	49.250,00
Sonstige fixe Kosten in EUR	90.000,00	80.000,00
Fixe Kosten insgeamt in EUR	193.000,00	194.250,00
Variable Kosten		
200.000 · 1,75 EUR	350.000,00	
200.000 · 1,70 EUR		340.000,00
Variable Kosten insges. in EUR	350.000,00	340.000,00
Gesamtkosten in EUR	543.000,00	534.250,00
Kostendifferenz in EUR		8.750,00

Auch diese Berechnung führt zur Vorteilhaftigkeit des Busses II.

1.1.4 Alternativenvergleich durch Kostenvergleich pro Leistungseinheit

Beispiel:

Bisher wurde davon ausgegangen, dass beide Investitionsalternativen die gleiche Leistung, hier jeweils 200.000 km, erbringen. Nur in diesem Fall ist ein Kostenvergleich pro Periode aussagekräftig. Wird der erste Bus jedoch 250.000 km im Jahr genutzt, muss er, da pro Kilometer 1,75 EUR variable Kosten anfallen, zwangsläufig erheblich höhere Kosten verursachen als der zweite Bus. In diesem Fall kann nur ein Kostenvergleich pro Leistungseinheit, also pro Kilometer, vergleichbare Ergebnisse erbringen.

Unterstellt man einen kontinuierlichen Kapitalrückfluss, so kommt man zu folgenden Ergebnissen:

	Alternative I	Alternative II
Anschaffungskosten in EUR	640.000,00	720.000,00
Nutzungsdauer in Jahren	8	8
Restwert (RW) am Ende der Nutzungsdauer in EUR	160.000,00	200.000,00
Jährliche Kilometerleistung	250.000	200.000
Kalkulationszinssatz in %	10	10
Variable Kosten pro Kilometer in EUR (kv)	1,75	1,70
Sonstige fixe Kosten in EUR pro Jahr	90.000,00	80.000,00

	Alternative I	Alternative II
Abschreibungen in EUR pro km		
60.000,00 : 250.000..	0,24	
65.000,00 : 200.000..		0,325
Zinsen in EUR pro km		
40.000,00 : 250.000..	0,16	
46.000,00 : 200.000..		0,23
Sonstige fixe Kosten in EUR pro km		
90.000,00 : 250.000..	0,36	
80.000,00 : 250.000..		0,40
Fixe Kosten in EUR pro km...	0,76	0,955
Variable Kosten in EUR pro km..	1,75	1,70
Gesamtkosten in EUR pro km...	2,51	2,655
Kostendifferenz in EUR pro km...	0,145	

Zwar sind die variablen Kosten pro Kilometer bei dem Bus I höher als bei dem zweiten Bus, allerdings verteilen sich die Fixkosten der Alternative I auf eine erheblich größere Kilometerleistung, so dass der Bus I dem Bus II in diesem Fall vorzuziehen ist. Er verursacht pro Kilometer 0,145 EUR niedrigere Kosten.

1.1.5 Beurteilung der Kostenvergleichsrechnung

Die Kostenvergleichsrechnung lässt sich als einfaches, leicht handhabbares Verfahren charakterisieren. Sie stellt damit eine **grobe Richtschnur für unternehmerische Entscheidungen dar.**

Allerdings bleiben Erlöse unberücksichtigt, so dass über die Gewinnhöhen einzelner Investitionsobjekte keine Aussage getroffen werden kann. Zudem lassen sich keine Informationen über die Rentabilität einer Investition gewinnen. Als problematisch dürfte sich in der Praxis weiterhin die Aufteilung der Kosten in fixe und variable Bestandteile erweisen sowie die Zuordnung der einzelnen Kosten zum jeweiligen Investitionsobjekt.

Die Kostenvergleichsrechnung erfasst außerdem nicht die Zeitpräferenz durch entsprechende Auf- oder Abzinsungen der Zahlungsströme. Damit wird der zeitliche Anfall der Zahlungen außer acht gelassen.

Kostenvergleichsrechnungen lassen sich nur als Alternativenvergleich durchführen. Einzelne Investitionsobjekte alleine können insofern nicht auf ihre Vorteilhaftigkeit hin geprüft werden.

Wie bei jeder Methode der Investitionsrechnungen handelt es sich auch bei der Kostenvergleichsrechnung um angenommene, also geschätzte Werte. Folglich ist dieses Investitionsrechenverfahren mit Unsicherheiten behaftet.

1.1.6 Aufgaben zur Wiederholung und Vertiefung

1. Aufgabe

Welchen Zweck erfüllen Investitionsrechenverfahren für die betriebliche Praxis?

2. Aufgabe

Ein metallverarbeitendes Unternehmen benötigt für seine Fertigung bestimmte Drehteile. Es bieten sich dem Unternehmen die folgenden Alternativen:

Alternative I: Kauf einer Drehmaschine traditioneller Bauart

Anschaffungskosten...	96.000,00 EUR
Nutzungsdauer..	6 Jahre
Kapazität	8.000 Stück/Jahr
Abschreibungen: von den geschätzten Wiederbeschaffungskosten	120.000,00 EUR
Zinsen: 10 % vom durchschnittlich gebundenen Kapital Gehälter...	20.000,00 EUR
Sonstige Fixkosten..	16.000,00 EUR
Fertigungslöhne (bei 8.000 Stück)..	88.000,00 EUR
Material (bei 8.000 Stück)..	160.000,00 EUR
Sonstige variable Kosten (bei 8.000 Stück)...............................	12.000,00 EUR

Alternative II: Kauf einer halbautomatischen Drehmaschine

Anschaffungskosten..	240.000,00 EUR
Nutzungsdauer..	6 Jahre
Kapazität	10.000 Stück/Jahr
Abschreibung: von den geschätzten Wiederbeschaffungskosten	270.000,00 EUR
Zinsen: 10 % vom durchschnittlich gebundenen Kapital Gehälter...	20.000,00 EUR
Sonstige fixe Kosten	20.000,00 EUR
Fertigungslöhne (bei 10.000 Stück)..	58.000,00 EUR
Material (bei 10.000 Stück)..	180.000,00 EUR
Sonstige variable Kosten (bei 10.000 Stück).............................	10.000,00 EUR

Ermitteln Sie die kostengünstigste Alternative bei einer Produktion von 5.000 Drehteilen.

3. Aufgabe

Wie können Sie die so genannte kritische Menge ermitteln?

4. Aufgabe

Beurteilen Sie kritisch die Kostenvergleichsrechnung hinsichtlich der ihr zugrunde liegenden Prämissen (Annahmen) und hinsichtlich ihrer Eignung als Entscheidungshilfe für die betriebliche Praxis.

5. Aufgabe

Die Solair GmbH, Hersteller von Gartenmöbeln, plant, Kunststoffständer für Sonnenschirme in ihr Produktionsprogramm mit aufzunehmen. Dafür stehen zwei alternative Investitionsobjekte (IO) - ein Vollautomat und ein Halbautomat - zur Wahl, für die folgende Kostensituationen anzunehmen sind:

	IO I	IO II
Materialkosten in EUR pro Stück	2,00	2,00
Akkordlöhne in EUR pro Stück	1,00	3,00
Kapitaldienst in EUR pro Jahr	10.000,00	6.000,00
Sonst. fixe Kosten in EUR pro Jahr	2.000,00	2.000,00

In die Überlegungen ist außerdem einzubeziehen, dass diese Sonnenschirmständer auch von einem Zulieferer zum Preis von 15,00 EUR pro Stück bezogen werden können.

1. Ermitteln Sie grafisch und rechnerisch die kritischen Ausbringungsmengen.
   (Bearbeitungshinweise: 200 Stück = 1 cm
   $$2.000,00 \text{ EUR} = 1 \text{ cm})$$

2. Analysieren und begründen Sie ausführlich, wie die Unternehmensleitung bei unterschiedlichen Ausbringungsmengen entscheiden sollte.

3. Berechnen Sie die Kosten der verschiedenen Varianten bei einer möglichen Absatzmenge von 1.500 Stück.

4. Der Zulieferer unterbreitet der Solair GmbH das Angebot, ab einer Abnahmemenge von 500 Stück für jeden Sonnenschirmständer über dieser Menge einen Nachlass von $33^1/_3$ % zu gewähren.
   a) Zeichnen Sie in der unter 1. erstellten Grafik die neue Funktion ein.
   b) Ermitteln Sie rechnerisch die sich neu ergebenden kritischen Mengen.

6. Aufgabe

Ein Industriebetrieb steht vor der Entscheidung, seine Außendienstmitarbeiter mit neuen PKW auszustatten. Zur Wahl stehen zwei Modelltypen der gehobenen Mittelklasse.

	Pkw Modell A	Pkw Modell B
Anschaffungskosten	52.000,00 EUR	45.000,00 EUR
Nutzungsdauer	4 Jahre	4 Jahre
Geschätzter Verkaufspreis nach 4 Jahren........................	16.000,00 EUR	13.000,00 EUR
Jährliche Kilometerleistung...	50.000 km	50.000 km
Versicherung und Steuern p. a.	2.000,00 EUR	1.500,00 EUR
Benzinverbrauch/100 km..	10 l	12 l
Benzinpreis/l...	1,20 EUR	1,20 EUR
Inspektionskosten pro 10.000 km....................................	200,00 EUR	220,00 EUR
Kosten für Verschleißteile (Reifen usw.) pro 10.000 km.....	400,00 EUR	340,00 EUR
Kalkulationszinsfuß...	8 %	8 %

1. Welcher PKW ist bei der angenommenen Jahreskilometerleistung von 50.000 km pro km kostengünstiger, wenn eine kontinuierliche Kapitalfreisetzung durch Abschreibungen unterstellt wird?

2. Ermitteln Sie den Kapitaldienst (Zinsen und Abschreibungen) für die beiden Modelltypen, wenn ein diskontinuierlicher Verlauf der Kapitalfreisetzung durch Abschreibungen unterstellt wird.

3. Ermitteln Sie für beide Modelltypen die Kosten pro km bei einer Jahreskilometerleistung von 100.000 km. Es wird unterstellt, dass der Wiederverkaufspreis für das Modell A nach 4 Jahren jetzt 6.000,00 EUR und für das Modell B 2.000,00 EUR beträgt und dass der Verlauf der Kapitalfreisetzung durch Abschreibungen kontinuierlich ist.

4. Bei welcher Jahreskilometerleistung sind beide PKW kostengleich? Es wird unterstellt, dass der Kapitaldienst p. a. beim Modell A 11.720,00 EUR und beim Modell B 10.320,00 EUR beträgt.

1.2 Gewinnvergleichsrechnung

Die Gewinnvergleichsrechnung stellt eine **Erweiterung der Kostenvergleichsrechnung** dar, da sie neben den Kosten auch noch die den Investitionsobjekten zuzurechnenden Erträge berücksichtigt.

Die Erträge der einzelnen Investitionsobjekte können sich aus folgenden Gründen voneinander unterscheiden:

▶ die zur Wahl stehenden Investitionsobjekte unterscheiden sich in ihrer quantitativen Leistungsfähigkeit (Kapazität), so dass bei gleichem Preis pro Stück die Erlöse pro Periode unterschiedlich sind,

▶ die zur Wahl stehenden Investitionsobjekte unterscheiden sich in ihrer qualitativen Leistungsfähigkeit, so dass der Preis pro Stück unterschiedlich hoch ist. Bei gleicher Kapazität ist damit auch der Erlös pro Periode um den Betrag Preisdifferenz x Leistungsmenge höher.

Als Gewinn wird – wie üblich – die Differenz zwischen Erlösen und Kosten verstanden. Anders als bei der Kostenvergleichsrechnung kann mit Hilfe der Gewinnvergleichsrechnung auch die **Vorteilhaftigkeit** eines einzelnen Investitionsobjektes beurteilt werden. Vorteilhaft ist ein Investitionsobjekt dann, wenn der Gewinn größer oder gleich Null ist.

Beispiel:

Das Reiseunternehmen „Travel-Tours" rechnet für die Alternative I mit einem durchschnittlichen Kilometerpreis von 3,00 EUR bei einer jährlichen Gesamtkilometerleistung von 200.000 km. Es gelten ansonsten die bereits bekannten Daten (siehe 1.1.1.2).

Erlöse	(200.000 · 3,00)	600.000,00 EUR
▶ Variable Kosten	(200.000 · 1,75)	350.000,00 EUR
▶ Abschreibung		80.000,00 EUR
▶ Zinsen		32.000,00 EUR
▶ Sonstige Fixkosten		90.000,00 EUR
Gewinn		**48.000,00 EUR**

Die Investition lohnt sich folglich.

Das **Wahlproblem** stellt sich, wenn mehrere alternative Investitionsobjekte zur Verfügung stehen.

Das Reiseunternehmen „Travel-Tours" rechnet für die Alternative I mit einem durchschnittlichen Kilometerpreis von 3,00 EUR und für die Alternative II mit einem durchschnittlichen Kilometerpreis von 3,20 EUR bei einer jährlichen Gesamtkilometerleistung von jeweils 200.000 km. Es gelten ansonsten die bereits bekannten Daten:

	Alternative I	Alternative II
Erlöse	600.000,00 EUR	640.000,00 EUR
– Variable Kosten	350.000,00 EUR	340.000,00 EUR
– Abschreibung	80.000,00 EUR	90.000,00 EUR
– Zinsen	32.000,00 EUR	36.000,00 EUR
– Sonstige Fixkosten	90.000,00 EUR	80.000,00 EUR
Gewinn	**48.000,00 EUR**	**94.000,00 EUR**

Die Alternative II ist demnach vorzuziehen, da der Gewinn um 46.000,00 EUR pro Jahr höher ist.

Ermittlung der kritischen Auslastung:

Für das Reiseunternehmen ist es wichtig zu wissen, ab welcher jährlichen Gesamtkilometerleistung der Reisebus II vorzuziehen ist oder anders gesagt, bei welcher jährlichen Gesamtkilometerleistung beide Reisebusse gewinngleich bzw. verlustgleich sind.

Zu diesem Zweck werden die Gewinnfunktionen beider Investitionsalternativen gleichgesetzt:

$$G_I = 3 x \quad - (202.000 + 1,75 x)$$
$$G_{II} = 3,2 x - (206.000 + \quad 1,7 x)$$

$$3 x - 1,75 x - 202.000 = 3,2 x - 1,7 x - 206.000$$
$$0,25 x = 4.000$$
$$x = 16.000$$

Ab einer jährlichen Gesamtkilometerleistung von 16.000 km ist die Investitionsalternative II vorzuziehen.

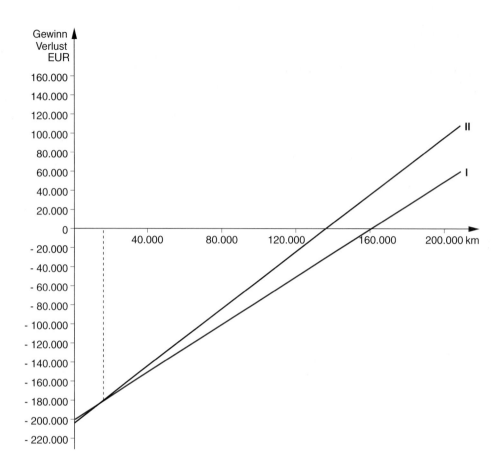

1.3 Rentabilitätsvergleichsrechnung

Bei der Gewinnvergleichsrechnung wird die absolute Gewinnhöhe als Maßstab genommen, um zu beurteilen, ob eine Investition vorteilhaft ist oder welches der alternativen Investitionsobjekte vorzuziehen ist. Wenn beispielsweise die eingesetzten Kapitalien stark voneinander abweichen, ist das Kriterium der absoluten Gewinnhöhe nicht ausreichend. Wichtig ist dann der relative Gewinn, d.h. der absolute Gewinn muss in Relation zum eingesetzten Kapital gesetzt werden (= Rentabilität des eingesetzten Kapitals).

$$\text{Rentabilität} = \frac{\text{Gewinn* } \cdot \text{ 100}}{\text{Ø eingesetztes Kapital}}$$

* Die kalkulatorischen Zinsen werden nicht als Kostenbestandteil wie bei der Kosten-vergleichs- und Gewinnvergleichsrechnung berücksichtigt, da die ermittelte Renta-bilitätskennzahl die Verzinsung des insgesamt eingesetzten Kapitals ausdrückt.

Das Reiseunternehmen „Travel-Tours" rechnet mit einem Kalkulationszinsfuß von 10 %. Ansonsten gelten die bisherigen Daten (siehe 1.1.1.2).

Investitionsobjekt I

Erlöse	(200.000 · 3)......	600.000,00 EUR
– Abschreibungen		80.000,00 EUR
– Sonstige Fixkosten...		90.000,00 EUR
– Variable Kosten......................................	(200.000 · 1,75)......	350.000,00 EUR
Gewinn		**80.000,00 EUR**

$$\text{Rentabilität} = \frac{80.000 \cdot 100}{\frac{640.000}{2}} = 25\,\%$$

Das eingesetzte Kapital für die Investitionsalternative I verzinst sich zu 25 %. Da dieser Zinssatz höher ist als die angestrebte Mindestverzinsung von 10 %, lohnt die Investition.

Um zu entscheiden, ob die Investitionsalternative II günstiger als die Investitionsalternative I zu beurteilen ist, muss noch die Rentabilität für den Reisebus II ermittelt werden:

Investitionsobjekt II

Erlöse	(200.000 · 3,20)......	640.000,00 EUR
– Abschreibungen		90.000,00 EUR
– Sonstige Fixkosten...		80.000,00 EUR
– Variable Kosten......................................	(200.000 · 1,70)......	340.000,00 EUR
Gewinn		**130.000,00 EUR**

$$\text{Rentabilität} = \frac{130.000 \cdot 100}{\frac{720.000}{2}} = 36{,}11\,\%$$

Investitionsobjekt II verzinst sich mit 36,11 % und ist demnach dem Investitionsobjekt I vorzuziehen.

1.4 Amortisationsvergleichsrechnung

Die bisherigen Verfahren der Investitionsrechnung gaben Aufschluss über die Höhe der Kosten, der Gewinne oder der Rentabilität eines eingesetzten Kapitals. Unbeachtet blieb allerdings die Frage, in welchem Zeitraum sich eine Investition amortisiert, d.h. in welcher Zeit der Kapitaleinsatz durch Rückflüsse wiedergewonnen werden kann. Dieses Problem soll die Amortisationsvergleichsrechnung (auch Pay-back- oder Pay-off-Rechnung genannt) lösen. Durch sie wird die sog. **Amortisationszeit** (tw) oder auch **Wiedergewinnungszeit** berechnet.

1.4.1 Durchschnittsrechnung

Beispiel:

Beim Kauf des Reisebusses ist zunächst die Variante I zugrunde zu legen. Danach ergeben sich neben den Anschaffungsausgaben von 640.000,00 EUR folgende Kosten und Erlösbeträge (siehe auch Kap. 1.1.1.2 sowie Kap. 1.2):

Erlöse	600.000,00 EUR
– variable Kosten	350.000,00 EUR
– AfA	80.000,00 EUR
– Zinsen	32.000,00 EUR
– sonst. fixe Kosten	90.000,00 EUR
Gewinn	**48.000,00 EUR**

Zu prüfen ist nun, wie lange es dauert, bis der Kapitaleinsatz in Höhe von 640.000,00 EUR durch entsprechende Zahlungsrückflüsse in die Unternehmung amortisiert werden kann. Da bei den statischen Verfahren der Investitionsrechnung nicht mit Zahlungsströmen, sondern mit Kosten und Leistungen gearbeitet wird, sind nur diejenigen Beträge als Rückflüsse zu berücksichtigen, denen keine unmittelbaren Auszahlungen gegenüberstehen. Insofern tragen neben dem durchschnittlichen jährlichen Gewinn (DG), der erwirtschaftet wird, auch die Abschreibungen zur Wiedergewinnung des einmal investierten Kapitalbetrages bei. Damit ergibt sich die Amortisationszeit aus der Beziehung:

$$tw = \frac{AW}{DG + AfA}$$

Für den Reisebus I ergibt sich somit eine Amortisationszeit von:

$$tw = \frac{640.000}{48.000 + 80.000} = 5 \text{ Jahre}$$

Berücksichtigt man einen Restwert, so ist nicht der gesamte, sondern nur der um den Restwert verminderte Anschaffungswert zu amortisieren.

$$tw = \frac{AW - RW^{1)}}{DG + AfA}$$

---

[1] Werden auch die kalkulatorischen Zinsen gedanklich für die Amortisation verwendet, so sind auch sie im Nenner zu berücksichtigen, so dass sich die Amortisationszeit berechnet durch:

$$tw = \frac{AW}{DG + AfA + Z} \quad \text{bzw.} \quad \frac{AW - RW}{DG + AfA + Z}$$

In diesem Fall betragen der durchschnittliche Gewinn 600.000,00 EUR abzüglich 540.000,00 EUR = 60.000,00 EUR und die Abschreibungen 60.000,00 EUR (siehe auch Kap. 1.1.2.2), so dass sich ergibt:

$$tw = \frac{640.000 - 160.000}{60.000 + 60.000} = 4 \text{ Jahre}$$

Ob aufgrund der hier ermittelten Amortisationszeiten die Investition als vorteilhaft bezeichnet werden kann, hängt vom subjektiven Anspruch des Investors ab. Häufig wird eine Amortisationszeit von 5 Jahren gefordert, die nicht zu überschreiten ist[1]. Als Entscheidungskriterium gilt folglich:

$$tw \leq tw_{max}$$

Vergleicht man mehrere alternative Investitionsobjekte, ist das Objekt mit der kürzesten Amortisationszeit zu wählen. Allerdings darf die Amortisationszeit nicht größer sein als die vom Investor maximal erwartete.

$$tw_I < > tw_{II} \leq tw_{max}$$

1.4.2 Kumulationsrechnung

Können die Rückflüsse des Investitionsobjektes für jedes Jahr der Nutzungsdauer bestimmt werden, lässt sich die Amortisationszeit auch mit Hilfe der Kumulationsrechnung ermitteln. In diesem Fall wird die Investitionsentscheidung nicht mehr aufgrund einer repräsentativen oder Durchschnittsperiode getroffen. Die **Höhe der Rückflüsse in den einzelnen Nutzungsperioden** ist jetzt bedeutsam.

Beispiel:

Für die Investitionsalternativen I und II sollen sich die in der Tabelle angegebenen Gewinn- und Abschreibungsbeträge ergeben (Beträge in Tausend EUR):

Nutzungs-dauer	Alternative I				Alternative II			
	AfA	Gewinn	Σ	Kumulierte Rückflüsse	AfA	Gewinn	Σ	Kumulierte Rückflüsse
1	80	36	116	116	90	104	194	194
2	80	38	118	234	90	104	194	388
3	80	40	120	354	90	100	190	578
4	80	48	128	482	90	98	188	766
5	80	52	132	614	90	94	184	950
6	80	56	136	750	90	86	176	1.126
7	80	56	136	886	90	86	176	1.302
8	80	58	138	1.024	90	80	170	1.472
		DG = 48				DG = 94		

---

[1] Vgl. Däumler, K.-D.: Grundlagen der Investitions- und Wahrscheinlichkeitsrechnung, 6. Auflage, S. 157.

Die Zahlenwerte verdeutlichen, dass sich das Investitionsobjekt I zwischen dem 5. und 6. Nutzungsjahr, genau nach 5,19[1]) Jahren, amortisiert, der Investitionsbetrag für den Reisebus II jedoch schon zwischen dem 3. und 4. Nutzungsjahr wiedergewonnen wird, etwa nach 3 Jahren und 9 Monaten.[1])

Die Investitionsentscheidung dürfte in diesem Fall zugunsten des Reisebusses II fallen. Für diese Investitionsalternative errechnet sich eine erheblich kürzere Amortisationszeit, da die erwarteten Gewinne des Investitionsobjektes II in den ersten Jahren der Nutzung im Verhältnis zu den letzten Nutzungsjahren relativ hoch sind. Die Entwicklung der Gewinne des Reisebusses I verhält sich entgegengesetzt.

1.4.3 Bedeutung der Amortisationsvergleichsrechnung[2)]

Unter den statischen Verfahren der Investitionsrechnung wird in der Praxis die Amortisationsvergleichsrechnung am häufigsten angewandt. Im Rahmen einer Umfrage gaben etwa 50 % der antwortenden Unternehmen an, die Amortisationszeit zu ermitteln. Allerdings werden Investitionsentscheidungen selten allein auf der Grundlage der Amortisationsvergleichsrechnung getroffen. Sie wird im Allgemeinen als **zusätzliches Entscheidungsmerkmal** herangezogen.

Unter Risikogesichtspunkten werden Investitionen mit kurzer Amortisationszeit denen mit langer Wiedergewinnungszeit vorgezogen, weil sie als sicherer gelten. Damit werden jedoch langfristige Investitionen wie z. B. Bauvorhaben diskriminiert, obwohl ihre Notwendigkeit und Bedeutung niemand bestreiten dürfte. Die in der Umfrage antwortenden Unternehmen bekräftigen allerdings, dass das Kriterium der Amortisationszeit weniger für Großinvestitionen von mehr als 100.000,00 EUR und für Immobilien gelte als eher für Investitionen kleinerer und mittlerer Anlagen.

Zudem bedeuten auch kurze Amortisationszeiten nicht in jedem Fall, dass die Investition wirtschaftlich ist.

Beispiel:

(Beträge in Tausend EUR):

	Investition			
	I	II	III	IV
Kapitaleinsatz	50	50	50	50
Nutzungsdauer in Jahren	4	4	4	4
Rückflüsse				
1. Jahr	10	10	10	40
2. Jahr	40	40	40	10
3. Jahr	–	2	10	15
4. Jahr	–	–	15	10

[1]) Nebenrechnungen:

136.000,00 EUR – 1 Jahr	188.000,00 EUR – 1 Jahr
26.000,00 EUR – x Jahre	142.000,00 EUR – x Jahre
x = 0,19	x = 0,76
tw = 5,19 Jahre	tw = 3,76 Jahre

[2]) Siehe hierzu Bröer, N., und Däumler, K.-D.: Investitionsrechnungsmethoden in der Praxis. Eine Umfrage; in: Buchführung, Bilanz, Kostenrechnung, Heft 13, S. 709 ff., sowie Däumler, K.-D.: Grundlagen der Investitions- Wirtschaftlichkeitsrechnung, 6. Auflage, S. 157 ff.

Für alle vier betrachteten Investitionsalternativen ergibt sich eine Amortisationszeit von 2 Jahren. Die ersten beiden Objekte erbringen nach der Amortisation keine (IO I) oder nur eine sehr geringe (IO II) Verzinsung des eingesetzten Kapitalbetrages. Sie gelten damit als unvorteilhaft. Zwar ist diese Verzinsung im Fall III erheblich höher, dennoch dürfte die Investitionsalternative IV vorzuziehen sein, da bei ihr die jeweiligen Rückflüsse früher anfallen als bei den Investitionsobjekten I, II und III.

Generell sollte also die Amortisationszeit nicht als alleiniges Entscheidungskriterium herangezogen, sondern geprüft und berücksichtigt werden, ob eine ausreichende Verzinsung der einzusetzenden Kapitalbeträge gewährleistet wird und zu welchem Zeitpunkt die jeweiligen Rückflüsse anfallen.

1.4.4 Aufgaben zur Wiederholung und Vertiefung

1. Aufgabe (zur Gewinnvergleichsrechnung)

Für 2 Investitionsobjekte gelten folgende Daten:

	Investitionsobjekt I	Investitionsobjekt II
Anschaffungskosten	480.000,00 EUR	600.000,00 EUR
Nutzungsdauer	8 Jahre	8 Jahre
Kapazität pro Jahr	15.000 Stück	15.000 Stück
Preis pro Stück	20,00 EUR	22,50 EUR
Variable Kosten / Stück	8,00 EUR	7,00 EUR
Zinssatz	10 %	10 %
Sonstige Fixkosten pro Jahr	26.000,00 EUR	30.000,00 EUR

1. Ermitteln Sie, welches Investitionsobjekt bei voller Kapazitätsauslastung den größten Gewinn erbringt.

2. Bei welcher Produktions- und Absatzmenge erbringen beide Investitionsobjekte den gleichen Gewinn?

2. Aufgabe (zur Rentabilitätsvergleichsrechnung)

Ein Unternehmen plant, die Produktion von Drehteilen ins Produktionsprogramm mit aufzunehmen. Zur Wahl stehen 2 Revolverdrehbänke, für die mit folgenden Zahlen gerechnet wird:

	Revolverdrehbank I	Revolverdrehbank II
Anschaffungskosten	150.000,00 EUR	210.000,00 EUR
Nutzungsdauer	5 Jahre	6 Jahre
Restwert	30.000,00 EUR	42.000,00 EUR
Kapazitätsauslastung pro Jahr	18.000 Stück	20.000 Stück
Preis pro Drehteil	10,00 EUR	11,00 EUR
Variable Kosten pro Drehteil	4,00 EUR	4,50 EUR
Angestrebte Mindestverzinsung	8 %	8 %
Fixkosten (ohne Abschreibung)	66.000,00 EUR	72.000,00 EUR

Welche Investition ist vorzuziehen?

3. Aufgabe (zur Amortisationsvergleichsrechnung)

Die Wurst GmbH besitzt einen Schnellimbiss-Verkaufswagen. Ihr werden zwei alternative Standorte mit einer im voraus zu entrichtenden Gesamtpacht von 60.000,00 EUR je Standort für die Dauer von 5 Jahren angeboten. Standort I befindet sich nahe einer metallverarbeitenden Fabrik, deren Betrieb jedoch nach und nach abgebaut wird. Der Standort II befindet sich in der Nähe eines neu entstehenden Wohnungsbaugebietes. Die jährlichen Rückflüsse, die sich aufgrund der beiden Standorte ergeben, sind aus folgender Tabelle ersichtlich:

Rückflüsse	Standort I	Standort II
1. Jahr	50.000,00 EUR	10.000,00 EUR
2. Jahr	40.000,00 EUR	20.000,00 EUR
3. Jahr	30.000,00 EUR	30.000,00 EUR
4. Jahr	20.000,00 EUR	40.000,00 EUR
5. Jahr	10.000,00 EUR	50.000,00 EUR

Beurteilen Sie mit Hilfe der Amortisationsvergleichsrechnung (Durchschnitts- und Kumulationsrechnung), für welchen Standort sich die Wurst GmbH entscheiden sollte.

4. Aufgabe (zur Amortisationsvergleichsrechnung)

Die Möbelfabrik Hoffmann KG plant die Anschaffung einer neuen maschinellen Anlage. Zwei Alternative Objekte stehen zur Wahl. Es gelten folgende Daten:

	Maschine I	Maschine II
Anschaffungswert in EUR	240.000,00	360.000,00
Restwert in EUR	40.000,00	60.000,00
Nutzungsdauer in Jahren	5	5
Gewinnverteilung in EUR		
1. Jahr	40.000,00	110.000,00
2. Jahr	48.000,00	108.000,00
3. Jahr	52.000,00	62.000,00
4. Jahr	68.000,00	60.000,00
5. Jahr	72.000,00	60.000,00

1. Berechnen Sie die Amortisationszeit für beide Maschinen nach der Durchschnitts- und nach der Kumulationsrechnung.

2. Begründen Sie die unterschiedliche Vorteilhaftigkeit je nach Berechnungsmethode.

3. Nehmen Sie zu folgender Aussage kritisch Stellung: „Die Amortisationsvergleichsrechnung ist die entscheidende statische Methode, um die Vorteilhaftigkeit einer Investition zu beurteilen."

Für die Busse des Unternehmens „Travel-Tours" gelten folgende Daten:

	Alternative I	Alternative II
Anschaffungskosten in EUR	640.000,00	720.000,00
Nutzungsdauer in Jahren	8	8
Restwert (RW) am Ende der Nutzungsdauer in EUR	160.000,00	200.000,00
Jährliche Kilometerleistung	200.000	200.000
Kalkulationszinssatz in %	10	10
Variable Kosten pro Kilometer in EUR (kv)	1,75	1,70
Sonstige fixe Kosten in EUR pro Jahr	90.000,00	80.000,00
Jährliche Erlöse in EUR		
1. Jahr	640.000,00	585.000,00
2. Jahr	640.000,00	590.000,00
3. Jahr	640.000,00	600.000,00
4. Jahr	640.000,00	609.000,00
5. Jahr	600.000,00	650.000,00
6. Jahr	570.000,00	655.000,00
7. Jahr	560.000,00	650.000,00
8. Jahr	550.000,00	629.000,00

1. Prüfen Sie mit Hilfe der Amortisationsvergleichsrechnung, welcher Bus vorteilhaft ist. Wenden Sie die Durchschnitts- und Kumulationsrechnung an. Unterstellen Sie einen kontinuierlichen Kapitalrückfluss. Begründen Sie Ihre Entscheidung.

2. Welches Investitionsobjekt ist zu wählen bei diskontinuierlichem Kapitalrückfluss unter Zuhilfenahme der
   a) Durchschnittsmethode,
   b) Kumulationsrechnung?

3. Bestimmen Sie die Vorteilhaftigkeit der Investition mit Hilfe weiterer statischer Investitionsrechnungen. Begründen Sie Ihre Investitionsentscheidung.

2 Dynamische Investitionsrechnung

2.1 Wesen

Während kleinere Betriebe überwiegend auf statische Verfahren der Investitionsrechnung zurückgreifen, wenden **Großunternehmen** heute vorwiegend die **Verfahren der dynamischen Investitionsrechnung** an. Allerdings werden diese Verfahren häufig durch weitere statische Berechnungen ergänzt. Bereits 1985 wurden in nahezu 80 % der deutschen Großunternehmen dynamische Verfahren der Investitionsrechnung angewandt, jedoch nur ca. 20 % beschränken sich ausschließlich auf dynamische Verfahren. Obwohl die Methode des internen Zinsfußes dabei in der

Praxis dominiert, soll hier schwerpunktmäßig die **Kapitalwertmethode** dargestellt werden, weil sie die Grundlage der meisten anderen dynamischen Verfahren ist.

Während die statischen Verfahren mit Aufwand, Ertrag, Kosten und Leistungen rechnen, spielen bei den dynamischen Verfahren tatsächliche und zukünftige Zahlungen die entscheidende Rolle. Im Unterschied zu den statischen Verfahren beziehen sich die dynamischen Methoden nicht nur auf eine Periode, sondern die Zahlungen werden im Zeitablauf berücksichtigt.

Interessant ist die Frage, wie viel 1 EUR, den ich heute investiere, in 5 Jahren wert ist oder wie viel EUR muss ich heute anlegen, wenn ich in 5 Jahren 30.000,00 EUR benötige?

Durch Auf- und Abzinsen wird bei diesen Verfahren also der zeitliche Anfall von Zahlungen berücksichtigt.

Beispiel:

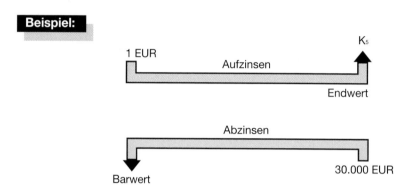

2.2 Finanzmathematische Grundlagen der dynamischen Verfahren

Sollen Zahlungsströme vergleichbar gemacht werden, so sind sie stets auf den gleichen Zeitpunkt zu beziehen, mit anderen Worten: heute eingesetztes Kapital muss auf einen zukünftigen Zeitpunkt aufgezinst, bzw. zukünftige Zahlungen müssen auf den gegenwärtigen Zeitpunkt abgezinst werden.

Wie allgemein in der Finanzmathematik üblich, sollen auch hier folgende Abkürzungen gebraucht werden:

K = Kapital
A = Auszahlung
E = Einzahlung
C = Kapitalwert
L = Liquidationserlös = Restwert
K_{ia} (vgl. Tabelle S. 159) = Kapital am Jahresanfang, K_{ie} = Kapital am Jahresende
p = Zinssatz in % z. B. p = 5 %
i = Zinssatz in Dezimalschreibweise P/100 z. B. 5 % = 0,05
q = 1 + i

Die verschiedenen Betrachtungsperioden werden als tiefergestellter Index (z. B. K_1) ausgedrückt.

2.2.1 Aufzinsen heutiger Zahlungen auf einen zukünftigen Zeitpunkt

Beispiel:

Wie viel EUR erhält man in 3 Jahren, wenn man heute 10.000,00 EUR zu 8 % anlegt?

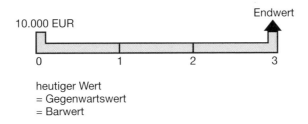

heutiger Wert
= Gegenwartswert
= Barwert

Tabellarische Darstellung der Kapitalentwicklung:

Jahr	K_{ja}	Zinsen	K_{je}	Allgemein
1	10.000	800	10.800	$\begin{aligned} K_1 &= K_0 + K_0 \cdot i \\ &= K_0(1+i) \end{aligned}$
2	10.800	864	11.664	$\begin{aligned} K_2 &= K_1 + K_1 \cdot i \\ &= K_1 (1 + i) \\ &= K_0 (1 + i)(1 + i) \\ &= K_0 (1 + i)^2 \end{aligned}$
3	11.664	933,12	12.597,12	$\begin{aligned} K_3 &= K_2 + K_2 \cdot i \\ &= K_2 (1 + i) \\ &= K_0 (1 + i)^2 \cdot (1 + i) \\ &= K_0 (1 + i)^3 \end{aligned}$
n				$\begin{aligned} K_n &= K_{n-1} + K_{n-1} \cdot i \\ &= K_{n-1} (1 + i) \\ &= K_0 (1 + i)^{n-1} \cdot (1 + i) \\ &= K_0 (1 + i)^n \end{aligned}$

Wie die tabellarische Aufstellung zeigt, kann der Wert des eingesetzten Kapitals am Ende eines beliebigen Jahres n als Produkt aus dem Anfangskapital und dem Aufzinsungsfaktor $(1 + i)^n$ dargestellt werden. Diese Aufzinsungsfaktoren können für beliebige Zinssätze und eine Vielzahl von Jahren in finanzmathematischen Tabellenwerken nachgeschlagen werden (vgl. Anhang S. 180 ff.).

Beispiel:

Wie hoch ist das Endkapital nach 10 Jahren, wenn man 10.000,00 EUR bei einem Zins von 6 % festlegt?

In der Tabelle (S. 182) findet man bei 6 % und 10 Jahren den Faktor 1,790848.
Nach 10 Jahren erhält man somit: 10.000 * 1,790848 = 17.908,48 EUR

2.2.2 Abzinsen zukünftiger Zahlungen auf den gegenwärtigen Zeitpunkt (Gegenwartswert, Barwert, Kapitalwert)

2.2.2.1 Abzinsen einmaliger Zahlungen

Beispiel:

Welchen Wert hat eine Lebensversicherung heute, die in 5 Jahren eine Auszahlung von 20.000,00 EUR bringt?

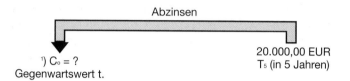

Abzinsen

[1]) C_0 = ?
Gegenwartswert t.

20.000,00 EUR
T_5 (in 5 Jahren)

Um diesen zu berechnen, muss man die Formel $K_n = K_0 (I + i)^n$ lediglich nach K_0 auflösen. Der abgezinste Wert ist der Gegenwartswert (= Kapitalwert C_0 = Barwert) des Kapitals K_n. Allgemein gilt:

$$C_0 = \frac{1}{(1 + i)^n} * K_n \quad \text{oder:} \quad C_0 = (1 + i)^{-n} * K_n$$

Den Barwert einer zukünftig zu erwartenden Summe erhält man also, indem man den zu erwartenden Endwert mit den Abzinsungsfaktor für den entsprechenden Zins und die Anzahl von Jahren multipliziert. Analog zu den Aufzinsungsfaktoren können auch Abzinsungsfaktoren in finanzmathematischen Tabellen nachgeschlagen werden.

Beispiel:

Welchem Barwert entspricht eine Lebensversicherung, die bei 8 % Verzinsung in 5 Jahren eine Auszahlung von 20.000,00 EUR erbringt?

C_0 = 20.000 * 0.680583 = 13.611,66

Der heutige Wert dieser zukünftig zu erwartenden Auszahlung beträgt also 13.611,66 EUR.

2.2.2.2 Abzinsen mehrmaliger Zahlungen

Insbesondere im Versicherungswesen stellt sich häufig die Frage nach dem Barwert von Rentenzahlungen, die jeweils am Ende einer bestimmten Periode in gleichbleibender Höhe anfallen.

---

[1]) Zukünftig soll der Kapitalwert (= auf den Gegenwartswert abgezinstes Kapital) mit C_0 abgekürzt werden, um eine Verwechslung mit dem allgemeinen Begriff Kapital (K) zu vermeiden.

Unterstellt man aus Vereinfachungsgründen, dass 3 Jahre lang jeweils am Jahresende eine gleich hohe Zahlung von 50.000,00 EUR fällig wird, so lautet die Frage: Wie hoch ist der Gegenwartswert dieser Zahlungen?

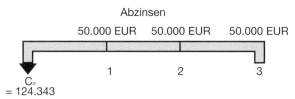

Analog zu den bisher abgeleiteten Aussagen ergibt sich dieser Wert, indem man die einzelnen Zahlungen der Jahre 1 bis 3 auf den gegenwärtigen Zeitpunkt abzinst (=diskontiert) und die errechneten Beträge aufsummiert.

Beispiel:

i sei 10 %; dann gilt:

$$C_0 = \frac{1}{(1,1)^1} * 50.000 + \frac{1}{(1,1)^2} * 50.000 + \frac{1}{(1,1)^3} * 50.000$$

$$= 45.455 \qquad + 41.322 \qquad + 37.566 \qquad = 124.343$$

Allgemein gilt:

$$C_0 = \frac{1}{(1+i)^1} * K + \frac{1}{(1+i)^2} * K + \frac{1}{(1+i)^3} * K + \cdots + \frac{1}{(1+i)^n} * K$$

Bereits an diesem vereinfachten Beispiel erkennt man, dass die Berechnungen bei längeren Zahlenreihen recht kompliziert werden können. Betrachtet man die allgemeine Formel jedoch etwas näher, so erkennt man, dass hier eine geometrische Reihe vorliegt, denn jedes Reihenglied kann durch Multiplikation des vorherigen mit dem

Abzinsungsfaktor $\frac{1}{1+i}$ berechnet werden.

Zur Ermittlung des Endbetrages kann man deshalb die **Summenformel der geometrischen Reihe** entsprechend auf das obige Beispiel in allgemeiner Form anwenden:

$$C_0 = K * \frac{(1+i)^n - 1}{i\,(1+i)^n} \quad (= \text{Diskontierungssummenfaktor})$$

Diese Formel dient also der **Ermittlung des Gegenwartswertes von gleichbleibend hohen Zahlungen**, die jeweils am Ende der Perioden 1 bis n bei einem bestimmten Zinssatz i anfallen. Selbstverständlich kann auch dieser Faktor (= Barwertfaktor) in finanzmathematischen Tabellen gefunden werden. Voraussetzungen für die Anwendung sind:

1. Die Zahlungen erfolgen jeweils am Periodenende.

2. Der zeitliche Abstand zwischen den Zahlungen ist gleich lang.

3. Die einzelnen Zahlungen fallen in gleicher Höhe an.

2.3 Arten dynamischer Investitionsrechnungen

Die wichtigsten Verfahren der dynamischen Investitionsrechnung sind:

▶ Kapitalwertmethode,
▶ Annuitätenmethode,
▶ interne Zinsfußmethode.

2.3.1 Kapitalwertmethode

Wie bereits angedeutet, wird hier schwerpunktmäßig die Kapitalwertmethode dargestellt, weil sie eine gute Grundlage für die Unterscheidung zwischen vorteilhaften und unvorteilhaften Objekten nicht nur für Unternehmen, sondern auch für den privaten Bereich bildet. Außerdem basieren aber auch die anderen dynamischen Verfahren auf dieser Methode, so dass sie letzlich als Umformungen der Kapitalwertmethode anzusehen sind.

2.3.1.1 Kapitalwertkriterium

Das Kapitalwertkriterium ist eine der wichtigsten Entscheidungsregeln im Rahmen einer Investitionsrechnung. Es lässt sich plausibel aus alltäglichen Aussagen ableiten, wie z. B. eine Investition lohnt sich nur, wenn sie mindestens so viel einbringt wie sie kostet. Anders formuliert: Die **Einnahmen** aufgrund der Investition müssen **mindestens so hoch** sein wie die **Ausgaben.**

Aus den vorherigen Kapiteln ist bekannt, dass Zahlungen nicht unmittelbar vergleichbar sind, wenn sie zu unterschiedlichen Zeitpunkten anfallen. Sie müssen vergleichbar gemacht werden, indem sie auf einen gemeinsamen Anfangszeitpunkt t_0 bezogen werden. Dies geschieht durch Abzinsen auf diesen Zeitpunkt.

Der Kapitalwert ist also die **Differenz zwischen den auf den Zeitpunkt t_0 diskontierten Einnahmen und Ausgaben.**

Entscheidungsregel: Eine Investition ist lohnend, wenn der Kapitalwert größer oder mindestens gleich Null ist.

Dies bedeutet, dass eine Investition zum gewählten Zinssatz mindestens gleichwertig mit einer entsprechenden Geldanlage sein muss, d.h. der Investor muss sein eingesetztes Kapital einschließlich einer Verzinsung in Höhe des gewählten Kalkulationssatzes zurückerhalten.

In mathematischer Schreibweise gilt:

$$C_0 = -A_0 + \sum_{t=1}^{n} (E_t - A_t) * q^{-t} + L_n * q^{-n}$$

Die Höhe des Kapitalwertes und somit die Vorteilhaftigkeit eines Investitionsobjektes hängt insbesondere von drei Größen ab:

▶ der **Höhe der Zahlungen**,
▶ dem **Zeitpunkt der Zahlungen**,
▶ dem **Zinssatz i**.

2.3.1.2 Kapitalwertermittlung anhand eines vereinfachten Beispiels

Ein Investitionsobjekt soll im Verlauf von 3 Nutzungsjahren folgende voraussichtliche Einnahmen und Ausgaben aufweisen. Der gewählte Kalkulationszins soll 10 % betragen.

	Investitions-zeitpunkt t_0	Nutzungsjahre		
		1	**2**	**3**
Einnahmen (EUR)	–	110.000	115.000	108.500
Ausgaben (EUR)	80.000	44.000	54.500	55.260
Saldo (EUR)	– 80.000	66.000	60.500	53.240

Der Kapitalwert der Investition wird ermittelt, indem die einzelnen **Nettorückflüsse** (Einnahmen – Ausgaben) auf den Zeitpunkt Null abdiskontiert und dann aufsummiert werden.

Periode	Saldo der Einnahmen und Ausgaben			
		66.000 EUR	60.500 EUR	53.240 EUR
3				110 % = 53.240 EUR 100 % = 48.400 EUR
2			110 % = 60.500 EUR 100 % = 55.000 EUR	110 % = 48.400 EUR 100 % = 44.000 EUR
1		110 % = 66.000 EUR 100 % = 60.000 EUR	110 % = 55.000 EUR 100 % = 50.000 EUR	110 % = 44.000 EUR 100% = 40.000 EUR
0	– 80.000 EUR	+ 60.000 EUR	+ 50.000 EUR	+ 40.000 EUR

Wie zu erkennen ist, muss der Nettorückfluss der ersten Periode einmal, der der zweiten Periode zweimal und der dritten dreimal abgezinst werden. Rechnerisch ergibt sich folgendes Ergebnis:

$$C_0 = -\frac{80.000}{(1{,}1)^0} + \frac{66.000}{(1{,}1)^1} + \frac{60.500}{(1{,}1)^2} + \frac{53.240}{(1{,}1)^3}$$

$$= -80.000 + 60.000 + 50.000 + 40.000$$

$$= +70.000$$

Die Abzinsungsfaktoren müssen nicht gesondert berechnet werden. Wie bereits mehrfach erwähnt, können sie in entsprechenden Tabellen nachgeschlagen werden. Durch Multiplikation der Nettorückflüsse mit dem entsprechenden Abzinsungsfaktor für den gegebenen Zinssatz und die jeweiligen Perioden erhält man so den Barwert der Zahlungen.

Da der Kapitalwert der obigen Investition positiv ist, kann zur Investition geraten werden.

2.3.1.3 Kapitalwertermittlung anhand eines komplexen Beispiels

Der Vertrag des Ex-Bundesligaspielers Michael R. mit seinem jetzigen japanischen Arbeitgeber läuft aus. Sein damaliger Fußballverein in Deutschland bekundet daher wieder Interesse, weil profitable Umsatzzuwächse erwartet werden. Der Spieler soll daher ab dem 1. Januar des Jahres 01 für drei Jahre verpflichtet werden. Der Manager des Vereins kalkuliert mit folgenden Zahlen in Tausend EUR:

Jahr	Umsätze aus Spielen ohne Michael R.	Umsätze aus Spielen mit Michael R.	Werbeein- nahmen ohne Michael R.	Werbeein- nahmen mit Michael R.	Gehalt	Sonstige Aus- gaben wegen Michael R.
01	14.000	19.000	5.000	8.000	2.000	1.000
02	16.000	18.000	6.000	8.000	2.000	200
03	15.000	16.000	6.000	6.500	1.000	200

Weitere Daten:

▶ Der Manager geht davon aus, dass Michael R. seine aktive Laufbahn als Fußballer am 31. Dezember 03 beendet.

▶ Die Ablösesumme an den japanischen Verein beträgt 4 Mio. EUR und ist sofort bei Vertragsabschluss fällig.

1. Ermittelt werden soll der Kapitalwert dieser „Investition", wenn ein Kalkulationszins von 10 % zugrunde gelegt wird.

2. Wie ändert sich der Kapitalwert, wenn folgende Datenänderungen zu berücksichtigen sind:

▶ Von der Ablösesumme ist die Hälfte erst per Ende des Jahres 01 zu zahlen.

▶ Für ein Abschiedsspiel zu Ehren von Michael R. rechnet der Verein mit einem Überschuss von 300.000,00 EUR.

Lösung:

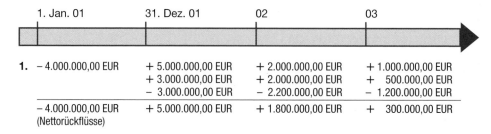

	1. Jan. 01	31. Dez. 01	02	03
1.	– 4.000.000,00 EUR	+ 5.000.000,00 EUR	+ 2.000.000,00 EUR	+ 1.000.000,00 EUR
		+ 3.000.000,00 EUR	+ 2.000.000,00 EUR	+ 500.000,00 EUR
		– 3.000.000,00 EUR	– 2.200.000,00 EUR	– 1.200.000,00 EUR
	– 4.000.000,00 EUR (Nettorückflüsse)	+ 5.000.000,00 EUR	+ 1.800.000,00 EUR	+ 300.000,00 EUR

$C_0 = -4.000.000,00 + 5.000.000,00 * 0.909091 + 1.800.000 * 0.826446$
$+ 300.000 * 0.751315$

$= -4.000.000 + 4.545.455 + 1.487.602.8 + 225.394.5$

$= +2.258.452.3$

Da der Kapitalwert positiv ist, lohnt sich die Investition.

2.

− 2.000.000,00 EUR	+ 5.000.000,00 EUR	+ 2.000.000,00 EUR	+ 1.000.000,00 EUR
	+ 3.000.000,00 EUR	+ 2.000.000,00 EUR	+ 500.000,00 EUR
	− 3.000.000,00 EUR	− 2.200.000,00 EUR	+ 300.000,00 EUR
	− 2.000.000,00 EUR		− 1.200.000,00 EUR
− 2.000.000,00 EUR	+ 3.000.000,00 EUR	+ 1.800.000,00 EUR	+ 600.000,00 EUR

$C_0 = -2.000.000 + 3.000.000 * 0.909091 + 1.800.000 * 0.826446 + 600.000 * 0.751315$

$= -2.000.000 + 2.727.273 + 1.487.602.8 + 450.789$

$= +2.665.664.8$

Unter den veränderten Rahmenbedingungen wäre die Investition noch vorteilhafter.

2.3.1.4 Kapitalwertermittlung anhand des Beispiels „Travel-Tours"[1]

Vereinfachtes Beispiel:

Annahme: Das Unternehmen rechnet für die Investitionsalternativen mit folgenden **Einzahlungsüberschüssen:**

Jahr	Bus I		Bus II		Diskontierungs-faktor
	E – A (EUR)	E – A (diskontiert)	E – A (EUR)	E – A (diskontiert)	
1	140.000	127.272,74	150.000	136.363,65	0,909091
2	138.000	114.049,54	150.000	123.966,90	0,826446
3	130.000	97.670,95	140.000	105.184,10	0,751315
4	125.000	85.376,63	135.000	92.206,76	0,683013
5	125.000	77.615,13	135.000	83.824,34	0,620921
6	125.000	70.559,25	130.000	73.381,62	0,564474
7	110.000	56.447,38	120.000	61.578,96	0,513158
8	100.000	46.650,70	110.000	51.315,77	0,466507
Σ		675.642,32		727.822,10	
− AK		640.000,00		720.000,00	
= C_0		35.642,32		7.822,10	

E = Einnahmen
A = Ausgaben

Beide Alternativen sind lohnend, da der Kapitalwert jeweils > 0 ist.
Der Bus I ist die lohnendere Investition, da hier der höhere Kapitalwert vorliegt.

---

[1] Datenmaterial vgl. Seite 135.

Das Unternehmen „Travel-Tours" rechnet für die geplante Nutzungsdauer der Busse mit folgender Auslastung in Tagen/Jahr:

Jahr	Bus I	Bus II
1	190	200
2	190	200
3	185	195
4	180	195
5	170	180
6	165	175
7	165	170
8	165	170

Die durchschnittlichen täglichen Einnahmen werden wie folgt geschätzt:

Jahre	Bus I		Bus II	
	Pauschale (Bus incl. Fahrer)	km-Pauschale	Pauschale (Bus incl. Fahrer)	km-Pauschale
1 bis 3	600,00 EUR	0,70 EUR/km	600,00 EUR	0,70 EUR/km
4 und 5	500,00 EUR	0,80 EUR/km	550,00 EUR	0,80 EUR/km
6 bis 8	400,00 EUR	0,80 EUR/km	500,00 EUR	0,80 EUR/km

Die Ausgaben für Instandhaltung und Wartung in der eigenen Werkstatt betragen pro Jahr .... 30.000,00 EUR.
Hinzu kommen Haftpflicht .... 1.000,00 EUR
Fahrergehalt... 45.000,00 EUR
Dieselkosten (35 l/100 km bei ca. 200.000 km/Jahr)........ 0,80 EUR/l
Alle 3 Jahre ist mit einer Kostensteigerung von pauschal 5 % zu rechnen.
Nach 8 Jahren werden folgende Wiederverkaufswerte für die Busse erwartet: .... Bus I .... 150.000,00 EUR
Bus II .... 180.000,00 EUR

	Bus I				Bus II				i = 10 %
Jahr	Einnahmen (EUR)	Ausgaben (EUR)	Überschuss (EUR)	Überschuss (diskont.)	Einnahmen (EUR)	Ausgaben (EUR)	Überschuss (EUR)	Überschuss (diskont.)	Diskontierungsfaktor
1	254.000	132.000	122.000	110.909,10	260.000	132.000	128.000	116.363,64	0,909091
2	254.000	132.000	122.000	100.826,41	260.000	132.000	128.000	105.785,08	0,826446
3	251.000	132.000	119.000	89.406,48	257.000	132.000	125.000	93.914,37	0,751315
4	250.000	138.600	111.400	76.087,64	267.250	138.600	128.650	87.869,62	0,683013
5	245.000	138.600	106.400	66.065,99	259.000	138.600	120.400	74.758,88	0,620921
6	226.000	138.600	87.400	49.335,02	247.500	138.600	108.900	61.471,21	0,564474
7	226.000	145.530	80.470	41.293,82	245.000	145.530	99.470	51.043,82	0,513158
8	226.000	145.530	80.470	37.539,81	245.000	145.530	99.470	46.403,45	0,466507
				571.464,27				637.610,07	
		+ diskont. Restwert		69.976,05				83.971,26	
				641.440,32				721.581,33	
		– AK		640.000,00				720.000,00	
		C_0		+ 1.440,32				+ 1.581,33	

Investition lohnend, da $C_0 > 0$ Investition lohnend, da $C_0 > 0$

Alternative Berechnung bei einem Kalkulationszinssatz von 13 %:

| Jahr | Bus I | | | | Bus II | | | | i = 13% |
	Einnahmen (EUR)	Ausgaben (EUR)	Überschuss (EUR)	Überschuss (diskont.)	Einnahmen (EUR)	Ausgaben (EUR)	Überschuss (EUR)	Überschuss (diskont.)	Diskon-tierungs-faktor
1	254.000	132.000	122.000	107.964,63	260.000	132.000	128.000	113.274,36	0,884956
2	254.000	132.000	122.000	95.543,93	260.000	132.000	128.000	100.242,81	0,783147
3	251.000	132.000	119.000	82.472,95	257.000	132.000	125.000	86.631,25	0,693050
4	250.000	138.600	111.400	68.323,736	267.250	138.600	128.650	78.903,49	0,613319
5	245.000	138.600	106.400	57.749,66	259.000	138.600	120.400	65.348,30	0,542760
6	226.000	138.600	87.400	41.979,88	247.500	138.600	108.900	52.306,73	0,480319
7	226.000	145.530	80.470	34.204,65	245.000	145.530	99.470	42.280,81	0,425061
8	226.000	145.530	80.470	30.269,59	245.000	145.530	99.470	37.416,63	0,376160
				518.509,05				576.404,38	
		+ diskont. Restwert		56.424,00				67.708,80	
				574.933,05				644.113,18	
		– AK		640.000,00				720.000,00	
		C_0		– 65.066,95				– 75.886,82	

Investition nicht lohnend, da $C_0 < 0$ Investition nicht lohnend, da $C_0 < 0$

2.3.2 Interne Zinsfußmethode

Eine der am häufigsten angewandten dynamischen Methoden der Investitionsrechnung in Großunternehmen ist die interne Zinsfußmethode.

Ermittelt wird hier die Rendite bzw. die Effektivverzinsung, die eine Investition erbringt. Diesen ermittelten internen Zinsfuß vergleicht der Investor mit der von ihm verlangten Mindestverzinsung seines Investitionsobjektes. Ist der **interne Zinsfuß r* mindestens gleich hoch wie der Kalkulationszins i**, so gilt die Investition als **vorteilhaft.**

Grundlage dieser Methode ist die Kapitalwertmethode. Zur Erinnerung: Eine Investition ist laut Kapitalwertkriterium dann vorteilhaft, wenn der Kapitalwert der Investitionsalternative größer oder gleich Null ist, d.h. die barwertigen Einzahlungen entsprechen den barwertigen Auszahlungen.

Bezogen auf die Methode des internen Zinsfußes bedeutet dies: Der interne Zinsfuß ist der Zinssatz bei dessen Anwendung der Kapitalwert Null wird:

$$- A_0 + \sum_{t=1}^{n} (E_t - A_t)(1 + r)^{-t} + L_n (1 + r)^{-n} = 0$$

2.3.2.1 Mathematische Lösung

Die analytische Nullstellenbestimmung eines Polynoms n-ten Grades ist für Werte > 3 grundsätzlich nicht mehr möglich. Die Ermittlung kann daher nur noch durch mathematische Näherungsverfahren erfolgen, z. B. durch lineare Interpolation.

Vorgehensweise:

Für einen beliebigen Kalkulationszins i_1 wird der dazugehörige Kapitalwert C_{01} ermittelt. Ist der Kapitalwert größer Null, so wählt man einen zweiten Versuchszinssatz, der größer i_1 ist (= stärkeres Abzinsen). Ist der Kapitalwert C_{01} negativ, so wird C_{02} für einen Kalkulationszins i_2 ermittelt, der kleiner i_1 ist. Durch lineare Interpolation kann nun der gesuchte interne Zinsfuß r* nach folgender Formel bestimmt werden:

$$r^* = i_1 - C_{01} * \frac{i_2 - i_1}{C_{02} - C_{01}}$$

Eine Verbesserung des Näherungswertes kann durch weitere lineare Interpolation erreicht werden, indem man den Kapitalwert für den gefundenen Wert r* und ein weiteres Wertepaar (weiterer Versuchszins und dem dazugehörigen Kapitalwert) ermittelt, für die erneut eine Näherungslösung bestimmt wird.

Beispiel:

Auf das Unternehmen „Travel-Tours" übertragen (S. 166/167 Bus I) gilt:

$$r^* = 0{,}10 - 1.440 * \frac{0{,}13 - 0{,}10}{-65.067 - 1.440} = 0{,}1006$$

D. h. der interne Zinsfuß liegt bei 10,1 %.

2.3.2.2 Grafische Lösung

Neben der arithmetischen Lösung kann der interne Zinsfuß auch grafisch ermittelt werden.

Vorgehensweise:

Die für zwei unterschiedliche Zinssätze errechneten Kapitalwerte werden in einem Koordinatensystem eingezeichnet, bei dem in der Horizontalen im I. Quadranten der positive und im II. Quadranten der negative Kapitalwert und auf der Vertikalen die Zinssätze eingezeichnet wurden.

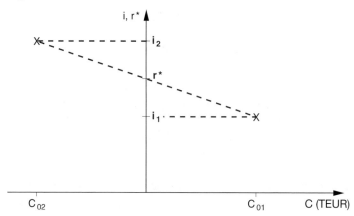

Verbindet man die beiden Werte, so ergibt der Schnittpunkt mit der Ordinaten (Zins-achse) den gesuchten internen Zinsfuß r*. Da es sich hier um lineare Interpolation handelt, führt die Interpolation zu Zinswerten, die normalerweise ein wenig zu hoch ausfallen. Je kleiner daher das Interpolationsintervall gewählt wird, um so kleiner ist der Fehler der Interpolation.

Auch hier ist eine weitere Näherung des Ergebnisses möglich, indem man mit zwei weiteren Versuchszinssätzen, die näher am grafisch ermittelten Zins r* liegen, die entsprechenden Kapitalwerte berechnet und die oben beschriebene Vorgehens-weise wiederholt.

Für die **betriebliche Praxis** erweisen sich derartige Zusatzberechnungen jedoch als nicht erforderlich, da alle in diese Investitionsrechnung eingehenden Werte **Erwar-tungswerte** sind, die subjektiv geschätzt werden. Da diese Werte sicherlich Unge-nauigkeiten aufweisen, wäre eine Ermittlung des Zinsfußes mit der Genauigkeit von Prozentbruchteilen sachlich kaum gerechtfertigt. Eine Ausnahme wären hier Finanz-investitionen, deren zukünftige Zahlungen bereits heute mit hoher Sicherheit festlie-gen, z. B. Anleihenkauf mit bestimmten Nominalzinssatz und einer bestimmten Rest-laufzeit.

Probleme:

Die Schwächen der Kapitalwertmethode gelten auch für dieses Verfahren.

Die mathematische Struktur von Polynomen n-ten Grades lässt mehrere Lösungen zu, die insbesondere dann gegeben sind, wenn bei Investitionen nicht klar zwischen Auszahlungsphase am Anfang der Objektdauer und späteren Einzahlungsphasen zu unterscheiden ist.

2.3.3 Annuitätenmethode

Auch die Annuitätenmethode setzt die Kenntnis des Kapitalwertes voraus. Da in der Praxis oft eine Orientierung am Jahresgewinn erfolgt und diese Methode dem bank-mäßigen Denken am meisten entspricht, hat ihre **Bedeutung** in den letzten Jahren **permanent zugenommen**. Umfragen bei Großunternehmen zeigten, dass ca. 25 % der Großunternehmen neben anderen Investitionsrechnungen auch die Annuitäten-methode anwenden.

Bei dieser Methode werden alle Zahlungen in **konstante jährliche Durchschnitts-beträge**, so genannte **Annuitäten**, umgerechnet. Diese Betrachtungsweise spielt insbesondere im **Banken- und Versicherungswesen** eine Rolle.

Entscheidungskriterium für eine Einzelinvestition ist:

Die durchschnittlichen jährlichen Einzahlungen müssen beim gewählten Kalkulati-onszinssatz mindestens so hoch sein wie die durchschnittlichen jährlichen Auszah-lungen, bzw. der durchschnittliche jährliche Überschuss muss größer bzw. mindes-tens gleich Null sein.

Entscheidungskriterium für den Vergleich zweier Investitionsalternativen ist:

Die Investition mit der größeren Annuität ist die vorteilhaftere Alternative.

2.3.3.1 Berechnung von Annuitäten bei einer heute anfallenden Zahlung

Beispiel:

Der Auszahlungsbetrag einer Lebensversicherung soll so angelegt werden, dass monatlich bzw. jährlich gleichmäßige Zahlungen erfolgen, bzw. die Belastung für ein aufgenommenes Darlehen soll konstant gehalten werden, indem gleichbleibende Jahresraten anfallen.

Rechnerisch wird eine Annuität durch **Multiplikation des Kapitalwertes mit dem Kapitalwiedergewinnungsfaktor** (= Kehrwert des Diskontierungsfaktors) ermittelt.

$$a = C_0 * \frac{(1 + i)^n * i}{(1 + i)^n - 1}$$

Diese Formel lässt sich einfach ableiten aus der Kapitalwertgleichung:

$$C_0 = a * \frac{(1 + i)^n - 1}{i(1 + i)^n}$$

indem man diese nach a auflöst.

Mit Hilfe des Kapitalwiedergewinnungsfaktors wird eine einmalige, zum Zeitpunkt 0 anfallende Zahlung in eine wirtschaftlich gleichwertige Zahlungsreihe umgewandelt. Ein heute fälliger Geldbetrag wird für eine bestimmte Anzahl zukünftiger Jahre in gleiche Zahlungsbeträge (Annuitäten) aufgeteilt:

$= C_0$ Kapitalwiedergewinnungsfaktor

a_1 $\quad$ a_2 $\quad$ a_3 $\quad$ a_n

Beispiel:

Eine Lebensversicherung wird mit dem Eintritt in das Rentenalter fällig. Der anfallende Betrag kann nun entweder als Einmalzahlung an den Versicherungsnehmer ausgezahlt werden, oder er könnte entsprechend der statistischen Restlebenszeit auf diese Jahre als Annuität umgerechnet werden.

2.3.3.2 Berechnung der Annuitäten bei einer zukünftig erwarteten Zahlung

Problem: Wie hoch müssen z. B. (unter Berücksichtigung von Zins und Zinseszins) Sparbeträge sein, damit man nach n Jahren ein gewünschtes Endkapital angesammelt hat?

Um eine spätere Zahlung in gleichbleibende durchschnittliche Zahlungen (= Annuitäten) umzuwandeln, kann:

1. der Endwert zum Zeitpunkt n (C_n) auf den heutigen Zeitpunkt abgezinst (= Kapitalwert C_0) und dieser Wert mit dem Kapitalwiedergewinnungsfaktor (KWGF<i,n>)[1]) multipliziert werden,

2. der Endwert zum Zeitpunkt n (C_n) mit dem Restwertverteilungsfaktor (RWF<i,n>) multipliziert werden.

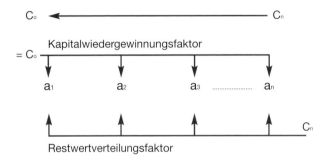

zu 1: $$a = C_0 * \frac{(1+i)^n * i}{(1+i)^n - 1}$$

zu 2: Da gilt: $C_0 = C_n * \dfrac{1}{(1+i)^n}$

erhält man durch Einsetzen in obige Gleichung:

$$a = C_n * \frac{1}{(1+i)^n} * \frac{(1+i)^n * i}{(1+i)^n - 1}$$

$$= C_n * \frac{i}{(1+i)^n - 1} \quad \text{(Restwertverteilungsfaktor)}$$

Beispiel:

Durch den Bau einer Autobahn ist nach Abschluss der Erdarbeiten nach ca. 3 Jahren mit 2 Mio. EUR Kosten für Maßnahmen der Landschaftspflege und Sicherung der Hänge gegen Rutschgefahr zu rechnen. Unter Annahme eines Kalkulationszinssatzes von 10 % gilt:

$$a = 2.000.000 * \frac{0,1}{(1 + 0,1)^3 - 1}$$

$$= 2.000.000 * 0,3021148 = 604.229,60$$

Unter Berücksichtigung von Zins und Zinseszins ist also jedes Baujahr mit einem Betrag von 604.229,60 EUR zu belasten.

---

[1]) Kapitalwiedergewinnungsfaktor bei einem gegebenen Zinssatz i und einer gegebenen Anzahl an Jahren n.

2.4 Kritische Betrachtung der dynamischen Verfahren der Investitionsrechnung

▶ Für alle dynamischen Verfahren gilt, dass die Bestimmung zukünftiger Ein- bzw. Auszahlungsströme mit **Unsicherheit** behaftet ist. Dies gilt sowohl hinsichtlich ihrer Höhe als auch hinsichtlich der korrekten zeitlichen Zuordnung.

▶ Die **Festlegung des Kalkulationszinsfußes** bleibt letzten Endes immer eine **subjektive Entscheidung** des Investors. Die errechnete Rentabilität hängt entscheidend vom geschätzten Kalkulationszinssatz ab, was bei einer Beurteilung der Rentabilität beachtet werden muss. So zeigt die Kapitalwertmethode dem Investor also lediglich an, ob sich die geplante Investition unter Berücksichtigung seiner Mindestanforderungen lohnt. Früher wurde angenommen, i sei eine überbetriebliche Größe wie z. B. die landesübliche Verzinsung festverzinslicher Wertpapiere einschließlich eines gewissen Risikozuschlages oder eines branchenüblichen Zinses zuzüglich eines Risikozuschlages. Heute geht man eher davon aus, dass sich dieser Zinssatz nach den individuellen betrieblichen Gegebenheiten richtet. Meist wird eine Mindestrendite von der Geschäftsleitung festgelegt, die sich an der teuersten Finanzierungsart orientieren könnte.

▶ Die Kapitalwertmethode geht des weiteren davon aus, dass zum angenommenen Kalkulationszinssatz **beliebige Summen Kapital** ausgeliehen bzw. beschafft werden können. Diese Unterstellung trifft jedoch nur für einen vollkommenen Kapitalmarkt zu, auf dem Soll- und Habenzinssatz identisch sind. Davon ist in der Realität jedoch nicht auszugehen.

▶ Diese **Schwächen** der Kapitalwertmethode gelten natürlich **für alle dynamischen Verfahren**, die auf der Kapitalwertmethode basieren. Zusätzlich ist bei der Methode des internen Zinsfußes zu berücksichtigen, dass sich mathematisch mehrere Werte ergeben können, für die der Kapitalwert Null wird.

▶ In der Praxis ergeben sich oft Gleichungen n-ter Ordnung, so dass sich eine Auflösung nach dem internen Zinsfuß r_* als problematisch erweist. Daher wird hier mit **Näherungsverfahren** gearbeitet.

▶ Die Annahme, dass auftretende Freibeträge immer zum internen Zinsfuß r_* angelegt werden können, ist unrealistisch. Beim Vergleich von Investitionsalternativen ergeben sich sicher **unterschiedliche interne Zinssätze**. Nach dieser Wiederanlageprämisse müssten Freibeträge einer Investition 1 zu r_1, einer Investition 2 zu r_2 usw. angelegt werden können.

▶ Eine Schwäche der Annuitätenmethode ist, dass sie nicht von tatsächlich erwarteten Rückflüssen, sondern von **durchschnittlichen Rückflüssen** ausgeht. Daher wird hier nicht hinreichend berücksichtigt, wie die Zahlungsreihen aufgebaut sind, ob also z. B. höhere Zahlungsbeträge eher am Anfang oder am Ende der geplanten Investitionsdauer anfallen.

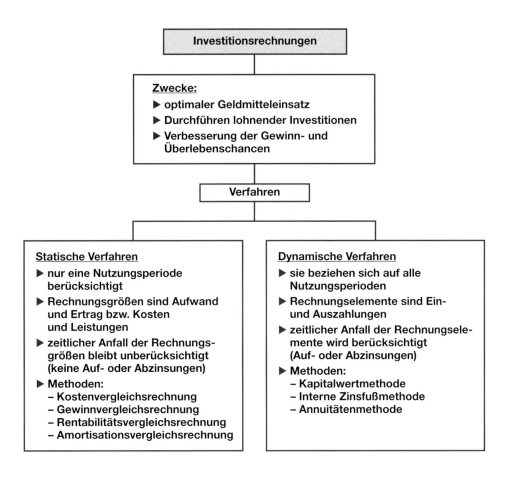

2.5 Aufgaben zur Wiederholung und Vertiefung

1. Aufgabe

Ein Tankstellenbesitzer in einem kleinen Ort mit Autobahnzufahrt möchte seine Tankstelle grundlegend umbauen, damit er durch ein deutlich verbessertes Serviceangebot die Kundenzahl erhöhen kann. Da er selbst in spätestens 5 Jahren aus dem Berufsleben ausscheiden will, möchte er sicherstellen, dass er seinem Sohn ein rentables Unternehmen hinterlässt.

Das Investitionsvolumen beträgt 700.000,00 EUR, das er aus vorhandenem Eigenkapital bestreitet.

Durch längere Öffnungszeiten (täglich bis 22:00 Uhr und Öffnung an den Wochenenden) kann die Zahl der tankenden Fahrzeuge mit durchschnittlich 18.000 Wagen monatlich beziffert werden. Eine durchschnittliche Tankfüllung ist mit 50 l anzusetzen. Etwa die Hälfte der Wagen tankt Superbenzin, je ¼ der PKW tanken Dieselkraftstoff bzw. Normalbenzin. Die Preise liegen im Durchschnitt des ersten Jahres bei 1,05 EUR für Normalbenzin, 1,09 EUR für Superbenzin und 0,85 EUR für Dieselkraftstoff.

Für das zweite und dritte Jahr rechnet der Tankstellenbesitzer im Schnitt mit jeweils 5 Cent höheren Preisen je Kraftstoffsorte und hofft, dass sich diese Preise für 2 weitere Jahre halten lassen. Pro l erwartet er in den beiden ersten Jahren einen Überschuss von 1,5 Cent/l je Kraftstoffsorte. Danach erhofft er sich in den drei folgenden Jahren 2,5 Cent/l.

Durch die Verbesserung des Verkaufsangebotes in seinem Shop rechnet er mit monatlichen Einnahmen von ca. 15.000,00 EUR, wovon ihm 2 % als Überschuss verbleiben. Er geht davon aus, dass diese Zahlen im Verlauf der ersten 5 Jahre konstant bleiben. Als zusätzliches Angebot führt er Kfz-Reparaturen durch, die ihm Mehreinnahmen bringen, von denen nach Abzug der anteiligen Lohnkosten für Personal und der Materialaufwendungen in den ersten fünf Jahren durchschnittlich 750,00 EUR monatlich verbleiben.

Für seine Komplett-Autopflege berechnet er 12,50 EUR. Derzeit nehmen durchschnittlich 10 Personen pro Woche das Angebot wahr. Er rechnet jedoch damit, dass er bei zunehmender Bekanntheit alle 2 Jahre die Nachfrage um 5 Personen pro Woche steigern kann, wobei er aufgrund des Konkurrenzdruckes zweier benachbarter Waschanlagen den Preis konstant halten muss. Die geschätzten Kosten für Personal, Waschmittel, Strom und Wasser sowie sonstige Nebenkosten der Autopflege sind der folgenden Aufstellung zu entnehmen.

1. Jahr:	5.000,00 EUR	4. Jahr:	7.500,00 EUR
2. Jahr:	6.000,00 EUR	5. Jahr:	9.000,00 EUR
3. Jahr:	7.250,00 EUR		

Für seine eigene Arbeit in der Tankstelle entnimmt er folgende Jahresgehälter für sich selbst (Beträge in EUR pro Jahr):

1. Jahr:	40.000,00	4. Jahr:	55.000,00
2. Jahr:	40.000,00	5. Jahr:	60.000,00
3. Jahr:	50.000,00		

Der Kalkulationszinssatz wird mit 10 % angesetzt.

a) Ermitteln Sie anhand der Kapitalwertmethode, ob der Umbau der Tankstelle eine lohnende Investition ist.
b) Annahme: Der Tankstellenbesitzer geht von einem Kalkulationszinssatz von 8 % aus. Begründen Sie verbal (ohne erneute Berechnung), ob sich die Investition dann lohnen würde.
c) Erläutern Sie neben der rechnerischen Entscheidung drei Kriterien, die eine Investitionsentscheidung beeinflussen können.

2. Aufgabe

Die „Freizeit AG" plant die Errichtung eines Unterhaltungscenters, in dem ein Kino, eine Jugendgaststätte mit angeschlossenem Freizeit- oder Spielraum sowie ein Mehrzwecksaal für Tanz und Auftritte von Musikgruppen untergebracht werden sollen. Ein Grundstück in geeigneter Lage kann für 2 Mio. EUR erworben werden. Die Herstellungs- und Ausstattungskosten für das Gebäude werden mit 8 Mio. EUR, die Bauzeit mit zwei Jahren veranschlagt.

Während das Grundstück sofort zu zahlen ist, sind nur 50 % der übrigen Baukosten sofort, der Rest ist jeweils zur Hälfte nach einem Jahr Bauzeit und bei Fertigstellung fällig.

Das Kino sowie die Gaststätte sind 360 Tage im Jahr, der Mehrzwecksaal 140 Tage jährlich geöffnet.

Für das Kino gelten im ersten Jahr der Nutzung die folgenden Daten:

Zahl der Plätze	400
Anzahl der Vorstellungen pro Tag	3
Durchschnittliche Kapazitätsauslastung in %	60
Eintrittspreis in EUR pro Person	10,00
Einnahmen aus Schankbetrieb, Verkauf von Eis und Knabberartikeln in EUR/Person	2,00
Personal-, Material- und sonstige Ausgaben in EUR pro Jahr	950.000,00

Vom 2. bis 6. Nutzungsjahr werden die nachstehenden Veränderungen erwartet (die übrigen Daten bleiben gegenüber dem jeweiligen Vorjahr unverändert):

2. Jahr: – Durchschnittliche Kapazitätsauslastung 55 %
          – Steigerung der Ausgaben auf 1.000.000,00 EUR pro Jahr
3. Jahr: – Kapazitätsauslastung sinkt auf 50 % durch eine Erhöhung
            der Eintrittspreise auf 12,00 EUR/Person
          – Erhöhung der Ausgaben auf 1.050.000,00 EUR jährlich
4. Jahr: – Kapazitätsauslastung 45 %
          – 4 Vorstellungen täglich
          – Ausgaben: 1.100.000,00 EUR pro Jahr
5. Jahr: – Ausgabenerhöhung um 50.000,00 EUR gegenüber dem Vorjahr
6. Jahr: – Durchschnittliche Kapazitätsauslastung 50 %

Für das erste Nutzungsjahr sieht die Planung vor, dass die Gaststätte und der Freizeitraum täglich von 200 Personen besucht werden, die durchschnittlich für 12,00 EUR pro Person und Tag Speisen und Getränke verzehren. Die „Freizeit AG" rechnet für diesen Bereich mit Personalausgaben in Höhe von 200.000,00 EUR pro Jahr. Die Ausgaben für Lebensmittel und die sonstigen Ausgaben (Reinigung, Energiekosten etc.) werden mit 400.000,00 EUR jährlich veranschlagt.

Im zweiten Nutzungsjahr steigen die Einnahmen aus dem Verzehr auf 13,00 EUR pro Person und Tag an, während die Personalausgaben auf 210.000,00 EUR pro Jahr anwachsen.

Im dritten Nutzungsjahr dürfte sich die jährliche Einnahmen-Ausgabenentwicklung folgendermaßen darstellen:

– Personalausgaben	215.000,00 EUR
– Lebensmittel- und sonstige Ausgaben	412.000,00 EUR
– Einnahmen wie im Vorjahr	

Die Einnahmen aus dem Verzehr steigen im 5. Jahr der Nutzung auf 13,50 EUR pro Person und Tag an, die jährlichen Gesamtausgaben erhöhen sich auf 639.000,00 EUR. Im 4. und 6. Jahr werden keine Einnahmen- und Ausgabenveränderungen gegenüber dem jeweiligen Vorjahr erwartet.

Der Eintritt für die Live-Musik im Mehrzwecksaal soll im ersten Jahr der Nutzung 8,00 EUR pro Person betragen. Die „Freizeit AG" rechnet mit einer durchschnittlichen Besucherzahl von 300 Personen pro Öffnungstag. Die Einnahmen aus dem Verzehr werden mit 10,00 EUR pro Person kalkuliert. Die durchschnittlichen Kosten für eine Musikgruppe werden mit 1.800,00 EUR pro Abend veranschlagt. Die sonstigen Ausgaben belaufen sich auf 120.000,00 EUR jährlich.

Zu Beginn des 4. Nutzungsjahres sollen die Eintrittspreise auf 10,00 EUR pro Person angehoben werden, da mit einer durchschnittlichen Erhöhung der Vergütung für die Musikgruppen auf 2.000,00 EUR pro Abend zu rechnen ist. Durch die Preiserhöhung dürfte jedoch die Besucherzahl auf 250 Personen pro Tag zurückgehen. In den Nutzungsjahren 2, 3, 5 und 6 sollen sich keine Veränderungen gegenüber dem jeweiligen Vorjahr ergeben.

Die „Freizeit AG" rechnet mit einem kalkulatorischen Zinsfuß von 12 %.

Prüfen Sie mit Hilfe der Kapitalwertmethode, ob sich die Investition der „Freizeit AG" lohnt!

Arbeitshinweise:

1. Ermitteln Sie für das Kino, die Gaststätte und den Mehrzweckraum die Summe der jeweiligen Einnahmen und Ausgaben.

2. Auf volle EUR lautende, kaufmännisch gerundete Barwerte sind ausreichend.

3. Zur Ermittlung der Barwerte können Sie die entsprechende finanzmathematische Tabelle (im Anhang S. 181 ff.) nutzen!

3. Aufgabe (Kapitalwertmethode, Annuitätenvergleich)

Ein Investor hat die Möglichkeit, ein Mehrfamilienhaus mit 7 Wohnungen zu kaufen (2 Wohnungen à 110 m², 3 Wohnungen à 90 m² und 2 Wohnungen à 80 m²).

Die Anschaffungskosten des Hauses betragen 850.000,00 EUR zuzüglich einer Maklerprovision von 4,6 %. Ein Bausachverständiger berechnet sich 2.500,00 EUR für ein Gutachten. Auf den Kaufpreis (unter Berücksichtigung aller Minderungen und der Nebenkosten) entfallen 3,5 % Grunderwerbsteuer.

Der durchschnittliche ortsübliche Mietpreis liegt bei 6,00 EUR/m² monatlich. Für die beiden größten Wohnungen kann ein Mietaufschlag von 1 EUR/m² erhoben werden, da sie gerade renoviert wurden und einen höheren Standard aufweisen. Alle 3 Jahre wird der Mietpreis um 20 % angehoben. (Annahme: Aus Vereinfachungsgründen sollen die Mietzahlungen jeweils in einer Summe am Jahresende anfallen.)

Der Investor rechnet mit durchschnittlichen jährlichen Instandhaltungskosten von 1.500,00 EUR je Wohnung in den ersten 5 Jahren, danach mit jährlich 15.000,00 EUR für die Wohnungen insgesamt. Am Ende des 9. Jahres muss außerdem mit der Installation einer neuen Heizungsanlage gerechnet werden, die ca. 30.000,00 EUR kostet. Der Investor will das Objekt 10 Jahre lang vermieten und rechnet damit, dass er es danach für 1,4 Mio EUR verkaufen kann. Seiner Investition legt er einen Kalkulationszinssatz von 8 % zugrunde.

1. Lohnt sich diese Investition für ihn, wenn er nach dem Kapitalwertkriterium entscheidet?

2. Als Investitionsalternative steht ihm auch ein Geschäftsgebäude zur Verfügung, für das er 2 Mio. EUR zahlen müsste. Welche jährliche Annuität müsste das Objekt erbringen, damit es dem ersten Objekt gleichwertig ist?

3. Untersuchen Sie kritisch die Schwächen der dynamischen Verfahren und berücksichtigen Sie dabei insbesondere auch die in dieser Aufgabe vorliegenden Bedingungen!

4. Aufgabe (Gewinnvergleichsrechnung, Kapitalwertmethode)

Aufgrund des anhaltenden Bau-Booms entschließt sich die Massivbau-GmbH, ihre Produktionskapazitäten zu erweitern und auf die dafür nötigen Fertigungsverfahren umzustellen. Es bieten sich zwei Verfahren mit folgender Kostenstruktur an:

$K_1 = 32.000 + 20 x$
$K_2 = 35.000 + 25 x$

Aufgrund leichter Qualitätsunterschiede der Enderzeugnisse gilt für die Erlösfunktionen:

$E_1 = 36 x$ und $E_2 = 32 x$

Die Marktanteile beider Erzeugnisse zeigen, dass sich die Produkte in den verschiedenen Marktsegmenten nahezu gleich gut verkaufen lassen. Die Kapazitätsgrenzen liegen für Fertigungsverfahren 1 bei $x = 4.000$ und bei Fertigungsverfahren 2 bei $x = 5.000$.

1. Entscheiden Sie mit Hilfe einer Gewinnvergleichsrechnung, welche Alternative für die Massivbau-GmbH in Frage kommt. Erläutern Sie drei weitere Aspekte neben dem rechnerischen Ergebnis, die bei der Auswahl der geeigneten Investitionsalternative zu berücksichtigen sind!

2. Stellen Sie die Kosten- und Erlösfunktionen grafisch dar. Ermitteln Sie grafisch und rechnerisch den jeweiligen break-even-point.

   Maßstab: senkrechte Achse: 1 cm = 10.000,00 EUR

   waagerechte Achse: 1 cm = 500 Stück

3. Berechnen Sie, ab welcher Ausbringungsmenge das Fertigungsverfahren 2 einen höheren Gewinn erbringen würde als das Verfahren 1.

4. Um von anderen Bauunternehmen unabhängig zu werden, plant die Massivbau-GmbH die Anschaffung eines eigenen Baggers. Für einen gebrauchten Bagger liegt ihr folgendes Angebot vor:

   Anschaffungspreis 160.000,00 EUR,
   geschätzte Restnutzungsdauer: 5 Jahre,
   Resterlös: 12.000,00 EUR

Für die verbleibende Nutzungsdauer schätzt das Unternehmen die jährlichen Nettoüberschüsse wie folgt ein:

1. Jahr: 30.000,00 EUR   4. Jahr: 50.000,00 EUR
2. Jahr: 40.000,00 EUR   5. Jahr: 24.000,00 EUR
3. Jahr: 50.000,00 EUR

Ermitteln Sie anhand der Kapitalwertmethode, ob das Unternehmen den Bagger anschaffen soll, wenn es einen Kalkulationszinssatz von 10 % ansetzt.

5. Erläutern Sie Mängel der Kapitalwertmethode.

5. Aufgabe (Interne Zinsfußmethode)

Das Reisebusunternehmen „La Comodidad" plant die Beschaffung eines neuen komfortablen Reisebusses zum Preis von 600.000,00 EUR. Als Zahlungsbedingung ist mit dem Hersteller vereinbart, dass der Rechnungspreis in zwei gleichen Jahresraten jeweils beim Kauf und nach einem Jahr zu begleichen ist. Ein alter Bus soll zum Preis von 155.000,00 EUR, die sofort gezahlt werden, an einen anderen Interessenten verkauft werden. Für das neue Fahrzeug wird eine Lebensdauer von 6 Jahren unterstellt, wobei der Bus dann mit einem Restwert von 180.000,00 EUR veranschlagt wird.

Der Bus soll in den 26 Wochen von April bis einschließlich September für wöchentliche Reisen (freitags mit neuen Urlaubern hin, am nächsten Tag mit alten Urlaubern zurück) an die Costa Brava genutzt werden. Für diese Zeit wird von einer durchschnittlichen Sitzplatzbelegung von 90 % der insgesamt 50 Plätze ausgegangen. Die jeweils 14tägige Fahrt kostet pro Person 600,00 EUR.

In der Zeit von montags bis donnerstags wird der Reisebus nur auf Kurzreisen eingesetzt, um Zeit für die Wartung und Pflege zu haben. Diese Fahrten erbringen Einnahmen von 2.000,00 EUR pro Woche. Im Winterhalbjahr ist davon auszugehen, dass das Fahrzeug Einnahmen von 3.000,00 EUR pro Woche erwirtschaftet.

Für die Fahrten nach Spanien sind folgende Ausgaben anzusetzen:

– Personal-, Fahrzeugausgaben: 6.500,00 EUR pro Hin- und Rückfahrt, d. h. 3.250,00 EUR je Einzelfahrt.

(Vergessen Sie bitte nicht, Ihre Fahrgäste auch im Oktober wieder abzuholen!)

– Unterkunft, Verpflegung der Reisenden im Hotel: 30,00 EUR pro Person und Tag.

Des weiteren sind für den Reisebus für die anderen Fahrten innerhalb der Woche wöchentliche Ausgaben in Höhe von 1.500,00 EUR im Sommer- und 2.100,00 EUR im Winterhalbjahr zu berücksichtigen.

1. Ermitteln Sie für jedes Jahr die Einnahmen, Ausgaben und Überschüsse bzw. Defizite des Investitionsobjektes in Form einer Tabelle nach dem folgenden Muster (Nebenrechnungen sind anzugeben):

Jahr	0	1	2	3	4	5	6
Einnahmen							
Ausgaben							
Überschuss/Defizit							

2. Das Unternehmen erwartet eine Rendite von 9 %. Prüfen Sie, ob sich die Investition lohnt, indem Sie den internen Zinsfuß dieser Investition berechnen. Arbeiten Sie mit den Versuchszinssätzen $i_1 = 7\ \%$ und $i_2 = 12\ \%$. Runden Sie Ihre ermittelten Barwerte kaufmännisch auf volle EUR-Beträge auf oder ab.

3. Begründen Sie verbal, wie sich Ihr Ergebnis verändern würde, wenn der Einkaufspreis des Busses in voller Höhe zu Beginn der Investition anfallen würde.

4. Wodurch unterscheidet sich der interne Zinssatz vom Kalkulationszinssatz?

5. Vergleichen Sie die Rentabilitätsvergleichsrechnung mit der internen Zinsfußmethode.

6. Warum dürfen Abschreibungen bei den dynamischen Investitionsrechenverfahren nicht berücksichtigt werden?

6. Aufgabe (Annuitätenmethode)

Die Taxiunternehmung „Rápido GmbH" plant, ihren Fuhrpark um ein Großraumtaxi für Shuttle-Fahrten zum Flugplatz zu erweitern. Zur Wahl stehen zwei Angebote. Das erste Angebot sieht den Kauf eines Fahrzeuges vor zum Preis von 52.000,00 EUR, der beim Kauf fällig wird. Der Veräußerungserlös nach 3 Jahren Nutzungsdauer wird auf 12.000,00 EUR veranschlagt.

Das zweite Angebot sieht einen Leasingvertrag über drei Jahre mit folgenden Konditionen vor: einmalige Zahlung zu Beginn der Leasingzeit von 10.000,00 EUR, Abschlusszahlung am Ende der Laufzeit in Höhe von 2.000,00 EUR. Die jährlichen Leasingraten betragen 12.000,00 EUR.

Des weiteren fallen pro Jahr für jedes dieser Fahrzeuge Steuern, Versicherung und sonstige fixe Kosten von 10.000,00 EUR an. Die Betriebskosten pro Kilometer und PKW betragen 0,40 EUR. Die Fahrer der Fahrzeuge erhalten als Vergütung 50 % des Fahrpreises. Pro Kilometer wird mit einem Erlös von 2,00 EUR gerechnet.

Die „Rapido GmbH" rechnet mit einem Kalkulationszinsfuß von 8 %. Zudem geht sie davon aus, dass das zu beschaffende Fahrzeug im ersten Jahr mit 40.000 km, im zweiten Jahr 45.000 km und im dritten Jahr 50.000 km ausgelastet ist.

1. Berechnen Sie, welches der beiden Angebote nach der Annuitätenmethode vorzuziehen ist (die Barwerte sind auf volle EUR kaufmännisch zu runden). Interpretieren und begründen Sie Ihr Ergebnis.

2. Ermitteln Sie den Preisnachlass, den die „Rapido GmbH" beim Kauf des Taxis aushandeln müsste, wenn sie das Fahrzeug mit Fremdkapital bezahlen würde. Für dieses Fremdkapital fallen jährlich 10 % Fremdkapitalzinsen an, die durch die Investition erwirtschaftet werden sollen. Die übrigen Daten bleiben unverändert. Begründen Sie auch Ihr rechnerisches Vorgehen.

Anhang:
Finanzmathematische Tabellen

Aufzinsungsfaktor:	q^n	$(1 + i)^n$
Abzinsungsfaktor:	$\dfrac{1}{q^n}$	$\dfrac{1}{(1 + i)^n}$
Restwertverteilungsfaktor:	$\dfrac{q - 1}{q^n - 1}$	$\dfrac{i}{(1 + i)^n - 1}$
Kapitalwieder-gewinnungsfaktor:	$\dfrac{q^n \, (q - 1)}{q^n - 1}$	$\dfrac{i \, (1 + i)^n}{(1 + i)^n - 1}$
Endwertfaktor:	$\dfrac{q^n - 1}{q - 1}$	$\dfrac{(1 + i)^n - 1}{i}$
Barwertfaktor:	$\dfrac{q^n - 1}{q^n \, (q - 1)}$	$\dfrac{(1 + i)^n - 1}{i \, (1 + i)^n}$

5,0% n	q^n	$\dfrac{1}{q^n}$	$\dfrac{q-1}{q^n-1}$	$\dfrac{q^n(q-1)}{q^n-1}$	$\dfrac{q^n-1}{q-1}$	$\dfrac{q^n-1}{q^n(q-1)}$
1	1,050000	0,952381	1,000000	1,050000	I,000000	0,952381
2	1,102500	0,907029	0,487805	0,537805	2,050000	1,859410
3	1,157625	0,863838	0,317209	0,367209	3,152500	2,723248
4	1,215506	0,822702	0,232012	0,282012	4,310125	3,545951
5	1,276282	0,783526	0,180975	0,230975	5,525631	4,329477
6	1,340096	0,746215	0,147018	0,197017	6,801913	5,075692
7	1,407100	0,710681	0,122820	0,172820	8,142008	5,786373
8	1,477455	0,676839	0,104722	0,154722	9,549109	6,463213
9	1,551328	0,644609	0,090690	0,140690	11,026564	7,107822
10	1,628895	0,613913	0,079505	0,129505	12,577893	7,721735
11	1,710339	0,584679	0,070389	0,120389	14,206787	8,306414
12	1,795856	0,556837	0,062825	0,112825	15,917127	8,863252
13	1,885649	0,530321	0,056456	0,106456	17,712983	9,393573
14	1,979932	0,505068	0,051024	0,101024	19,598632	9,898641
15	2,078928	0,481017	0,046342	0,096342	21,578564	10,379658
16	2,182875	0,458112	0,042270	0,092270	23,657492	10,837770
17	2,292018	0,436297	0,038699	0,088699	25,840366	11,274066
18	2,406619	0,415521	0,035546	0,085546	28,132385	11,689587
19	2,526950	0,395734	0,032745	0,082745	30,539004	12,085321
20	2,653298	0,376889	0,030243	0,080243	33,065954	12,462210

5,5% n	q^n	$\dfrac{1}{q^n}$	$\dfrac{q-1}{q^n-1}$	$\dfrac{q^n(q-1)}{q^n-1}$	$\dfrac{q^n-1}{q-1}$	$\dfrac{q^n-1}{q^n(q-1)}$
1	1,055000	0,947867	1,000000	1,055000	1,000000	0,947867
2	1,113025	0,898452	0,486618	0,541618	2,055000	1,846320
3	1,174241	0,851614	0,315654	0,370654	3,168025	2,697933
4	1238825	0,807217	0,230295	0,285294	4,342266	3,505150
5	1,306960	0,765134	0,179176	0,234176	5,581091	4,270284
6	1,378843	0,725246	0,145179	0,200179	6,888051	4,995530
7	1454679	0,687437	0,120964	0,175964	8,266894	5,682967
8	1,534687	0,651599	0,102864	0,157864	9,721573	6,334566
9	1,619094	0,617629	0,088840	0,143839	11,256260	6,952195
10	1,708144	0,585431	0,077668	0,132668	12,875354	7,537626
11	1,802092	0,554911	0,068571	0,123571	14,583498	8,092536
12	1901207	0,525982	0,061029	0,116029	16,385591	8,618518
13	2,005774	0,498561	0,054684	0,109684	18,286798	9,117079
14	2,116091	0,472569	0,049279	0,104279	20,292572	9,589648
15	2,232476	0,447933	0,044626	0,099626	22,408663	10,037581
16	2,355263	0,424581	0,040583	0,095583	24,641140	10,462162
17	2,484802	0,402447	0,037042	0,092042	26,996403	10,864609
18	2,621466	0,381466	0,033920	0,088920	29,481205	11,246074
19	2,765647	0,361579	0,031150	0,086150	32,102671	11,607654
20	2,917757	0,342729	0,028679	0,083679	34,868318	11,950382

6,0 % n	q^n	$\dfrac{1}{q^n}$	$\dfrac{q-1}{q^n-1}$	$\dfrac{q^n(q-1)}{q^n-1}$	$\dfrac{q^n-1}{q-1}$	$\dfrac{q^n-1}{q^n(q-1)}$
1	1,060000	0,943396	1,000000	1,060000	1,000000	0,943396
2	1,123600	0,889996	0,485437	0,545437	2,060000	1,833393
3	1,191016	0,839619	0,314110	0,374110	3,183600	2,673012
4	1,262477	0,792094	0,228592	0,288591	4,374616	3,465106
5	1,338226	0,747258	0,177396	0,237396	5,637093	4,212364
6	1,418519	0,704961	0,143363	0,203363	6,975319	4,917324
7	1,503630	0,665057	0,119135	0,179135	8.393838	5,582381
8	1,593848	0,627412	0,101036	0,161036	9,897468	6,209794
9	1,689479	0,591898	0,087022	0,147022	11,491316	6,801692
10	1,790848	0,558395	0,075868	0,135868	13,180795	7,360087
11	1,898299	0,526788	0,066793	0,126793	14,971643	7,886875
12	2,012196	0,496969	0,059277	0,119277	16,869941	8,383844
13	2,132928	0,468839	0,052960	0,112960	18,882138	8,852683
14	2,260904	0,442301	0,047585	0,107585	21,015666	9,294984
15	2,396558	0,417265	0,042963	0,102963	23,275970	9,712249
16	2,540352	0,393646	0,038952	0,098952	25,672528	10,105895
17	2,692773	0,371364	0,035445	0,095445	28,212880	10,477260
18	2,854339	0,350344	0,032357	0,092357	30,905653	10,827603
19	3,025600	0,330513	0,029621	0,089621	33,759992	11,158116
20	3,207135	0,311805	0,027185	0,087185	36,785591	11,469921

6,5 % n	q^n	$\dfrac{1}{q^n}$	$\dfrac{q-1}{q^n-1}$	$\dfrac{q^n(q-1)}{q^n-1}$	$\dfrac{q^n-1}{q-1}$	$\dfrac{q^n-1}{q^n(q-1)}$
1	1,065000	0,938967	1,000000	1,065000	1,000000	0,938967
2	1,134225	0,881659	0,484262	0,549262	2,065000	1,820626
3	1,207950	0,827849	0,312576	0,377576	3,199225	2,648476
4	1,286466	0,777323	0,226903	0,291903	4,407175	3,425799
5	1,370087	0,729881	0,175635	0,240635	5,693641	4,155679
6	1,459142	0,685334	0,141568	0,206568	7,063728	4 ,841014
7	1,553987	0,643506	0,117331	0,182331	8,522870	5,484520
8	1,654996	0,604231	0,099237	0,164237	10,076856	6,088751
9	1,762570	0,567353	0,085238	0,150238	11,731852	6,656104
10	1,877137	0,532726	0,074105	0,139105	13,494423	7,188830
11	1,999151	0,500212	0,065055	0,130055	15,371560	7,689042
12	2,129096	0,469683	0,057568	0,122568	17,370711	8,158725
13	2,267487	0,441017	0,051283	0,116283	19,499808	8,599742
14	2,414874	0,414100	0,045941	0,110940	21,767295	9,013842
15	2,571841	0,388827	0,041353	0,106353	24,182169	9,402669
16	2,739011	0,365095	0,037378	0,102378	26,754010	9,767764
17	2,917046	0,342813	0,033906	0,098906	29,493021	10,117577
18	3,106644	0,321890	0,030855	0,095855	32,410067	10,432466
19	3,308587	0,302244	0,028156	0,093156	35,516722	10,734710
20	3,523645	0,283797	0,025756	0,090756	38,825309	11,018507

7,0 % n	q^n	$\dfrac{1}{q^n}$	$\dfrac{q-1}{q^n-1}$	$\dfrac{q^n(q-1)}{q^n-1}$	$\dfrac{q^n-1}{q-1}$	$\dfrac{q^n-1}{q^n(q-1)}$
1	1,070000	0,934579	1,000000	1,070000	1,000000	0,934579
2	1,144900	0,873439	0,483092	0,553092	2,070000	1,808018
3	1,225043	0,816298	0,311052	0,381052	3,214900	2,624316
4	1,310796	0,762895	0,225228	0,295228	4,439943	3,387211
5	1,402552	0,712986	0,173891	0,243891	5,750739	4,100197
6	1,500730	0,666342	0,139796	0,209796	7,153291	4,766540
7	1,605781	0,622750	0,115553	0,185553	8,654021	5,389289
8	1,718186	0,582009	0,097468	0,167468	10,259803	5,971299
9	1,838459	0,543934	0,083487	0,153486	11,977989	6,515232
10	1,967151	0,508349	0,072378	0,142378	13,816448	7,023582
11	2,104852	0,475093	0,063357	0,133357	15,783599	7,498674
12	2,252192	0,444012	0,055902	0,125902	17,888451	7,942686
13	2,409845	0,414964	0,049651	0,119651	20,140643	8,357651
14	2,578534	0,387817	0,044345	0,114345	22,550488	8,745468
15	2,759032	0,362446	0,039795	0,109795	25,129022	9,107914
16	2,952164	0,338735	0,035858	0,105858	27,888054	9,446649
17	3,158815	0,316574	0,032425	0,102425	30,840217	9,763223
18	3,379932	0,295864	0,029413	0,099413	33,999033	10,059087
19	3,616528	0,276508	0,026753	0,096753	37,378965	10,335595
20	3,869684	0,258419	0,024393	0,094393	40,995492	10,594014

7,5 % n	q^n	$\dfrac{1}{q^n}$	$\dfrac{q-1}{q^n-1}$	$\dfrac{q^n(q-1)}{q^n-1}$	$\dfrac{q^n-1}{q-1}$	$\dfrac{q^n-1}{q^n(q-1)}$
1	1,075000	0,930233	1,000000	1,075000	1,000000	0,930233
2	1,155625	0,865333	0,481928	0,556928	2,075000	1,795565
3	1,242297	0,804961	0,309538	0,384538	3,230625	2,600526
4	1,335469	0,748801	0,223568	0,298568	4,472922	3,349326
5	1,435629	0,696559	0,172165	0,247165	5,808391	4.045885
6	1,543302	0 647962	0,138045	0,213045	7,244020	4,693846
7	1,659049	0 602755	0,113800	0,188800	8,787322	5,296601
8	1,783478	0,560702	0,095727	0,170727	10,446371	5,857304
9	1,917239	0,521583	0,081767	0,156767	12,229849	6,378887
10	2,061032	0,485194	0,070686	0,145686	14,147087	6,864081
11	2,215609	0,451343	0,061698	0,136697	16,208119	7,315424
12	2,381780	0,419854	0,054278	0,129278	18,423728	7,735278
13	2,560413	0,395562	0,048064	0,123064	20,805508	8,125840
14	2,752444	0 363313	0,042797	0,117797	23,365921	8,489154
15	2,958877	0 337966	0,038287	0,113287	26,118365	8,827120
16	3,180793	0,314387	0,034391	0,109391	29,077242	9,141507
17	3,419353	0,292453	0,031000	0,106000	32,258035	9,433960
18	3,675804	0,272049	0,028029	0,103029	35,677388	9,706009
19	3,951489	0,253069	0,025411	0,100411	39,353192	9,959078
20	4,247851	0,235413	0,023092	0,098092	43,304681	10,194491

8,0 % n	q^n	$\dfrac{1}{q^n}$	$\dfrac{q-1}{q^n-1}$	$\dfrac{q^n(q-1)}{q^n-1}$	$\dfrac{q^n-1}{q-1}$	$\dfrac{q^n-1}{q^n(q-1)}$
1	1,080000	0,925926	1,000000	1,080000	1,000000	0,925926
2	1,116400	0,857339	0,480769	0,560769	2,080000	1,783265
3	1,259712	0,793832	0,308034	0,388034	3,246400	2,577097
4	1,360489	0,735030	0,221921	0,301921	4,506112	3,312127
5	1,469328	0,680583	0,170457	0,250456	5,866601	3,992710
6	1,586874	0,630170	0,136315	0,216315	7,335929	4,622880
7	1,713824	0,583490	0,112072	0,192072	8,922803	5,206370
8	1,850930	0,540269	0,094015	0,174015	10,636628	5,746639
9	1,999005	0,500249	0,080080	0,160080	12,487558	6,246888
10	2,158925	0,463193	0,069030	0,149029	14,486562	6,710081
11	2,331639	0,428883	0,060076	0,140076	16,645487	7,138964
12	2,518170	0,397114	0,052695	0,132695	18,977126	7,536078
13	2,719624	0,367698	0,046522	0,126522	21,495297	7,903776
14	2,937194	0,340461	0,041297	0,121297	24,214920	8,244237
15	3,172169	0,315242	0,036830	0,116830	27,152114	8,559479
16	3,425943	0,291890	0,032977	0,112977	30,324283	8,851369
17	3,700018	0,270269	0,029629	0,109629	33,750226	9,121638
18	3,996019	0,250249	0,026702	0,106702	37,450244	9,371887
19	4,315701	0,231712	0,024128	0,104128	41,446263	9,603599
20	4,660957	0,214548	0,021852	0,101852	45,761964	9,818147

8,5 % n	q^n	$\dfrac{1}{q^n}$	$\dfrac{q-1}{q^n-1}$	$\dfrac{q^n(q-1)}{q^n-1}$	$\dfrac{q^n-1}{q-1}$	$\dfrac{q^n-1}{q^n(q-1)}$
1	1,085000	0,921659	1,000000	1,085000	1,000000	0,921659
2	1,177225	0,849455	0,479616	0,564616	2,085000	1,771114
3	1,277289	0,782908	0,306539	0,391539	3,262225	2,554022
4	1,385859	0,721574	0,220288	0,305288	4,539514	3,275597
5	1,503657	0,665045	0,168766	0,253766	5,925373	3,940642
6	1,631468	0,612945	0,134607	0,219607	7,429030	4,553587
7	1,770142	0,564926	0,110369	0,195369	9,060497	5,118514
8	1,920604	0,520669	0,092331	0,177331	10,830639	5,639183
9	2,083856	0,479880	0,078424	0,163424	12,751244	6,119063
10	2,260983	0,442285	0,067408	0,152408	14,835099	6,561348
11	2,453167	0,407636	0,058493	0,143493	17,096083	6,968984
12	2,661686	0,375702	0,051153	0,136153	19,549250	7,344686
13	2,887930	0,346269	0,045023	0,130023	22,210936	7,690955
14	3,133404	0,319142	0,039842	0,124842	25,098866	8,010097
15	3,399743	0,294140	0,035421	0,120420	28,232269	8,304237
16	3,688721	0,271097	0,031614	0,116614	31,632012	8,575333
17	4,002262	0,249859	0,028312	0,113312	35,320733	8,825192
18	4,342455	0,230285	0,025430	0,110430	39,322995	9,055476
19	4,711563	0,212244	0,022901	0,107901	43,665450	9,267720
20	5,112046	0,195616	0,020671	0,105671	48,377013	9,463337

9,0% n	q^n	$\dfrac{1}{q^n}$	$\dfrac{q-1}{q^n-1}$	$\dfrac{q^n(q-1)}{q^n-1}$	$\dfrac{q^n-1}{q-1}$	$\dfrac{q^n-1}{q^n(q-1)}$
1	1,090000	0,917431	1,000000	1,090000	1,000000	0,917431
2	1,188100	0,841680	0,478469	0,568469	2,090000	1,759111
3	1,295029	0,772183	0,305055	0,395055	3,278100	2,531295
4	1,411582	0,708425	0,218669	0,308669	4,573129	3,239720
5	1,538624	0,649931	0,167093	0,257092	5,984711	3,889651
6	1,677100	0,596267	0,132920	0,222920	7,523335	4,485919
7	1,828039	0,547034	0,108691	0,198691	9,200435	5,032953
8	1,992563	0,501866	0,090674	0,180674	11,028474	5,534819
9	2,171893	0,460428	0,076799	0,166799	13,021036	5,995247
10	2,367364	0,422411	0,065820	0,155820	15,192930	6,417658
11	2,580426	0,387533	0,056947	0,146947	17,560293	6,805191
12	2,812665	0,355535	0,049651	0,139651	20,140720	7,160725
13	3,065805	0,326179	0,043567	0,133567	22,953385	7,486904
14	3,341727	0,299246	0,038433	0,128433	26,019189	7,786150
15	3,642482	0,274538	0,034059	0,124059	29,360916	8,060688
16	3,970306	0,251870	0,030300	0,120300	33,003399	8,312558
17	4,327633	0,231073	0,027046	0,117046	36,973705	8,543631
18	4,717120	0,211994	0,024212	0,114212	41,301338	8,755625
19	5,141661	0,194490	0,021730	0,111730	46,018458	8,950115
20	5,604411	0,178431	0,019546	0,109546	51,160120	9,128546

9,5% n	q^n	$\dfrac{1}{q^n}$	$\dfrac{q-1}{q^n-1}$	$\dfrac{q^n(q-1)}{q^n-1}$	$\dfrac{q^n-1}{q-1}$	$\dfrac{q^n-1}{q^n(q-1)}$
1	1,095000	0,913242	1,000000	1,095000	1,000000	0,913242
2	1,199025	0,834011	0,477327	0,572327	2,095000	1,747253
3	1,312932	0,761654	0,303580	0,398580	3,294025	2,508907
4	1,437661	0,695574	0,217063	0,312063	4,606957	3,204481
5	1,574239	0,635228	0,165436	0,260436	6,044618	3,839709
6	1,723791	0,580117	0,131253	0,226253	7,618857	4,419825
7	1,887552	0,529787	0,107036	0,202036	9,342648	4,949612
8	2,066869	0,483824	0,089046	0,184046	11,230200	5,433436
9	2,263222	0,441848	0,075205	0,170205	13,297069	5,875284
10	2,478228	0,403514	0,064266	0,159266	15,560291	6,278798
11	2,713659	0,368506	0,055437	0,150437	18,038518	6,647304
12	2971457	0,336535	0,048188	0,143188	20,752178	6,983839
13	3,253745	0,307338	0,042152	0,137152	23,723634	7,291178
14	3,562851	0,280674	0,037068	0,132068	26,977380	7,571852
15	3,901322	0,256323	0,032744	0,127744	30,540231	7,828175
16	4,271948	0,234085	0,029035	0,124035	34,441553	8,062260
17	4,677783	0,213777	0,025831	0,120831	38,713500	8,276037
18	5,122172	0,195230	0,023046	0,118046	43,391283	8,471266
19	5,608778	0,178292	0,020613	0,115613	48,513454	8,649558
20	6,141612	0,162824	0,018477	0,113477	54,122233	8,812382

10,0% n	q^n	$\dfrac{1}{q^n}$	$\dfrac{q-1}{q^n-1}$	$\dfrac{q^n(q-1)}{q^n-1}$	$\dfrac{q^n-1}{q-1}$	$\dfrac{q^n-1}{q^n(q-1)}$
1	1,100000	0,909091	1,000000	1,100000	1,000000	0,909091
2	1,210000	0,826446	0,476191	0,576190	2,100000	1,735537
3	1,331000	0,751315	0,302115	0,402115	3,310000	2,486852
4	1,464100	0,683013	0,215471	0,315471	4,641000	3,169865
5	1,610510	0,620921	0,163798	0,263797	6,105100	3,790787
6	1,771561	0,564474	0,129607	0,229607	7,715610	4,355261
7	1,948717	0,513158	0,105406	0,205405	9,487171	4,868419
8	2,143589	0,466507	0,087444	0,187444	11,435888	5,334926
9	2,357948	0,424098	0,073641	0,173641	13,579477	5,759024
10	2,593742	0,385543	0,062745	0,162745	15,937425	6,144567
11	2,853117	0,350494	0,053963	0,153963	18,531167	6,495061
12	3,138428	0,318631	0,046763	0,146763	21,384284	6,813692
13	3,452271	0,289664	0,040779	0,140779	24,522712	7,103356
14	3,797498	0,263331	0,035746	0,135746	27,974983	7,366687
15	4,177248	0,239392	0,031474	0,131474	31,772482	7,606080
16	4,594973	0,217629	0,027817	0,127817	35,949730	7,823709
17	5,054470	0,197845	0,024664	0,124664	40,544703	8,021553
18	5,559917	0,179859	0,021930	0,121930	45,599173	8,201412
19	6,115909	0,163508	0,019547	0,119547	51,159090	8,364920
20	6,727500	0,148644	0,017460	0,117460	57,274999	8,513564

10,5% n	q^n	$\dfrac{1}{q^n}$	$\dfrac{q-1}{q^n-1}$	$\dfrac{q^n(q-1)}{q^n-1}$	$\dfrac{q^n-1}{q-1}$	$\dfrac{q^n-1}{q^n(q-1)}$
1	1,105000	0,904977	1,000000	1,105000	1,000000	0,904977
2	1,221025	0,818984	0,475059	0,580059	2,105000	1,723961
3	1,349233	0,741162	0,300659	0,405659	3,326025	2,465123
4	1,490902	0,670735	0,213892	0,318892	4,675258	3,135858
5	1,647447	0,607000	0,162176	0,267175	6,166160	3,742858
6	1,820429	0,549321	0,127982	0,232982	7,813606	4,292179
7	2,011574	0,497123	0,103799	0,208799	9,634035	4,789303
8	2,222789	0,449885	0,085869	0,190869	11,645609	5,239188
9	2,456182	0,407136	0,072106	0,177106	13,868398	5,646324
10	2,714081	0,368449	0,061257	0,166257	16,324579	6,014773
11	2,999059	0,333438	0,052525	0,157525	19,038660	6,348211
12	3,313961	0,301754	0,045377	0,150377	22,037720	6,649964
13	3,661926	0,273080	0,039445	0,144445	25,351680	6,923045
14	4,046429	0,247132	0,034467	0,139467	29,013607	7,170176
15	4,471304	0,223648	0,030248	0,135248	33,060035	7,393825
16	4,940791	0,202397	0,026644	0,131644	37,531339	7,596221
17	5,459574	0,183164	0,023545	0,128545	42,472130	7,779386
18	6,032829	0,165760	0,020863	0,125863	47931703	7,945146
19	6,666276	0,150009	0,018531	0,123531	53,964532	8,095154
20	7,366235	0,135755	0,016493	0,121493	60,630808	8,230909

11,0 %	q^n	$\dfrac{1}{q^n}$	$\dfrac{q-1}{q^n-1}$	$\dfrac{q^n(q-1)}{q^n-1}$	$\dfrac{q^n-1}{q-1}$	$\dfrac{q^n-1}{q^n(q-1)}$
n						
1	1,110000	0,900901	1,000000	1,110000	1,000000	0,900901
2	1,232100	0,811622	0,473934	0,583934	2,110000	1,712523
3	1,367631	0,731191	0,299213	0,409213	3,342100	2,443715
4	1,518070	0,658731	0,212326	0,322326	4,709731	3,102446
5	1,685058	0,593451	0,160570	0,270570	6,227801	3,695897
6	1,870415	0,534641	0,126377	0,236377	7,912860	4,230538
7	2,076160	0,481658	0,102215	0,212215	9,783274	4,712196
8	2,304538	0,433926	0,084321	0,194321	11,859434	5,146123
9	2,558037	0,390925	0,070602	0,180602	14,163972	5,537048
10	2,839421	0,352184	0,059801	0,169801	16,722009	5,889232
11	3,151757	0,317283	0,051121	0,161121	19,561430	6,206515
12	3,498451	0,285841	0,044027	0,154027	22,713187	6,492356
13	3,883280	0,257514	0,038151	0,148151	26,211638	6,749870
14	4,310441	0,231995	0,033228	0143228	30,094918	6,981865
15	4,784589	0,209004	0,029065	0,139065	34,405359	7,190870
16	5,310894	0,188292	0,025517	0,135517	39,189948	7,379162
17	5,895093	0,169633	0,022471	0,132471	44,500843	7,548794
18	6,543553	0,152822	0,019843	0,129843	50,395936	7,701617
19	7,263344	0,137678	0,017563	0,127563	56,939488	7,839294
20	8,062312	0,124034	0,015576	0,125576	64,202832	7,963328

11,5 %	q^n	$\dfrac{1}{q^n}$	$\dfrac{q-1}{q^n-1}$	$\dfrac{q^n(q-1)}{q^n-1}$	$\dfrac{q^n-1}{q-1}$	$\dfrac{q^n-1}{q^n(q-1)}$
n						
1	1,115000	0,896861	1,000000	1,115000	1,000000	0,896861
2	1,243225	0,804360	0,472813	0,587813	2,115000	1,701221
3	1,386196	0,721399	0,297776	0,412776	3,358225	2,422619
4	1,545608	0,646994	0,210774	0,325774	4,744421	3,069614
5	1,723353	0,580264	0,158982	0,273982	6,290029	3,649878
6	1,921539	0,520416	0,124791	0,239791	8,013383	4,170294
7	2,142516	0,466741	0,100655	0,215655	9,934922	4,637035
8	2,388905	0,418602	0,082799	0,197799	12,077438	5,055637
9	2,663629	0,375428	0,069126	0,184126	14,466343	5,431064
10	2,969947	0,336706	0,058377	0,173377	17,129972	5,767771
11	3,311491	0,301979	0,049751	0,164751	20,099919	6,069750
12	3,692312	0,270833	0,042714	0,157714	23,411410	6,340583
13	4,116928	0,242900	0,036895	0,151895	27,103722	6,583482
14	4,590375	0,217847	0,032030	0,147030	31,220650	6,801329
15	5,118268	0,195379	0,027924	0,142924	35,811025	6,996708
16	5,706869	0,175227	0,024432	0,139432	40,929293	7,171935
17	6,363159	0,157155	0,021443	0,136443	46,636161	7,329090
18	7,094922	0,140946	0,018868	0,133868	52,999320	7,470036
19	7,910838	0,126409	0,016641	0,131641	60,094242	7,596445
20	8,820584	0,113371	0,014705	0,129705	68,005080	7,709816

n	q^n	$\dfrac{1}{q^n}$	$\dfrac{q-1}{q^n-1}$	$\dfrac{q^n(q-1)}{q^n-1}$	$\dfrac{q^n-1}{q-1}$	$\dfrac{q^n-1}{q^n(q-1)}$
1	1,120000	0,892857	1,000000	1,120000	1,000000	0,892857
2	1,254400	0,797194	0,471698	0,591698	2,120000	1,690051
3	1,404928	0,711780	0,296349	0,416349	3,374400	2,401831
4	1,573519	0,635518	0,209234	0,329234	4,779328	3,037349
5	1,762342	0,567427	0,157410	0,277410	6,352847	3,604776
6	1,973823	0,506631	0,123226	0,243226	8,115189	4,111407
7	2,210681	0,452349	0,099118	0,219118	10,089012	4,563757
8	2,475963	0,403883	0,081303	0,201303	12,299693	4,967640
9	2,773079	0,360610	0,067679	0,187679	14,775656	5,328250
10	3,105848	0,321973	0,056984	0,176984	17,548735	5,650223
11	3,478550	0,287476	0,048415	0,168415	20,654583	5,937699
12	3,895976	0,256655	0,041437	0,161437	24,133133	6,194374
13	4,363493	0,229144	0,035677	0,155677	28,029109	6,423548
14	4,887112	0,204620	0,030871	0,150871	32,392602	6,628168
15	5,473566	0,182696	0,026824	0,146824	37,279715	6,810864
16	6,130394	0,163122	0,023390	0,143390	42,753280	6,973986
17	6,866041	0,145644	0,020457	0,140457	48,883674	7,119630
18	7,689966	0,130040	0,017937	0,137937	55,749715	7,249670
19	8,612762	0,116107	0,015763	0,135763	63,439681	7,365777
20	9,646293	0,103667	0,013879	0,133879	72,052442	7,469444

n	q^n	$\dfrac{1}{q^n}$	$\dfrac{q-1}{q^n-1}$	$\dfrac{q^n(q-1)}{q^n-1}$	$\dfrac{q^n-1}{q-1}$	$\dfrac{q^n-1}{q^n(q-1)}$
1	1,125000	0,888889	1,000000	1,125000	1,000000	0,888889
2	1,265625	0,790123	0,470588	0,595588	2,125000	1,679012
3	1,423828	0,702332	0,294931	0,419931	3,390625	2,381344
4	1,601807	0,624295	0,207708	0,332708	4,814453	3,005639
5	1,802032	0,554929	0,155854	0,280854	6,416260	3,560568
6	2,027287	0,493270	0,121680	0,246680	8,218292	4,053839
7	2,280697	0,438462	0,097603	0,222603	10,245579	4,492301
8	2,565785	0,389744	0,079832	0,204832	12,526276	4,882045
9	2,886508	0,346439	0,066260	0,191260	15,092061	5,228485
10	3,247321	0,307946	0,055622	0,180622	17,978568	5,536431
11	3,653236	0,273730	0,047112	0,172112	21,225889	5,810161
12	4,109891	0,243315	0,040194	0,165194	24,879125	6,053476
13	4,623627	0,216280	0,034496	0,159496	28,989016	6,269757
14	5,201580	0,192249	0,029751	0,154751	33,612643	6,462006
15	5,851778	0,170888	0,025764	0,150764	38,814223	6,632894
16	6,583250	0,151901	0,022388	0,147388	44,666001	6,784795
17	7,406156	0,135023	0,019513	0,144512	51,249252	6,919818
18	8,331926	0,120020	0,017049	0,142049	58,655408	7,039838
19	9,373417	0,106685	0,014928	0,139928	66,987334	7,146523
20	10,545094	0,094831	0,013096	0,138096	76,360751	7,241353

13,0 % n	q^n	$\dfrac{1}{q^n}$	$\dfrac{q-1}{q^n-1}$	$\dfrac{q^n(q-1)}{q^n-1}$	$\dfrac{q^n-1}{q-1}$	$\dfrac{q^n-1}{q^n(q-1)}$
1	1,130000	0,884956	1,000000	1,130000	1,000000	0,884956
2	1,276900	0,783147	0,469484	0,599484	2,130000	1,668102
3	1,442897	0,693050	0,293522	0,423522	3,406900	2,361153
4	1,630474	0,613319	0,206194	0,336194	4,849797	2,974471
5	1,842435	0,542760	0,154315	0,284315	6,480271	3,517231
6	2,081952	0,480319	0,120153	0,250153	8,322706	3,997550
7	2,352605	0,425061	0,096111	0,226111	10,404658	4,422610
8	2,658444	0,376160	0,078387	0,208387	12,757263	4,798770
9	3,004042	0,332885	0,064869	0,194869	15,415707	5,131655
10	3,394567	0,294588	0,054290	0,184290	18,419749	5,426243
11	3,835861	0,260698	0,045842	0,175841	21,814317	5,686941
12	4,334523	0,230706	0,038986	0,168986	25,650178	5,917647
13	4,898011	0,204165	0,033350	0,163350	29,984701	6,121812
14	5,534753	0,180677	0,028668	0,158667	34,882712	6,302488
15	6,254270	0,159891	0,024742	0,154742	40,417464	6,462379
16	7,067326	0,141496	0,021426	0,151426	46,671735	6,603875
17	7,986078	0,125218	0,018608	0,148608	53,739060	6,729093
18	9,024268	0,110812	0,016201	0,146201	61,725138	6,839905
19	10,197423	0,098064	0,014134	0,144134	70,749406	6,937969
20	11,523088	0,086782	0,012354	0,142354	80,946829	7,024752

13,5 % n	q^n	$\dfrac{1}{q^n}$	$\dfrac{q-1}{q^n-1}$	$\dfrac{q^n(q-1)}{q^n-1}$	$\dfrac{q^n-1}{q-1}$	$\dfrac{q^n-1}{q^n(q-1)}$
1	1,135000	0,881057	1,000000	1,135000	1,000000	0,881057
2	1,288225	0,776262	0,468384	0,603384	2,135000	1,657319
3	1,462135	0,683931	0,292122	0,427122	3,423225	2,341250
4	1,659524	0,602583	0,204693	0,339693	4,885360	2,943833
5	1,883559	0,530910	0,152791	0,287791	6,544884	3,474743
6	2,137840	0,467762	0,118646	0,253646	8,428443	3,942505
7	2,426448	0,412195	0,094641	0,229641	10,566283	4,354630
8	2,754019	0,363106	0,076966	0,211966	12,992731	4,717735
9	3,125811	0,319917	0,063505	0,198505	15,746750	5,037652
10	3,547796	0,281865	0,052987	0,187987	18,872561	5,319517
11	4,026748	0,248339	0,044602	0,179602	22,420357	5,567857
12	4,570359	0,218801	0,037811	0,172811	26,447106	5,786658
13	5,187358	0,192776	0,032240	0,167240	31,017465	5,979434
14	5,887651	0,169847	0,027621	0,162621	36,204823	6,149281
15	6,682484	0,149645	0,023757	0,158757	42,092474	6,298926
16	7,584619	0,131846	0,020502	0,155502	48,774957	6,430772
17	8,608543	0,116164	0,017743	0,152743	56,359577	6,546936
18	9,770696	0,102347	0,015392	0,150392	64,968120	6,649283
19	11,089740	0,090173	0,013380	0,148380	74,738816	6,739456
20	12,586855	0,079448	0,011651	0,146651	85,828556	6,818904

| 14,0 % | q^n | $\dfrac{1}{q^n}$ | $\dfrac{q-1}{q^n-1}$ | $\dfrac{q^n(q-1)}{q^n-1}$ | $\dfrac{q^n-1}{q-1}$ | $\dfrac{q^n-1}{q^n(q-1)}$ |
n						
1	1,140000	0,877193	1,000000	1,140000	1,000000	0,877193
2	1,299600	0,769468	0,467290	0,607290	2,140000	1,646661
3	1,481544	0,674972	0,290732	0,430731	3,439600	2,321632
4	1,688960	0,592080	0,203205	0,343205	4,921144	2,913712
5	1,925415	0,519369	0,151284	0,291284	6,610104	3,433081
6	2,194973	0,455587	0,117158	0,257157	8,535519	3,888668
7	2,502269	0,399637	0,093192	0,233192	10,730491	4,288305
8	2,852586	0,350559	0,075570	0,215570	13,232760	4,638864
9	3,251949	0,307508	0,062168	0,202168	16,085347	4,946372
10	3.707221	0,269744	0,051714	0,191714	19,337295	5,216116
11	4,226232	0,236617	0,043394	0,183394	23,044516	5,452733
12	4,817905	0,207559	0,036669	0,176669	27,270749	5,660292
13	5,492411	0,182069	0,031164	0,171164	32,088654	5,842362
14	6,261349	0,159710	0,026609	0,166609	37,581065	6,002072
15	7,137938	0,140096	0,022809	0,162809	43,842414	6,142168
16	8,137249	0,122892	0,019615	0,159615	50,980352	6,265060
17	9,276464	0,107800	0,016915	0,156915	59,117601	6,372859
18	10,575169	0,094561	0,014621	0,154621	68,394066	6,467420
19	12,055693	0,082948	0,012663	0,152663	78,969235	6,550369
20	13,743490	0,072762	0,010986	0,150986	91,024928	6,623131

| 14,5 % | q^n | $\dfrac{1}{q^n}$ | $\dfrac{q-1}{q^n-1}$ | $\dfrac{q^n(q-1)}{q^n-1}$ | $\dfrac{q^n-1}{q-1}$ | $\dfrac{q^n-1}{q^n(q-1)}$ |
n						
1	1,145000	0,873362	1,000000	1,145000	1,000000	0,873362
2	1,311025	0,762762	0,466201	0,616200	2,145000	1,636124
3	1,501124	0,666168	0,289350	0,434350	3,456025	2,302292
4	1,718787	0,581806	0,201729	0,346729	4,957149	2,884098
5	1,968011	0,508127	0,149792	0,294792	6,675935	3,392225
6	2,253372	0,443779	0,115688	0,260688	8,643946	3,836005
7	2,580111	0,387580	0,091766	0,236766	10,897318	4,223585
8	2,954227	0,338498	0,074198	0,219198	13,477429	4,562083
9	3,382590	0,295631	0,060858	0,205858	16,431656	4,857714
10	3,873066	0,258193	0,050469	0,195469	19,814246	5,115908
11	4,434660	0,225496	0,042217	0,187217	23,687312	5,341404
12	5,077686	0,196940	0,035559	0,180559	28,121972	5,538344
13	5,813950	0,172000	0,030121	0,175121	33,199658	5,710344
14	6,656973	0,150218	0,025632	0,170632	39,013609	5,860563
15	7,622234	0,131195	0,021896	0,166896	45,670582	5,991758
16	8,727458	0,114581	0,018764	0,163764	53,292816	6,106339
17	9,992940	0,100071	0,016124	0,161124	62,020275	6,206409
18	11,441916	0,087398	0,013886	0,158886	72,013215	6,293807
19	13,100994	0,076330	0,011983	0,156982	83,455131	6,370137
20	15,000638	0,066664	0,010357	0,155357	96,556125	6,436801

Sachwortverzeichnis